대학생의 진로 멘토링

- 미래를 알면 직업이 보인다 -

이무근 · 이 찬

교육과학사

머리말

우리는 빠르고 끊임없는 변화 속에 살면서 10~15년마다 큰 변화를 겪는다. 5세 어린이가 20세에 청년이 되고, 30세 무렵에 결혼해서 40세에 중년 초반에 접어든다. 50세 전후에 황금기를 누리다가 55세에 인생 제1막의 마무리가 시작되고 65세에 노인이 되어 인생 제2막을 시작한다. 이러한 전환점을 맞이할 때마다 새로운 과업이 있고 또 다른 역량이 요구된다. 또한 뇌와 신체, 원하는 것과 필요로 하는 것, 환경과 전망 등도 달라진다. 따라서 인간은 미래 변화에 대비하여 지속적인 진로 설계가 필요하다.

2020~2030년대로의 진입이 10년도 남지 않았다. 2012학년도 대학 입학생이 졸업 후 사회에 진출할 시기를 예측해보면 2020년 전후가 된다. 대학 생활 2~4년, 군 복무 2년, 어학연수 및 인턴십 등 취업 준비 2년을 합하면 6~8년이 소요된다. 2012학년도에 입학한 전문대학생이나 4년제 대학 여학생은 2018~ 2020년에, 4년제 대학 남학생은 2020년에 졸업하게 된다. 따라서 올해 대학을 입학하는 학생은 대학을 졸업하고 원하는 직업을 선택하여 사회생활의 첫 출발을 하려면 최소한 10년 앞을 내다본 2020~2030년대의 변화를 전망할 수 있어야 한다.

대학생이 미래를 전망하고, 변화에 적응하며, 더 나아가 미래 변화를 주도하는 주체가 되기 위해서는 대학 재학 기간 중에 미래를 계획하고, 필요한 역량을 개발하며, 취업 준비를 해야 한다. 현재 지식과 기술은 2~3년을 주기로 두 배씩 늘어나고 있고, 2020~2030년경이 되면 후기정보화사회와 영성사회를 맞아 지금과는 또 다른 큰 변화의 세계 속에서 생활하게 될 것이기 때문이다.

아쉽게도 최근에, 금년 2월 대학 졸업 예정자 10명 가운데 6명이 자신의 적성과 흥미가 무엇인지 모르고, 특정 기업이나 직무 등에 관한 정보가 부족하여 진로를 정하지 못하고 있다는 조사 결과가 보도되었다. 즉, 한국의 대학생 중에는 미래 전망과 자신에 대한 객관적인 정보를 바탕으로 자신의 삶의 목적을 설정하지 못하고, 진로를 체계적으로 수립하지 못한 채 대학 생활을 하거나 졸업을 하는 학생이 전체 대학생의 반 이상이 된다는 것이다. 설상가상으로 노동시장에서 국내외의 여러 여건 변화로 인해 대학 졸업생의 취업이 점점 더 어려워지고 있다.

이상과 같은 문제점을 고려하여, 이 책은 대학생이 미래 변화를 종합적으로 이해하고, 자신의 정체성과 자존감을 확립하며, 자기의 가장 우수한 재능을 찾아 하고 싶은 일을 구상하여 그에 적합한 직업을 선택하는 등 자신의 진로를 체계적으로 계획하는 데 도움이 되는 길잡이가 되었으면 하는 생각에서 출간하게 되었다. 그리하여 내실 있는 대학 생활을 함으로써 졸업과 동시에 자신이 원하는 분야에서 진로를 택할 수 있게 되기를 기대한다.

이 책은 2부 12장으로 구성되어 있다. 제1부 미래 변화는 7개의 장으로 구성되어 있다. 제1장에서는 저출산과 고령화 문제를 다루고 인구 구조 변화를 전망하여 인구 변화가 미치는 영향을 고찰함으로써 시사점을 모색하였다. 제2장에서는 자원, 에너지, 기후 및 환경 등에 관한 현황, 문제, 변화 전망을 논하고 이들이 미치는 영향과 시사점에 관하여 논하였다. 제3장에서는 글로컬라이제이션(glocalization)을 국제화, 지역화, 다문화 가족·사회의 관점에서 전망하고 글로컬라이제이션에 대한 이슈와 이들이 주는 시사점을 고찰하였다. 제4장에서는 사회·문화 변화의 주요 특성을 사회 변화와 생활양식 변화의 관점에서 분석하고, 사회·문화 변화가 미치는 영향을 논하고 시사점을 찾았다. 제5장에서는 과학기술의 중요성을 논하고 과학기술 변화와 그에 따른 산업발달을 전망하여 그것이 미치는 시사점을 찾았다. 제6장에서는 노동시장의 변화를 인력 수급전망, 노동시장과 고용구조 변화, 직업 생활과 환경 변화 관점에서 고찰하고 시사점을 모색하였다. 제7장에서는 미래 변화가 대학생에게 요구하는 인재상을 정립하고, 이에 부응하는 평생교육체제하의 고등교육의 역할 기대와 변화 및 전망, 스마트교육을 중심으로 한 교수-학습의 혁신, 교육산업의 전망 등을 논하여 교육 변화가 주는 시사점을 모색하였다.

제2부는 진로 계획에 관하여 5개의 장으로 구성하였다. 제8장은 대학생이 자기의 정체감과 자존감을 확립하고, 자신의 특성을 종합적으로 이해하여 자기를 대표할 수 있는 재능을 발굴하도록 구성하였다. 제9장에서는 직업 세계를 종합적으로 이해하여 자신이 원하는 직업을 선택하고, 그러한 직업에 취업하기 위해 필요한 능력이 무엇인가를 찾아, 취업을 준비하는 요령에 대하여 서술하였다. 제10장에서는 학생 각자가 스스로 삶의 목적을 설정하고, 미래를 향한 생애 설계를 구상하며, 이를 실현하기 위한 진로 로드맵을 작성하도록 하였다. 제11장은 취업과 진학 준비 계획을 세우고, 취업 지원을 위한 이력서와 자기 소개서 작성, 면접과 이미지메이킹 등에 관하여 서술하였다. 제12장은 나의 삶의 과정에서 대학 생활이 갖는 의미를 음미하고, 대학 생활의 핵심 과제를 선정하여 이들 과제를 성공적으로 수행하기 위한 대학 생활의 목표와 계획 세우기에 대해 논하였다.

이상과 같은 구성 내용에 대한 집필 방향으로 제1부 미래 변화에서는 매 장마다 주제별로 미래 변화에 대한 내용을 기술하였다. 그 다음 각 장별로 미래 변화가 주는 시사점을 제시하였다. 미래 변화에 대한 시사는 대학생이 진로를 설계하는 데 가급적 도움이 될 수 있는 관점에서 제시하려고 하였다. 또한 각 장마다 마지막 부분 또는 적재적소에 탐구활동 과제를 제시하여 학생 스스로 과제를 수행하면서 그 결과를 내면화하고 일상생활에서 실천할 수 있게 구성하였다. 탐구활동 과제는 학생 개인별로 또는 그룹을 편성하여 반드시 풀이하기 바란다. 이런 활동을 통하여 학생 각자가 주제의 풀이 내용에 대하여 확고한 주관과 가치관을 가지고 자신의 삶의 목적 설정, 진로 계획 수립, 대학 생활 계획, 직업 선택 등에 반영하고, 셀프리더십을 갖게 되기를 기대한다.

이 책의 목적은 앞에서도 언급하였지만 대학생이 최소한 앞으로 10~20년 후인 2020~2030년대의 미래 변화를 전망하고, 이를 바탕으로 자신의 삶의 목적과 진로를 계획하여 내실 있는 대학 생활을 하며, 졸업과 동시에 원하는 분야에서 진로를 선택할 수 있게 하는 데 있다. 따라서 이 책을 대학생을 위한 '진로 및 취업지도' 교과목의 교재로 활용하면 유용할 것이다. 아울러 모든 대학생에게 교양교과의 하나로 '미래 변화의 이해'란 교과목을 개설하여 교재로 활용하여도 좋을 것이다. 이 책을 교재로 활용할 경우에는 주제가 학문적으로 다양하고 광범하기 때문에 몇 분의 교수가 전문분야별로 팀 티칭 수업을 전개하면 더 효과적일 것이다. 또한 대학 신입생 오리엔테이션 때 신입생들이 이 책을 접할 수 있게 하여 자기 주도적 학습을 하게 하면, 대학 입학과 동시에 학생들이 각자 나름대로 미래를 이해하고 자신의 진로 설계를 하여 대학 생활을 출발할 수 있을 것이다. 또한 이 책은 교수가 멘토로서 분담 지도 학생과 상담을 할 때, 또는 학부모와 교육자 그리고 교육에 관계하시는 분들이 미래 변화를 종합적으로 이해하여 청소년의 진로를 지도하는 데에도 도움이 되었으면 한다.

끝으로 이 책을 출간하는 과정에서 편집과 교정, 자료 정리에 도움을 준 서울대학교 산업인력개발학전공 이찬 교수와 그 연구실의 박혜선, 박용선, 최영준, 이재은, 여수경, 김창희, 이지민, 신혜미, 정보영 연구원, 원고를 검토하고 조언해준 좋은세상 행복연구소장 조은상 박사, 자료 정리에 도움을 준 한국직업능력개발원 박동열 박사, 그리고 원고 교정을 해준 내자 신주현 여사에게도 고마움을 표한다. 또한 이번에 책의 출판을 맡아 애써 주신 교육과학사의 김동규 사장님을 비롯한 관계자님들의 노고에 감사를 드린다.

2012년 6월

저자 대표 이 무 근

차 례

II부 대학생의 진로 계획

제 I 부

미래 변화

제1장 인구 변화

1 저출산으로 인구 감소

가. 전체 인구 감소

한국은 2010년 한 여성이 15~49세의 가임 기간 동안 낳을 것으로 예상되는 평균 출생아 수, 즉 합계출산율이 1.22명으로 세계 평균 2.55명, OECD 회원국의 평균 1.7명보다 낮다. 한국의 출산율은 세계 222개국 가운데 217위로 최하위 수준인 편이다. 저출산율로 인해 한국의 인구는 2010년 4천 8백만 명에서 2050년 4천 2백만 명으로 6백만 명 감소할 전망이다. 반면에 세계 인구는 2010년 69억 9천만 명에서 2050년 91억 5천만 명으로 총 21억 6천만 명 증가할 것으로 예측하고 있다.

인구 성장률은 한국은 물론 세계적으로도 감소하는 경향인데 2050년 세계 인구 성장률은 0.34퍼센트인 반면, 한국은 2018년부터 감소하기 시작하여 2050년에는 -1.00퍼센트로 마이너스 성장할 것으로 예측하고 있다.

〈표 1-1〉 세계 및 한국의 인구 전망

(단위 : 백만 명, %)

	1950년		1975년		2009년		2025년		2050년	
	인구	구성비	인구	구성비	인구	구성비	인구	구성비	인구	구성비
〈세 계〉	**2,529**	**100.0**	**4,061**	**100.0**	**6,829**	**100.0**	**8,012**	**100.0**	**9,150**	**100.0**
선진국[1)]	812	32.1	1,047	25.8	1,233	18.1	1,277	15.9	1,275	13.9
개도국	1,717	67.9	3,014	74.2	5,596	81.9	6,734	84.1	7,875	86.1
아프리카	227	9.0	419	10.3	1,010	14.8	1,400	17.5	1,998	21.8
아시아	1,403	55.5	2,379	58.6	4,121	60.3	4,773	59.6	5,231	57.2
유럽	547	21.6	676	16.6	732	10.7	729	9.1	691	7.6
라틴아메리카	167	6.6	323	8.0	582	8.5	670	8.4	729	8.0
북아메리카	172	6.8	242	6.0	348	5.1	398	5.0	448	4.9
오세아니아	13	0.5	21	0.5	35	0.5	43	0.5	51	0.6
한국[2)]	19	0.8	35	0.9	49	0.7	49	0.6	42	0.5
북한	10	0.4	16	0.4	24	0.4	25	0.3	25	0.3

주 1: UN에서 인구통계작성 시 분류하는 선진국에는 유럽, 북미, 호주, 뉴질랜드, 일본 등이 포함.
주 2: 통계청. (2006). 장래인구추계결과.
출처: 송하중. (2011). 저출산 고령사회의 공공 HRD 정책. 한국산업인력공단 제1차 인적자원개발 전문가 포럼. p.22.

나. 학령인구 감소

학령인구 6~21세에 해당하는 학령 아동의 총인원수는 2010년을 100으로 기준하였을 때 2020년에는 75.1퍼센트, 2030년에는 62.2퍼센트, 2040년에는 56퍼센트, 그리고 2050년에는 46.5퍼센트로 감소할 전망이다.

학령인구 감소는 먼저, 초등학생과 중학생 수가 감소하게 되는데, 이에 따라 교실과 교사가 남는 학교도 점차 늘어날 전망이다. 지역에 따라서는 학생이 현저하게 부족하여 통폐합하는 학교가 증가하고, 학급 수를 축소함에 따라 교사 인력도 남아 교원 적체 현상도 심해질 것으로 보인다.

중장기적으로는 고교 졸업자가 감소하게 되어 대학들도 구조 조정 압력을 받게 될 것으로 보인다. 특히 수도권과 대도시를 벗어난 지방대와 전문대 등은 대학 통폐합과 정원 축소 등 급격한 구조 조정이 불가피한 실정이다. 실제 2011

년 고교 졸업자는 64만여 명이었는데 10년 후인 2021년도에는 현재의 60퍼센트 수준인 42만 6,000명으로 하락할 것으로 보인다. 이렇게 되면 등록률이 전문대학은 50퍼센트, 4년제 대학은 70퍼센트 미만으로 하락하여 많은 대학들이 어려움에 처할 것이다.

〈표 1-2〉 출산율 하락으로 인한 학교 급별 학생 수 감소 전망

(단위 :천 명, %)

연도	학령인구 (6~21세)	총인구대비 (%)	초등학교 (6~11세)	중학교 (12~14세)	고등학교 (15~17세)	대학교 (18~21세)	대입 대상자 (18세 기준)
2010	9,901 (100)	(20.3)	3,297 (100)	1,962 (100)	2,069 (100)	2,574 (100)	679 (100)
2020	7,434 (75.1)	(15.1)	2,510 (76.1)	1,291 (65.8)	1,364 (65.9)	2,269 (88.2)	508 (74.8)
2030	6,163 (62.2)	(12.7)	2,209 (67.0)	1,131 (56.7)	1,175 (56.8)	1,648 (64.0)	404 (59.5)
2040	5,580 (56.4)	(12.0)	2,001 (60.7)	1,075 (54.8)	1,071 (51.8)	1,433 (55.7)	354 (52.1)
2050	4,602 (46.5)	(10.9)	1,525 (46.3)	838 (42.7)	909 (43.9)	1,329 (51.6)	321 (47.3)

출처: 통계청. (2010). 장래 인구 특별추계 결과.
출처: 이무근. (2011). 미래사회 변화가 RHRD에 주는 시사점. 한국지역인적자원개발학회 기조강연. p.5.

2 고령 사회로의 빠른 진입 접근

가. 고령 및 초고령 사회로의 빠른 진입 접근

한국인의 평균 수명은 경제 성장과 의학 기술의 발달 등에 따라 계속 연장되고 있으며, 기대 수명도 길어지고 있다. 한국인의 평균 기대 수명은 2000년 76.0세에서 2010년 79.6세로 연장되었고, 2020년 81.5세, 2030년 83.0세로 연

장될 전망이다. 남녀 모두 해가 갈수록 기대 수명이 계속 길어지고 있는데 남자보다 여자의 평균 수명이 더 길다.

〈표 1-3〉 한국의 기대 수명표

(단위 : 세)

	2005	2010	2015	2020	2025	2030	2035	2040	2045	2050
남자 0세	75.14	76.15	77.11	78.04	78.93	79.79	80.60	81.39	82.15	82.87
여자 0세	81.89	82.88	83.80	84.68	85.50	86.27	86.99	87.67	88.31	88.92

출처: 박명호. (2011. 5). 100세 시대와 정책과제. 한국여성정책연구원 제69차 여성정책포럼. p.5

한국은 세계에서도 유례를 찾아볼 수 없는 빠른 속도로 고령화 사회 UN에서 말하는 65세 인구가 전체 인구의 7퍼센트를 지나 곧 고령 사회 65세 이상의 인구가 전체 인구의 14퍼센트에 진입하게 된다. 이어 몇 년 후면 초고령 사회 65세 이상의 인구가 전체 인구의 20퍼센트에 이를 것으로 전망하고 있다.

〈표 1-4〉 한국의 고령화 속도(65세 이상)

(단위 : 년)

연도	도달연도			증가소요연수	
	7%(고령화)	14%(고령)	20%(초고령)	7%→14%	14%→20%
한국	2000	2018	2026	18	8
일본	1970	1994	2006	24	12
프랑스	1864	1979	2018	115	39
영국	1929	1976	2026	47	50
미국	1942	2015	2036	73	21

출처: e-나라지표. http://www.index.go.kr.

고령화 사회로의 진입이 프랑스는 1864년, 영국은 1929년, 미국은 1942년, 일본은 1970년, 한국은 2000년에 이루어졌다. 이들 나라들이 고령 사회로 진입하는 데 소요된 연한은 프랑스는 115년, 미국은 73년, 영국은 47년, 일본은 24년이었고 한국은 18년이 걸릴 것으로 예측하고 있다. 초고령 사회로의 진입

시기는 이미 일본이 12년이 걸려서 2006년에 진입하였고, 프랑스가 39년이 걸려서 2018년에, 영국이 50년 걸려서 2026년에, 한국이 8년 걸려서 2026년에, 그리고 미국이 21년 걸려서 2036년에 진입할 것으로 전망하고 있다.[1)2)3)]

3 인구 구조 변화

가. 저출산과 고령화로 인구 구조 변화

세계 인구 구조의 변화를 살펴보면, 2010년에서 2050년까지 0-14세는 26.9퍼센트에서 19.6퍼센트로 1.4배 감소하고, 15-64세는 65.5퍼센트에서 64.1퍼센트로 감소하는 반면, 65세 이상은 7.6퍼센트에서 16.2퍼센트로 2.1배, 그리고 80세 이상은 1.5퍼센트에서 4.3퍼센트로 2.9배 증가할 전망이다.

한편, 한국의 인구는 2010년에서 2050년까지 0-14세는 16.2퍼센트에서 8.9퍼센트로 1.8배, 15-64세는 72.9퍼센트에서 53퍼센트로 1.4배 감소할 전망이다. 반면에 65세 이상 인구는 11퍼센트에서 38퍼센트로 3.5배, 80세 이상은 1.9퍼센트에서 14.5퍼센트로 7.6배 증가할 전망이다.

2020년이 되면 노인 1명당 어린이의 수는 0.8명이 되어 어린이보다 노인이 많아지는 시대가 오고, 2050년이 되면 인구의 절반이 55세 이상이 된다. 이는 인구 구조에서 0-14세의 청소년과 15-64세의 경제활동인구의 구성비는 낮아지고 65세 이상 노인 구성비는 획기적으로 증가하고 있음을 시사하고 있다.[4)]

〈표 1-5〉 세계 및 한국의 인구 구조 변화

(단위 : %)

	2010년					2050년				
	계	0-14	15-64	65+	80+	계	0-14	15-64	65+	80+
〈세계〉	**100.0**	**26.9**	**65.5**	**7.6**	**1.5**	**100.0**	**19.6**	**64.1**	**16.2**	**4.3**
선진국[1)]	100.0	16.5	67.5	15.9	4.3	100.0	15.4	58.4	26.2	9.5
개도국	100.0	29.2	65.0	5.8	0.9	100.0	20.3	65.0	14.6	3.5
아프리카	100.0	40.3	56.3	3.4	0.4	100.0	27.3	65.6	7.1	1.1
아시아	100.0	26.2	67.1	6.7	1.1	100.0	17.9	64.8	17.3	4.4
유럽	100.0	15.4	68.3	16.3	4.2	100.0	15.0	57.6	27.4	9.6
라틴아메리카	100.0	27.7	65.4	6.9	1.5	100.0	17.0	63.5	19.5	5.5
북아메리카	100.0	19.8	67.1	13.1	3.8	100.0	16.9	61.1	22.0	8.0
오세아니아	100.0	24.2	65.0	10.8	2.9	100.0	19.1	62.3	18.7	6.5
한국[2)]	100.0	16.2	72.9	11.0	1.9	100.0	8.9	53.0	38.2	14.5
북한	100.0	21.2	69.0	9.8	1.1	100.0	16.6	65.3	18.1	4.0

주 1: UN에서 인구통계작성 시 분류하는 선진국에는 유럽, 북미, 호주, 뉴질랜드, 일본 등이 포함.
주 2: 통계청. (2006). 장래인구추계결과.
출처: 송하중. (2011). 전게서. p.29.

나. 중위연령 변화

세계 인구의 중위연령(median age)은 2009년 28.9세에서 2050년 38.4세로 9.5세 높아질 전망이다.

반면에 한국의 중위연령은 2009년 37.3세에서 2050년 56.7세로 19.4세 높아질 전망이다. 즉, 2050년이 되면 한국의 인구 구조는 56.7세 이상이 전체 인구의 반 이상을 차지하게 된다는 의미이다. 이렇게 되면 정치도 노인을 대표하는 정당이 크게 영향을 미치게 될 것이다.

다. 높은 노령화 지수

세계 인구의 노령화 지수 0–14세 인구 1,000명당 65세 이상 인구 비율는 2010년 28에서 2050년 83으로 3배 높아질 전망이다. 한국 인구의 노령화 지수는 2010년 68에서 2050년 429로 6.3배 높아질 전망이다. 2010년 현재 한국의 노령화 지수는 세계 인구의 노령화 지수에 비해 2.4배 높은데 여기에다 한국 자체의 노령화 지수가 2050년까지 6.3배 높아진다는 것은 한국의 청소년 인구는 급격이 감소하고 노인 인구는 급속히 증가함을 단적으로 시사하고 있다.

4 인구 변화가 미치는 영향

가. 저출산으로 인한 경제적 충격

저출산은 초기에는 실업률을 낮추는 긍정적 효과를 낳는다. 하지만 저출산은 긍정적인 면보다 부정적 충격이 너무 크다. 아이들을 대상으로 한 시장이 저출산으로 인해 엄청난 타격을 받기 때문이다. 문화의 빠른 융합과 소비를 매개로 글로벌 틴에이저로 묶이면서 아동 대상의 시장이 더욱 커지고 있다. 출판이 불황이라고 하지만 아이들을 대상으로 하는 출판물인 Why? 시리즈는 1,200~1,300만 권씩 팔려나간다. 한국의 부모들은 자식을 위해서는 거의 모든 것을 희생하면서도 투자를 한다. 아이들을 위한 외식이나 식탁에 오르는 식품, 수십조 원의 사교육시장, 출판, 놀이 등의 서비스 산업은 저출산으로 인해 엄청난 타격을 받게 된다. 구체적으로 0-14세 인구는 2010년 26.9퍼센트에서 2050년 19.6퍼센트로 감소할 전망이다. 이렇게 감소되어가고 있는 아이들을 대상으로 하고 있는 서비스 부문의 소비시장이 큰 타격을 받게 되면 내수시장이 급격하게 침체될 것이다. 그렇게 되면 잠재성장률 한 나라의 자본과 노동력을 최대한 활용했을 때 달성할 수 있는 성장률도 마이너스가 될 것으로 예측된다. 마케팅에서 아이들이 차지하는 비중이 큰 것은 한국뿐만 아니라 구미 선진국에서도 비슷하다. 사실상 오늘날의 아이는 한 가정의 소비에서 절반을 차지한다고 한다.[5)]

경제 전문가들은 신생아 한 명이 가져오는 경제 효과를 12억 원 정도로 본다. 보건복지부의 자료에 의하면 특히 출생 시부터 영유아기까지 약 4,400만 원, 초등학교에서 대학교 때까지 2억 2,000만 원, 취직 후에는 3억 9,000만 원의 생산 유발 효과가 있다고 한다. 저출산은 이런 잠재 시장을 날려버리는 폭탄이다.

저출산으로 젊은이들은 부족하고, 노인들이 인구의 절반을 차지하는 노동 환경, 생산가능인구의 감소, 그리고 높아지는 인건비에 비해 노동력의 질은 낮아지는 환경에서는 제대로 된 기업 활동을 할 수 없다. 2010년 한국의 생산가능인구(15~64세)는 전체 인구의 73퍼센트이지만 2050년이 되면 53퍼센트로 급강할 것으로 예측된다.

더욱 심각한 문제는 통계청의 2010년 인구총조사 결과에 따르면 한국의 핵심생산인구생산가능인구(15~64세) 중 경제활동이 가장 활발한 시기인 25~49세에 해당되는 인구가 2005년 1,990만 5천 명에서 지난해 1,953만 8천 명으로 36만 7천 명이 줄었다는 점이다. 이는 1949년 인구총조사를 실시한 후 처음이다. 핵심생산인구의 감소는 경제 성장이 둔화되고 가계소득과 소비가 줄어드는 등 경제 침체는 물론 나라 살림, 가계와 개인, 제도 등 사회 전반에 나쁜 효과를 미친다.[6)7)]

나. 고령화로 인한 경제적·사회적 부담 가중

영국의 인구학자 폴 윌리스(Paul Wallace)는 "세계적인 고령화 현상에 따라 세계 경제는 '고령화로 인한 지진(Age-Quake)'으로 뿌리째 흔들릴 것이고, 한국은 그 충격이 가장 클 것"이라고 예견한 바 있다.

고령화는 국가 재정 부담을 크게 늘려서 경제 성장에 걸림돌이 될 뿐만 아니라 평균 생활수준 하락, 부동산 가격 하락, 내수시장 규모의 축소, 사회 활력 저하, 저축률 하락으로 인한 경제 기반의 약화, 농촌 및 중소도시의 경제 파괴 등의 문제를 일으킨다.

가) 내수시장의 급격한 침체

한 나라 인구의 25퍼센트가 65세 이상이 되면 그 나라의 평균 생활수준이 18퍼센트 정도 하락할 수 있다고 한다. 한 사람이 일생에서 가장 많은 돈을 벌어들이고 소비하는 시점이 40대 후반에서 50대 초반이다. 그때를 100으로 보았을 때 65세가 되어 은퇴를 하면 소비의 40퍼센트를 줄인다고 한다. 즉 40대 후반에서 50대 초반에 한 달 평균 300만 원 정도를 소비하였다면, 은퇴 후에는 직장도 없고, 자녀도 다 출가하고, 부부만 남게 되어 평균 180만 원 정도만 소비하게 된다는 뜻이다. 한국은 이런 인구가 2018년이 되면 전체 인구의 14퍼센트를 차지하게 된다.

설상가상으로 한국 인구의 14.6퍼센트에 해당하는 베이비붐 세대 1955~1963년 생으로 2차 세계대전 후 출생률이 급증한 시기에 태어난 세대들이 2010년부터 은퇴를 시작하였다. 베이비붐 시대 인구가 712만 명 정도이며, 그 가운데 샐러리맨이 약 310만 명이다. 9년 동안 은퇴가 진행될 이 세대는 고령인구로 잡히지 않는 55-64세에 해당하는 사각지대의 인구이다. 하지만 이들도 은퇴를 하게 되면 자신의 평균 소비를 40퍼센트 줄일 것이다. 결국 2018년이 되면 65세 이상의 고령인구 14퍼센트와 베이비붐 세대 은퇴자 14.6퍼센트가 합쳐진 28.6퍼센트, 즉 전체인구의 거의 3분의 1이 평균 소비를 40퍼센트 줄이면서 한국 경제에 큰 충격을 줄 것이다.

저출산과 고령화로 한국의 잠재성장률은 2006~2010년 4.6퍼센트에서 2010~2030년에는 2.7퍼센트, 2041~2050년에는 1.4퍼센트로 하락할 것으로 예상된다. 이는 경제가 활력을 잃고 위축된다는 의미이다.

나) 사회적 부양 부담 가중

평균 수명 증가로 노인 부양비 65세 이상 노인 1명의 부양 부담을 짊어져야 할 15~64세의 생산가능인구가 늘어날 전망이다. 노인 부양비는 2000년 10명당 1명꼴에서 2010년 7명, 2020년 5명, 2030년 3명, 2040년에는 2명, 그리고 2050년에는 1.4

명당 1명꼴로 점점 가중될 것으로 전망된다. 따라서 현재는 생산가능인구 7명의 세금으로 65세 이상의 노인 한 사람을 부양하는 셈이지만 2020년이 되면 5명의 세금으로, 그리고 2040년이 되면 2명의 세금으로 65세 이상 노인 한 사람을 부양하게 된다. 따라서 앞으로 대학을 갓 졸업하고 첫 직장생활을 하려는 청장년은 자신의 생활을 영위하기 위해서뿐만 아니라 노인·아동·보건 복지와 관련된 과중한 세금 부담으로 큰 어려움을 겪게 될 것이다.

〈표 1-6〉 세계 및 한국의 노년 부양비[1)]

(단위 : %)

	2005년	2010년	2020년	2030년	2040년	2050년
〈세 계〉	**11**	**12**	**14**	**18**	**22**	**25**
선진국[2)]	23	24	29	36	41	45
개도국	8	9	11	15	19	23
아프리카	6	6	7	7	9	11
아시아	10	10	13	17	22	27
유럽	23	24	29	36	42	47
라틴아메리카	10	11	13	18	24	31
북아메리카	19	19	25	32	35	36
오세아니아	16	17	21	26	29	30
한국[3)]	13	15	22	38	57	72
북한	13	14	14	18	27	28

주 1: 노년 부양비는 생산가능인구에 대한 고령인구의 비
(=고령인구(65세 이상) ÷ 생산가능인구(15-64세) × 100)
주 2: UN에서 인구통계작성 시 분류하는 선진국에는 유럽, 북미, 호주, 뉴질랜드, 일본 등이 포함.
주 3: 통계청. (2006). 장래인구추계결과.
출처: 송하중. (2011). 전게서. p.31.

한편 독거노인 증가로 복지서비스 수요자도 증가될 전망이다. 한국의 독거노인 가구는 2010년 전체 인구의 약 6퍼센트를 차지하고 있다. 또한 통계청은 2030년이 되면 10가구 중 1가구가 독거노인 가구가 될 것으로 추정하고 있다. 이들 독거노인 4명 중 3명은 노후준비가 되어 있지 않은 것으로 나타나, 자

녀 또는 사회보장제도에 의지해야 할 실정이다. 그런데 이들 독거노인은 대부분 요양시설에 들어갈 것을 더 선호하고 있어 요양 보호에 대한 사회적 요구가 증대되어야 할 실정이다.[8)]

노인 1인당 월평균 진료비는 24만 6천 원으로 건강보험 가입자 월평균 진료비7만 6,452원의 3.2배인 것으로 집계되었다. 2005년에 비해 노인 인구는 29퍼센트 늘어난 반면 진료비는 146퍼센트 급증하였다.

이런 추세가 지속될 경우 한국은 본격적인 고령 사회에 진입하기도 전에 건강보험 재정이 위기에 빠질 가능성이 크다고 전문가들은 분석한다. 보건사회연구원은 2020년 건강보험 지불이 현재보다 2.4배 증가한 80조 4천억 원에 달할 것으로 전망했다. 건강보험 재정을 유지하려면 현재 월평균 8만 1,773원인 건강보험료를 2020년에는 14만 9,600원으로 올려야 할 것으로 보인다.

다) 보건의료비 증가

고령화가 급속히 진행되면서 건강보험 적용을 받는 노인인구가 처음으로 500만 명을 넘었다. 2011년 6월 말 현재 한국의 건강보험 적용 인구 4913만 명 중 65세 이상 노인이 506만 2,000명으로 전체의 10.3퍼센트를 차지했다. 통상 건강보험 대상자 가운데 노인 비중이 10퍼센트를 넘어서면 보험 재정 부담이 본격적으로 커진다.

노인 건강보험 진료비는 2011년 상반기 7조 5,000억 원으로 전체 진료비 22조 5,300억 원의 33.2퍼센트를 차지했다. 10퍼센트밖에 되지 않는 고령자가 건강보험료의 3분의 1을 쓴 것이니 40퍼센트로 높아질 2050년이 되면 2010년 대비 복지비는 요양비 3.5배, 의료비 2.5배, 국민연금 5배로 늘어날 전망이다.

한편, 고령이 될수록 유병률 및 진료비가 증가하는데 2003~2008년 사이 64세 이하 유병률은 8.9퍼센트 증가한 반면, 65세 이상에서는 18.8퍼센트 증가하였다. 2011년 64세 이하 피보험자 1인당 진료비는 월평균 7만 6,452원이고 65세 이상은 월평균 24만 6,000원으로 3.2배 높았다.

프랑스와 독일은 의료 보장 비용이 총 조세부담의 45~50퍼센트라고 한다. 일본은 노인 1인당 의료보장 지출이 젊은이보다 5배 많다. 일본은 지난 15년 근로자 임금에서 각출하는 세금을 2배 올렸는데, 이것이 의료보장 수익의 70퍼센트를 차지한다. 또 일본 정부는 젊은이가 부담할 공동 지불을 2단계에 걸쳐 10퍼센트에서 30퍼센트로 올렸다. 그런데도 사람들의 의료 서비스 요구에는 뚜렷한 영향을 미치고 못했다고 한다.[9)10)]

다. 숙련노동 인구 감소

핵심생산인구 감소로 경제 침체 및 잠재성장률이 하락하고 있다고 지적한 바 있다. 특히 철강 산업, 조선 산업, 기계 산업, 자동차 산업 내 대표적 선도 기업들의 생산직 근로자 평균 연령이 40~45세이고 대부분 정년을 희망하고 있다. 2018년까지 제조업 생산 현장에서 물러나는 정년퇴직자가 100만 명에 이를 것이라는 추산도 있다. 향후 30년 이상 현장에서 갈고 닦은 노하우, 손끝 감각과 기술을 물려받은 숙련기능직 근로자들이 대량으로 정년퇴직을 하게 될 경우, 생산성 저하는 물론 60세 이상의 단순 노동 일자리에 종사하고 있는 임시직 또는 일용직 근로자들에게 단기간에 기술 및 기능 전수도 어려워 숙련 근로자 확보가 어려울 것이다.

숙련 인구가 감소되면 노동생산성도 더 낮아질 것이다. 지금도 한국의 노동생산성은 OECD 30개국 중 28위로 미국의 43.8퍼센트, 일본의 65.7퍼센트 수준이다. 2009년 노동생산성은 한국이 25.1달러인데 반해, 미국이 57.4달러, 일본이 38.2달러, 영국이 47.6달러, 독일이 53.3달러, 룩셈부르크가 74.0달러로 한국의 노동생산성은 매우 낮은 편이다.

뿐만 아니라 고령자가 생산 활동에 참여하다 보니 반복 작업으로 인해 근골격계 질환 발생률이 증가하고 있다. 이로 인해 고령 근로자의 사망 사고가 젊은 연령 집단에 비해 높아지는 등 고령자들의 산업재해 발생이 증가하고 있다.[11)12)]

라. 세대 간 경제적, 문화적 갈등

한국은 OECD 국가 가운데 고령인구의 빈곤률이 가장 높다. 노인 가구의 월평균 소득은 약 183만 원이다. 65세 이상 노인 가구의 월평균 소득은 전체 가구의 53퍼센트 수준이며, 노인들은 경제적 어려움을 가장 큰 애로사항으로 꼽고 있다. 노인 집단 내에서도 빈부격차가 심한데, 50세 이상 연령층의 10퍼센트가 전체 노인인구 순자산의 49퍼센트를 보유하고 있다. 특히 농촌 독거노인의 증가 및 비정규직 고령자의 취업 형태가 지속되면 고령자 간 빈부격차가 심화될 것으로 전망된다.

세대 간의 문화격차도 있다. 해방둥이 세대와 베이비붐 세대는 후진국 시점에서 출발하여 개발도상국 시점에 청년기를 보냈고, 선진국 진입의 문턱 시점에서 중장년기를 맞이하였으며, 과거 산업 역군으로서의 정체성에 익숙해 있는 세대이다. 이들은 부모 부양, 자녀 지원을 위해 평생 동안 직장에 몸 바쳐오다가 이제는 가정으로 돌아오고 있지만 대부분 은퇴생활 준비 부족으로 자신의 자리가 없는 세대이기도 하다.

반면에, 베이비붐 세대의 자식 세대이자 오늘을 사는 Y세대 1970년대 후반~1990년대 중반 사이 출생 집단들은 경제 호황기에 태어나 인터넷, 해외여행, 높은 교육 수준 등의 혜택을 받고 부족한 것 없이 잘 자란 세대들이다. 이렇게 서로 다른 환경에서 자라고 생활해온 베이비붐 세대와 Y세대가 사고와 행동, 문화와 생활면에서 서로 이해하고 동화해가는 데는 상당한 거리가 있다.[13][14][15][16]

마. 인구 감소로 인한 국제 경쟁력 약화

후기정보화사회에서는 '인구=국력'이다. 농경사회에서는 주도 권력이 종교이고, 부의 척도는 땅이며, 주요 거래는 식량이었다. 산업사회에서는 주도 권력은 국가이고, 부의 척도는 자본이며, 주요 거래는 기계였다. 산업정보화사회에서는 주도 권력이 기업이고, 부의 척도는 접속이며, 주요 거래는 정보서비스 매매 MS, 구글, 아마존이다. 후기정보화사회에서 주도 권력은 인구이고 부의 척도는 정보처리능력이며 주요 거래는 네트워크(network) 매매이다.

인구가 많을수록 네트워크에 접속할 수 있는 기회가 많아질 것이고, 정보처리능력이 우수한 사람이 많을 확률도 높으며, 정보처리를 하는 사람의 수도 많아진다. 따라서 미래의 후기정보화사회에서는 '인구=국력'이라고 표현하는 것이다. 인구학적 관점에서 보면, 한국은 인구가 감소됨에 따라 국력이 약화될 수 있다.

〈표 1-7〉 후기정보화사회에서 인구=국력

구분	주도 권력	부의 척도	주요 거래
농경사회	종교	땅	식량
산업사회	국가	자본	기계
산업정보화사회	기업	접속	정보서비스 매매 (MS, 구글, 아마존)
후기정보화사회	인구=국력	정보처리능력	네트워크(Network) 매매

출처: 이무근. (2011). 미래사회 변화가 RHRD에 주는 시사점. 한국지역인적자원개발학회 기조강연. p.6.

5 인구 변화가 주는 시사

저출산·고령화 문제는 개인과 가족, 사회와 국가에 엄청난 부담과 충격을 주기 때문에 국가와 국민 모두가 노력하여 해결해야 할 과제이다. 특히 젊은이들은 출산율을 높이는 데 적극적으로 참여하고 노력해야 한다. 이를 위해 국가와 사회는 낮은 출산율의 원인을 규명하여 이를 적극 해결하도록 최선의 노력을 다해야 한다.

저출산으로 인해 앞으로 학교 급별 학생 수가 급격히 감소될 전망이다. 이에 따라 정부 관련 기관과 지방자치단체는 물론 해당 초·중·고·대학은 학생 수 감소에 따른 장·단기 대책을 다각적으로 수립하여 추진해야만 한다.

정부 또한 고령화로 인한 내수 시장의 급격한 침체, 사회부양비 가중, 보건의료비 증가 등으로 인한 재원을 앞으로 어떻게 확보할 것인지 장·단기 대책을 수립해야 할 것이다.

전통적인 가족 단위가 무너지고 1인·2인 가정이 전체 가정의 절반 이상을 차지하고 있는 현 시점에서 미래의 바람직한 가정을 어떻게 이루어나갈 것인가도 젊은이나 노인 모두가 크게 고민해야 할 과제이다.

인구 감소에 따른 국제 경쟁력 약화를 제고시키고, 노동생산성을 높이며, 경제적으로 자립하고 소득을 높이기 위해 지금보다 더 우수한 역량을 키우기 위한 배전의 노력이 필요하다. 그리하여 은퇴 후에도 스스로 부(소득)를 만들어낼 수 있도록 혁신적으로 일하는 시스템을 만들어야 한다. 동시에 은퇴하기 전까지 모아둔 부를 잘 관리하는 능력도 스스로 기르지 않으면 안 된다.

세대 간 경제적·문화적 갈등을 해소하기 위한 노력도 필요하다. 이러한 역량을 키우기 위해 젊은이들은 대학 재학 시절부터 미래의 인구 변화에 대처할 수 있는 생애 설계를 수립하고 준비해야 한다.

이상에서 논의한 저출산과 고령화로 인한 인구 구조 변화가 얼마나 심각한가를 알아보기 위해 몇몇 학자들이 지적한 말과 일본을 사례로 신문 사설에 게재된 내용을 소개하고자 한다.

급속한 고령화의 시사[17)]

"미래에는 연금과 양로원 자리를 두고 분배 전쟁이 벌어질 것이다."

(Splegel, 2011년 1월)

"인구 통계학적 재앙과 비교하면 공산권의 붕괴 따위는 아무것도 아니다."

(Claude Levi trauss)

"현재와 같은 인구 감소 추세라면 한국은 경제적인 재앙을 피할 수 없다. 13세기 유럽의 흑사병으로 경제가 위축된 것에 견줄 정도이다."

(Paul Hewitt)

"일본보다 고령화가 빠르게 진행되는데, 한국 사람들은 그 무서움을 아직 모르고 있다."

(다다 히데오, 5년 동안 서울 근무 경험)

'홀로 살다 홀로 죽는 일본인, 내일 우리들의 모습'[18)]

그제부터 신문에 연재되고 있는 '혼자 살다 혼자 죽는 사회, 일본' 특집은 독자를 으스스하게 만든다. 일본에선 사망 후 4일 이상 지나 발견되는 고독사가 한 해 1만 5,600명에 달하고, 죽어도 시신을 인수할 가족이 없는 무(無)연고 사망자가 3만 2,000명에 이른다고 한다. 도쿄에선 죽는 이 10명 가운데 3명은 이른바 직장(直葬), 장례식 없이 곧바로 화장터로 가고 있다. 현재 일본 30대 남성 10명 가운데 3명, 여성 10명 가운데 2명은 50대가 될 때까지 결혼을 못 할 거라고 한다. 결국 일본은 '혼자 살다 혼자 죽는 사회'가 돼가고 있는 것이다.

전통적인 '가족 울타리'가 약해지고, 급속하게 진행된 저출산·고령화로 돌봐줄 자식이 없거나, 자식이 있다 해도 20년 경기침체로 부모를 보살필 경제 능력이 없기 때문이다. 한국의 인구 구성 비율은 일본을 10~15년 차이를 두고 뒤따라가고 있다. 오늘 일본의 스산한 모습이 내일의 우리 모습이라는 이야기이다.

일본은 지난 20년 인구가 감소하면서 기업 매출이 떨어지고, 일자리가 줄고, 그것이 다시 소비를 위축시키는 악순환을 겪어왔다. 작년 일본의 226개 백화점 가운데 매출이 늘어난 건 3곳뿐이었다. 어린이 인구(0~14세)가 1900년 2248만 명에서 작년에 1648만 명으로 줄면서 제과점 파산이 속출했다. 청년실업이 늘어나면서 1990년 780만 대였던 신차 판매가 2009년 488만 대로 감소했다. 금융자산의 75%(1125조 엔·약 1경 5000조 원)를 가진 노인들은 여생이 불안하다며 갈수록 지갑을 닫고, 일자리를 갖지 못한 젊은이들은 쓰고 싶어도 쓸 돈이 없다.

젊은이들 성격도 변했고 이에 따라 사회의 분위기도 달라졌다. 직장도 학교도 안 다니면서 하릴없이 시간을 죽이는 니트족, 뚜렷한 일자리 없이 아르바이트를 전전하는 프리터족이 늘면서 자기 체념을 뜻하는 '하류지향(下流指向)'이란 말이 유행어가 돼버렸다. 30~34세의 직장인 가운데 결혼한 비율은 정규직 60%, 비정규직 30%, 프리터 17%다. 일자리가 불안한 젊은이들은 결혼을 기피하고 이것이 다시 저출산과 경기침체를 악화시키고 있다.

일본은 1996년부터 생산연령인구(15~64)가, 2008년부터는 총인구 자체가 감소했다. 우리도 2017년 생산연령인구가 줄기 시작하고, 2019년부터는 총인구가 감소할 것이다. 일본의 65세 이상 노인이 1990년 1,489만 명에서 2010년 2,941만 명(전체 1억 2,800만 명의 22.9%)으로 늘었다. 지난해 우리의 노인 인구는 535만 명이었는데, 2030년에 1,180만 명(전체 4,860만 명의 24.3%)이 된다.

일본의 경우 노인요양보험인 개호(介護)보험 지출액이 2000년 3조 8,000억 엔에서 작년 7조 9,000억 엔으로 2배 늘었다. 우리의 노인 장기요양보험은 작년 지급액이 2조 5,000억 원이었는데 2030년엔 15조 6,000억 원으로 6배 늘 것이라는 전망이 나와 있다. 저출산·고령화가 이런 식으로 경제활력을 떨어뜨리면 잠재성장률은 현재 4.1%에서 2020년 1.9%까지 낮아질 것이라는 예측이다. 그렇게 되면 작아진 파이를 서로 더 많이 먹겠다고 다투는 계층 간, 직업 간, 세대 간 갈등은 더 심해질 것이다.

저출산·고령화는 한 번 추세가 형성되면 되돌려놓기가 힘들다. 일본도 온갖 몸부림을 쳤지만 실패했다. 저출산·고령화 추세가 고착(固着)되기 전에 흐름을 돌려놓아야 한다. 지금 하늘을 찌를 기세로 부풀어 오르는 중국의 미래에 회의적인 시선을 보내는 가장 큰 요인도 중국의 급속한 노령화다. 역사상 저출산·고령화의 흐름에 떠밀려 가면서도 번영을 누렸던 나라는 하나도 없다.

우리 정부는 저출산 흐름을 되돌리기 위해 GDP의 0.7% 예산을 쓰고 있다. 저출산·고령화 시한폭탄의 뇌관(雷管)을 제거하기에는 어림도 없는 예산이다. OECD 평균이 2.3%다. 저출산·고령화 문제는 장관들에게만 맡겨놓기에는 너무나 중대한 문제다. 대통령이 10년 후, 20년 후 나라의 운명을 바로 보고 역사적 문제의식을 갖고 임해야 한다.

탐구활동 1-1

현재와 같은 인구 감소가 10년 , 20년 후 미치는 영향, 문제, 대책

'인구=국력'이다. 그런데 한국의 합계 출산율은 1.22명으로 세계 최하위 수준이다. 앞으로 10년, 20년 후, 인구의 감소가 지금의 나를 비롯한 청소년들에게 어떤 영향을 미칠 것인가에 대해 문제점을 규명하고 해결 방안을 구상해보자.

탐구활동 1-2

저출산율의 원인과 출산율을 높일 수 있는 대책

출산율이 낮은 원인은 적은 소득 임금으로 인한 가정 경제 및 교육 부담, 교육 수준 상승, 가치관 변화, 결혼 연기, 출산시기 지연, 어려운 보육환경 등 여러 가지가 있을 수 있다. 각자의 입장에서 출산율이 낮은 원인을 규명하여 출산율을 높이기 위한 방안을 국가, 사회, 가정, 개인별 차원에서 찾아 장·단기 실천 계획을 수립해보자.

탐구활동 1-3

앞으로 10년 후, 20년 후 고령화로 인한 생산활동근로자들의 경제적 부담 가중 문제와 대책

고령화로 인한 노인 부담비는 생산활동인구에게 너무 큰 부담을 준다. 뿐만 아니라 아동 복지비와 고령자의 보건 복지비까지 생산활동근로자들의 세금으로 충당해야 한다고 생각할 때, 생산활동근로자들은 앞으로 보수의 몇 퍼센트 정도를 세금으로 공제하게 될지 예측해보고 문제점과 해결책을 강구해보자.

또한 보편적 복지와 선택적 복지의 장·단점을 비교하여 각자의 입장에서 어느 쪽이 더 바람직한지 논의해보자.

탐구활동 1-4

인구 구조 변화에 따른 세대 간 격차 현상, 문제 원인, 대책

인구 구조 변화로 세대 간에 경제적·사회적 갈등이 점점 심해질 것으로 예견되고 있다. 원인과 해결 방안을 모색하여 개선 계획을 수립해보자.

탐구활동 1-5

인구 구조 변화가 나의 미래 삶에 미치는 영향

인구 구조 변화 가운데 앞으로 나의 삶에 큰 영향을 미칠 변화에 대해 살펴보고 어떻게 대비해야 하는가를 구상해보자.

주

1) 송하중. (2011). 저출산 고령사회의 공공 HRD 정책. 한국산업인력공단 제1차 인적자원개발 전문가 포럼. pp.1-34.

2) 한국여성정책연구원. (2011. 5). 100세 시대 가족. 제69차 여성정책포럼.

3) 박영숙, 제롬 글렌, 테드 고든. (2011). 유엔미래보고서 3: 기후와 에너지로 재편되는 세계. 서울: 교보문고.

4) 최윤식, 배동철. (2009). 2030년 부의 미래지도. 서울: (주) 지식노마드. pp.57-64.

5) Bak, J. (2008). 미래사회코드: 소비 트렌드를 창출하는 10가지 모자이크 키워드 (김모세 역.). 디플BIZ. (원저 2007 출판). pp.37-38.

6) 최윤식, 배동철. (2011). 2020년 부의 전쟁 in Asia. 서울: (주) 지식노마드. pp.73-94.

7) 김종호. (2011. 6. 15.). 결국 켜진 대한민국 빨간불: 핵심 생산인구 감소. 조선일보. p.A 14.

8) 서지영. (2011). 고령사회를 대비하는 과학기술 정책방향. 2011.2.15. 제64호. pp.5-10.

9) 송미순. (2011). 노인간호와 호스피스, 고령자의 건강과 삶의 질 향상. 제50회 한국과학기술한림원 심포지움. pp.98-114.

10) Shapiro, R. J. (2010). 2020 퓨처 캐스트 (김하락 역.). 서울: 랜덤하우스. (원저 2009 출판). pp.378-399.

11) 어수봉. (2011). 미래의 HRD와 HRD Korea의 미래. HRD Conference 2011. 서울: 고용노동부 한국 산업인력공단. p.195.

12) 서지영. (2011). 전게서. pp.7-8.

13) 상게서. pp.9-10.

14) 최윤식, 배동철. (2011). 2020년 부의 전쟁 in Asia. 서울: (주) 지식노마드. pp.92-94.

15) LG경제연구원. (2011). 2020 새로운 미래가 온다. 서울: 한스미디어. pp.134- 150.

16) 청와대. (2011). 베이비붐 세대는 국가 발전과 가치 창출이 소중한 자산입니다. 정책소식. vol.92.

17) 송하중. (2011). '국내외 인적자원을 활용한 핵심기술 인력 확보 정책' HRD Conference 2011. pp.333~357.

18) 홍재희. (2011. 6. 23.). 홀로 살다 홀로 죽는 일본인, 내일 우리들의 모습. 조선일보. p.A 35.

제 2 장 자원, 에너지, 기후 환경 변화

1 자원과 에너지 변화

우리의 생활 및 생산 활동에 이용되는 원료를 자원이라 한다. 여기서는 자원을 편의상 식량자원, 물, 금속자원, 에너지자원 등으로 구분하여 논하고자 한다.

가. 식량

인간은 하루 세 끼를 먹으면서 필요한 영양분을 섭취하여 생명을 유지하고 건강을 관리한다. 영양을 섭취해야 할 먹을거리인 식량자원 확보가 국내외적으로 점점 어려워지면서 심각한 문제로 제기되고 있다. 실제 국내외 식량 사정과 전망에 대해 살펴보기로 하자.

가) 세계의 식량 사정과 전망

세계의 식량 사정이 최근 급격히 악화되고 있다. 유엔 식량농업기구(FAO)에서 매년 발표하는 세계 영양부족 인구 통계자료에 따르면, 지난 2년 사이에 세계 영양부족 인구가 1억 명이나 증가하여 10억 명에 달하는 것으로 보고되고 있다. 특히 이들 기아인구의 64퍼센트는 아시아태평양 지역에, 그리고 26퍼센트는 아프리카 지역에 분포되어 있다. 매년 1천 800만 명의 5세 이하 어린이들이 기아와 질병으로 사망하고 있다. 세계가 하나의 지구촌으로 발전하면서 종래의 먼 나라 남의 일로 보이던 기아와 식량 부족의 문제가 이제 우리에게 직접적으로 영향을 미치는 요소로 작용하고 있다.

세계 식량 사정은 다음과 같은 이유 때문에 점점 더 어려워질 것으로 전망된다.

(가) 기후 변화에 따른 식량 생산의 감소

기후 변화에 대한 국제간 협력기구(IPCC)의 발표에 의하면 계속적인 온실가스 생산 등으로 21세기 중에 지구의 평균 온도가 섭씨 3도 이상 증가할 것으로 예측되고 있다. 이로 인하여 21세기 말에는 지금의 해안가에 있는 비옥한 농경지가 대부분 바닷물에 잠기게 될 것이다. 그뿐만 아니라 지구온난화는 잦은 기상 이변을 일으켜 국지적인 한발과 홍수가 발생하고, 식량생산을 어렵게 하고 있다.

(나) 개발도상국의 경제 성장에 의한 동물성 식품 소비 증가

한 사람이 1년 동안 섭취해야 하는 열량 100만 킬로칼로리을 생산하기 위하여 고구마를 심으면 0.04헥타르, 쌀을 심으면 0.07헥타르, 콩을 심으면 0.21헥타르가 필요하지만 쇠고기를 생산하려면 6.8헥타르가 필요하다. 그런데 세계에서 인구가 가장 많은 중국과 인도도 우리와 마찬가지로 식용 곡물 주로 쌀의 소비는 급감한 반면, 동물성 식품의 소비가 크게 증가하고 있다. 이 때문에 중국은 이미 곡물 수출국에서 수입국으로 전락했으며, 엄청난 양의 콩과 옥수수를 수입하고 있다. 또한 식량 자원 확보를 위해 아프리카를 비롯한 세계 여러 국가에 경작지를 매입하고 있다.

(다) 곡물을 이용한 바이오 연료 생산

원유 가격이 배럴당 100불을 넘으면 옥수수를 발효하여 에탄을 생산해서 연료로 사용하는 것이 경제성이 있다고 한다. 2000년대 초부터 시작된 미국의 옥수수를 이용한 바이오 연료 생산이 2008년도에 전체 옥수수 생산량의 3분의 1로 급증하면서 세계 곡물 가격이 2~3배 올랐다. 그런데 2020년이 되면 세계 식량의 2~5퍼센트를 바이오 연료 생산에 소비할 것으로 예측하고 있어 식용 곡물의 공급은 감소될 전망이다.

(라) 신기술에 대한 소비자의 불안감

앞으로 예견되는 세계의 식량 문제를 해결할 수 있는 유일한 방법은 과학기술의 발전에 의한 식량 생산의 획기적인 증가와 효과적인 저장 기술의 개발이다. 과학자들은 생명공학에 의한 다수확 신품종의 개발을 상당 수준 성취하였으며, 또한 유전자 변형(GM)에 의한 식량 생산이 현실화되고 있다. 또한 20세기 새로운 에너지로 개발된 핵에너지를 이용한 식품저장(HR) 기술이 상용화되어 부패 변질되어 버려지는 식량을 크게 줄일 수 있고 식중독이나 유해 미생물의 피해를 크게 줄일 수 있게 되었다. 그러나 소비자들이 이들 기술에 대하여 불안하게 생각하고 있어 그 이용이 늦어지고 있다.

(마) 무역자유화 시대를 맞아 식량의 부익부 빈익빈 심화

WTO 이후 세계 각국의 식량 사정은 크게 3가지로 분류한다. 미국, 캐나다, 프랑스, 아르헨티나, 호주, 태국 등과 같이 식량 자급률이 100퍼센트를 넘는 나라들, 한국, 일본, 멕시코와 같이 식량의 절대량이 부족한 신흥국가들, 그리고 식량도 부족하고 구매력도 없는 가난한 나라들이다. 이들 세 그룹 간에 식량 사정은 점점 더 '부익부' '빈익빈'이 되어가고 있다. 설상가상으로 가난한 몇몇 나라들은 당면한 식량 문제를 해결하기 위해 농지를 외국인 투자자들에게 팔고 있다. 2004년 이래 200~300억 달러의 가치가 있다고 추정되는 약 250만 헥타르의 개발도상국 토지가 거래되었고, 정부 지원을 받는 외국인 투자자들이 세계 곳곳의 농지를 구매했는데, 그 넓이를 다 합치면 유럽의 절반 정도가 된다고 한다.

(바) 인구 증가에 따른 식량 수요 증대

현재의 70억 인구가 2050년이 되면 91억 명이 될 것으로 예측하고 있다. 인구가 이렇게 증가됨에 따라 경제 성장을 따라가기 위해서는 식량 생산이 70퍼센트 증가해야 하고, 육류 생산은 2억 톤 증가해서 4억 7천만 톤이 되어야 한다고 한다. 지금도 식량 부족으로 문제가 심각한데 추가로 요구되고 있는 이 엄청난 양의 식량을 어떻게 확보할 것인가는 전 세계가 고민하고 해결해야 할 과제라고 할 수 있다.

나) 한국의 식량 사정과 전망

한국의 식량 사정도 다음과 같은 이유 때문에 매우 심각하다.

(가) 식량 자급률 급감

한국의 곡물 자급률은 1990년 43.1퍼센트, 2000년 29.7퍼센트, 2006년 26.6퍼센트로 해가 거듭될수록 떨어지고 있다. 쌀의 자급은 99.4퍼센트를 이루었으나 밀과 옥수수는 거의 전량 수입에 의존하고 있고 콩의 자급률도 35퍼센트 사료용 포함 자급률 11.3퍼센트 수준이다.

쌀이 남아도는 주요 원인의 하나는 쌀의 소비량이 급격히 감소하였기 때문이다. 1980년대 초까지 국민 한 사람이 1년간 소비하는 쌀은 130Kg이었으나 2007년에는 77kg으로 거의 2분의 1 수준으로 줄었다.

(나) 쌀의 소비량 감소와 전체 식량 에너지 자급률 저조

지난 35년(1970-2005년) 동안 국민 1인당 하루 평균 섭취 열량의 변화를 보면 곡류가 76퍼센트에서 50퍼센트로 감소한 반면, 유지류가 1.4퍼센트에서 15.4퍼센트로 약 13배 증가하였다. 축산물은 2.8퍼센트에서 11.2퍼센트로 약 4배 증가하였으며, 설탕은 2.9퍼센트에서 7.5퍼센트로 2.3배, 해산물은 2.1퍼센트에서 3.9퍼센트로 1.8배, 채소와 과일은 2.8퍼센트에서 5.8퍼센트로 2배 증가하였다. 이로 인해 열량 구성비도 변하고 전체 식량 중에서 쌀이 차지하는 비율은 30퍼센트 미만으로 낮아졌다. 또한, 대부분 수입에 의존하는 밀과 설탕, 유지류, 그리고 수입 사료로 생산되는 육류와 우유가 식량 에너지의 대부분을 차지하게 되었다.

(다) 유지류 및 육류 소비량 급증

한국인의 1인당 1일 동물성 섭취량이 1980년에는 98g, 1990년에는 198g, 2005년에는 279g으로 지난 35년 동안에 2.8배가 증가하였다. 육류 과다 섭취가 유방암 및 대장암과 관련이 있다는 것은 잘 알려진 사실이다. 한국인의 사망원인 변화 추세를 보면 1989년에서 2009년까지 암으로 사망자가 34퍼센트 증가하였는데 유방암으로 사망한 사람이 2.4배, 대장암으로 사망한 사람이 3.7배 많아졌다.

(라) 식량 낭비 풍조 심각

한국이 경제적으로 윤택해져 모자라는 식량을 무제한 수입할 수 있게 되면서 심각한 식량 낭비의 현상이 나타나고 있다. 식량 자급률이 30퍼센트도 되지 않는 나라에서 1980년 말부터 1인당 열량 섭취량이 공급량의 70퍼센트를 밑돌고 있다. 식량의 공급량과 실제 섭취량의 차이의 대부분은 음식 쓰레기로 버려지는 양을 나타낸다. 따라서 이러한 차이는 식량의 30퍼센트가 음식 쓰레기로 버려지고 있는 심각한 식량 낭비현상이 나타나고 있음을 의미한다.

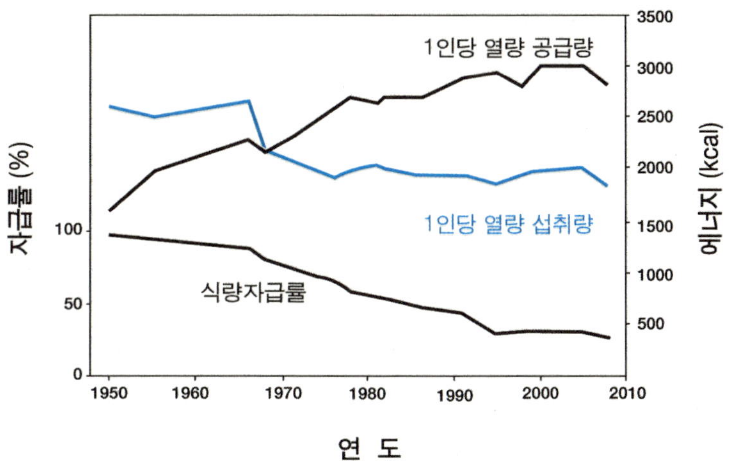

[그림 2-1] 한국인 1일 1인당 식량 공급량과 섭취량의 변화 추이

출처: 한국식량안보연구재단. (2011). 식량자급 실천 국민운동: 왜 해야 하며, 어떻게 할 것인가. 식량자급실천국민운동본부. p.23.

(마) 쌀 시장 개방 시 쌀의 국제 경쟁력 약화

설상가상으로 WTO와 FTA 등으로 쌀 시장이 개방되면 외국에서 밀려들어 오는 값싼 고급 쌀에 밀려 국산 쌀의 소비가 타격을 받을 것으로 예측된다.

(바) 식품에 대한 소비자의 불안감 증대

한국은 현재 세계에서 가장 까다로운 식품 교역국으로 손꼽히고 있다. 그만큼 국민의 식품에 대한 불안감이 크고 식품 안전에 대한 목소리가 거세다는 것이다. 불량 물만두 사건, 김치 기생충알 사건, 쥐머리 과자 사건, 광우병쇠고기 반대시위 등 대형 식품안전 논란이 여과 없이 보도되고 연달아 파문을 일으켰다. 일부 시민단체의 근거 없는 주장과 과장 보도로 GM식품 등 신기술에 대한 불필요한 불안감이 조성되기도 하였다.

현재 한국에 수입되는 곡물의 대부분이 일본 등 외국의 중간거래상을 통해 들어오고 있다. 카길이나 ADM 같은 곡물메이저에 의해 세계의 식량 유통과 가격이 결정되는 것은 어쩔 수 없는 현실이지만 중간 거래마저도 외국의 손에 의존하고 있어 식량 수입에 엄청난 추가 거래 비용을 써야 하는 실정이다. 곡물 거래에 우리가 후진성을 탈피하지 못하고 있는 것은 그동안 이 분야의 전문가를 키우지 않았기 때문이다.

(사) 국민의 식량 안보에 대한 의식 결여와 국가의 정책 수립 의지 부족

이렇게 식량 문제가 심각한데 그 중요성이 크게 부각되지 않고 있는 이유는 국민의 식량안보에 대한 의식이 결여되어 있어 그 필요성을 인식하지 못하고 있기 때문이다. 그러나 가장 근본적인 이유는 정부의 식량 안보에 대한 장·단기 정책의 수립과 실천이 미비한 것이다.[1)]

나. 물

가) 자원으로서의 물

사람은 단 하루도 물 없이는 살 수 없다. 사람뿐 아니라 모든 생명체는 반드시 물이 있어야 보전될 수 있다. 무엇보다 생명에 귀중한 것이 물이다. 이렇게 물은 모든 생명체의 근원이 되는 절대자원으로 생명 유지와 성장에 필수적이다. 뿐만 아니라 일반 공산품 생산에도 없어서는 안 될 중요한 원자재다. 1kg의 먹을거리를 생산하기 위해 필요한 물의 양은 옥수수는 900리터, 쌀은 3,000리터, 돼지고기 4,900리터, 쇠고기 1만 5,500리터이며, 철은 그 생산량의 285배, 휘발유는 5배, 레이온은 2,000배의 물이 각각 필요하다.

이렇게 필요한 물은 바다, 빙원(氷原), 호소(湖沼), 하천의 형태로 지구 표면의 4분의 3을 차지하고 있다. 그 중에 97.5퍼센트가 바닷물과 염수(鹽水)의 지하수로 존재하고, 나머지 2.5퍼센트가 민물 또는 담수(淡水)로 존재한다.

인간이 사용할 수 있는 물은 민물을 의미하는데, 민물은 지구를 덮고 있는 물의 2.5퍼센트에 불과하고, 민물 중에서도 69퍼센트 정도는 빙산과 빙하 형태로, 29퍼센트는 지하수로 존재하며, 나머지 2퍼센트는 민물호소, 강, 하천, 늪 등지의 지표와 대기층에 있을 뿐이다. 인간이 쉽게 취해 쓸 수 있는 형태의 민물은 호소 및 하천에 있고 이 양은 지구상 전체 물의 0.007퍼센트에 해당하는 10만 km^3에 불과하다. 이는 10만 개의 물병이 있는데, 그 가운데 마실 수 있는 물병이 7개뿐이라는 의미다.

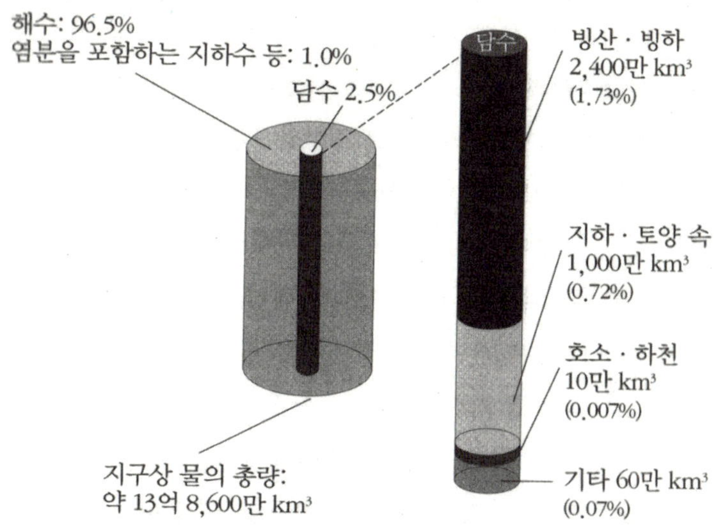

[그림 2-2] 지구상의 물의 분포

출처: 권순국 외. (2008). 사람과 물. 서울대학교 출판부. p.7.

마실 수 있는 물, 즉 사용 가능한 물은 아시아 지역에 21퍼센트, 미국, 캐나다 등 북미주에 26퍼센트, 아프리카에 28퍼센트가 있으며, 나머지 25퍼센트의 물은 이 3대주를 제외한 곳에 분포하고 있다. 그런데 문제는 지구상에는 사하라 사막을 비롯한 많은 사막 지역이 있고, 아직도 일부 지역에서는 강수 부족으로 사막화가 진행되고 있다는 것이다. 유엔에 의하면 사막화 현상으로 2025년까지 아프리카에서는 기존 경작지의 3분의 2가 불모지로 변하고, 아시아에서는 3분의 1, 남미에서는 5분의 1이 비슷한 처지가 될 것으로 전망된다. 아울러 프랑스와 독일 인구를 합친 것과 맞먹는 약 1억 3,500만 명이 기존 거주지에서 살 수 없어 물과 초원을 찾아 다른 곳으로 떠나야 할 것으로 예측된다. 중국도 기존의 9만 3,000km^2 넓이의 사막화된 땅 외에 현재 889개 지역에서 사막화 현상이 진행되어 전체 국토의 18퍼센트인 173만 9,700km^{2}가 사막화되었다.

나) 세계 물 사정

인간이 사용할 수 있는 물의 공급량은 한 해에 9,000km^{3}이고, 그 가운데 인간이 실제로 사용하는 양은 4,300km^{3}에 불과하다. 이처럼 절대량으로 보면 물 부족을 염려할 정도는 아니다. 그러나 문제는 인구 증가에 따른 물 사용량이 급증하고 있고 일부 지역에 편중되어 있다는 점이다.

아프리카 북부와 동부의 경우 최대의 수원인 나일강의 유량 감소와 연간 3퍼센트가 넘는 인구증가율로 인한 물 부족이 가장 큰 문제로 부각되고 있다. 요르단 강에 의존하고 있는 이스라엘, 요르단, 시라아도 사막 개발에 따른 관개면적의 급속한 증가로 심한 물 부족을 겪고 있다. 특히 이스라엘은 사용 가능한 수자원의 95퍼센트 이상을 이미 이용하고 있어 머지않아 수요가 공급을 초과할 전망이다.

미국도 캘리포니아, 애리조나, 네브래스카 주 등은 이미 물 부족을 겪고 있다. 그리고 향후 몇 년 이내에 미국의 4분의 3에 해당하는 주들이 물 부족을 겪게 될 것으로 보고 있다. 또한 중앙아시아의 젖줄인 아랄 해의 저수량도 1960년에 비해 3분의 1로 줄어들었다. 지구촌이 겪고 있는 도시화도 물 위기를 가중시키고 있다. 최근 유엔인간거주위원회 HABITAT는 물 문제가 심각한 대도시로 아프리카의 카이로와 라고스, 아시아의 베이징, 상하이, 멕시코시티, 미국의 휴스턴, 로스앤젤레스, 영국의 카디프 등을 꼽았다.

중국의 경우 수로의 70퍼센트 이상과 지하수의 90퍼센트가 오염되어서 전체 하천의 33퍼센트가 이미 산업용으로 사용하기 힘들 정도이다. 베이징의 경우 이미 50년 동안 가뭄에 시달리고 있고 오염된 물 때문에 각 가정마다 정수기를 사용해야만 하는 실정이며 2030년이 되면 물이 완전히 사라질 위기에 있다.

한편, 물의 지역적 편재와 미비한 공급시설도 물 부족 문제의 심각성을 더해주고 있다. 세계 수자원의 70퍼센트는 농업용수로 사용하고 있으나 관개시설이 제대로 갖추어지지 않아 비, 눈 등으로 내리는 물의 46퍼센트는 그대로 낭비되고 있다. 그러다 보니 세계 인구의 40퍼센트 정도는 만성적으로 물 부족을 겪고 있으며, 아프리카와 아시아에서는 생활용수의 부족으로 물 값이 크게 오르고 있다.

〈표 2-1〉 물 기근 및 부족 국가군

물 기근 국가군	물 부족 국가군	물을 타국에 의존하는 국가
지부티	리비아	네덜란드
쿠웨이트	모로코	이집트
몰타	이집트	시리아
카타르	오만	수단
바레인	키프로스	캄보디아
바베이도스	남아프리카	이라크
싱가포르	한국	
사우디아라비아	핀란드	
아랍에미리트연방		
요르단		
예멘		
이스라엘		
튀니지		
카포베르데		
케냐		
부룬디		
알제리		
르완다		
말라위		
소말리아		

주: 물 기근: 1,000m^3 미만, 물 부족: 1,000~1,700m^3, 물 풍요: 1,700m^3 이상(1인당 1년에 필요한 물의 양)
출처: 권순국 외. (2008). 사람과 물. 서울: 서울대학교 출판부. p.10.

한 사람당 1년에 필요한 물의 양은 최소 1,700m^3 정도인 것으로 알려졌다. 그러나 물의 양이 인구 한 사람당 1년에 1,000m^3 이하가 되면 이른바 문화적 생활, 즉 매일 아침·저녁으로 세수하고 이를 닦고, 매일 한 번 샤워를 하는 등의 생활이 불가능할 뿐만 아니라 마음 놓고 물을 마시기도 어려워진다. 더욱이 농사와 가축 사육 등 먹을거리 생산이 어려워져 경제발전이 불가능하게 된다. 이런 실정에 처한 나라를 '물 기근 국가(water scarcity country)'라 부르며 이러한 나라는 주로 중동아시아와 아프리카 지역에 분포되어 있다. 사용 가능한 물의 양이 1,000~1,700m^3 사이면 '물 부족 국가(water deficit country)'로 분류된다. 이집트 등 몇몇 중동아시아와 아프리카 국가들이 포함되며, 한국도 여기에 해당한다.

미국 중앙정보국 산하 국가정보위원회는 2015년이 되면 세계 인구의 절반인 30억 명 이상이 1인당 연간 물 사용 가능량 1,700m^3 이하인 물 부족 국가에 살게 될 것이며, 이 국가는 아프리카와 중동아시아, 남아시아와 중국 북부에 분포되어 있다고 하였다. 지난 100년 동안 세계 인구는 4배가 증가하였는데, 물 소비량은 1900년 500km^3에서 2000년 3,830km^3로 7배가 늘었다. 그런데 2025~50년이 되면 전 세계 인구가 79~91억 명에 달해 지금보다 10~21억 인구가 늘어날 전망이다. 이로 인해 28~33억 명이 사는 46~52개 국가가 물 부족 국가에 포함될 것으로 예측된다. 이렇게 물이 부족하게 되면서 세계 인구의 5분의 1인 12억 명(2000년 기준)이 안전하게 마실 물이 없어 고통을 받고, 이보다 2배 많은 24억 인구가 비위생적 물을 마시며, 매년 전 세계에서 300만 명 이상이 음식이나 마시는 물 등으로 전염되는 수인성 질병인 장티푸스나 콜레라로 죽어가고 있다.

이처럼 물이 부족하다보니 세계 곳곳에 물 부족으로 인한 분쟁이 일어나고 있다. 그래서 세계은행(world bank)은 20세기가 석유분쟁 시대였다면, 21세기는 물 분쟁시대가 될 것이라고 경고한 바 있다. 물 분쟁이 일어날 가능성이 가장 높은 곳은 이스라엘과 요르단이다. 나일 강의 상류에 있는 수단, 에티오피아, 우간다와 하류의 이집트도 가능성이 크다. 또 티그리스-유프라테스 강 상류의 터키와 하류의 이라크, 시리아도 그렇다. 특히 예멘은 분쟁의 80퍼센트가 물 때문이며, 예멘의 수도는 7년 안에 물 없는 수도가 될 것으로 예측하기도 한다.

아시아 지역에서는 인더스 강, 브라마푸트라 강, 갠지스 강 등을 중심으로 파키스탄, 인도, 티베트, 방글라데시 등이 서로 갈등하고 있다.

다) 한국의 물 사정

수자원의 원천은 대부분 강수다. 세계 연평균 강수량은 973mm인데 한국은 1,245mm이다. 이를 1인당 강수량으로 환산해보면 세계 평균은 33,975mm이고 한국은 3,000mm로 세계 평균의 10분의 1에 불과하다. 이는 한국이 국토 면적은 좁고 인구 밀도는 높기 때문이다.

수자원의 주된 문제점 가운데 하나는 한국은 전 국토의 65퍼센트가 산이고 동고서저의 지형적 요인으로 인해 하천 경사가 심하여 비가 오면 한꺼번에 하천물이 바다로 흘러들어 안정적 하천수 이용이 곤란하다는 점이다. 게다가 무분별한 도시 개발로 침투되는 물은 겨우 10퍼센트, 심층까지 침투되는 물은 5퍼센트에 불과하다. 이처럼 지층엔 빗물이 거의 침투하지 못하면서 도심 속의 천들이 거의 말라가고 있다. 도시뿐만 아니라, 전국적으로 작은 하천들이 갈수기와 홍수기에 관계없이 물이 늘 말라버리는 건천화 현상이 일어나고 있다.

또 다른 문제점으로는 강수량의 연도별, 계절별, 지역별 불균형을 들 수 있다. 지역별 연평균 강수량을 비교해보면 제주 및 남부 해안지역이 가장 많고, 남동부 지역이 가장 적다. 비가 가장 많은 지역은 제주도의 남동해안 지역으로 1,800mm 내의 강수량 분포를 나타내며, 내륙 지역에서는 섬진강 유역과 남해안 일대로 1,200~1,500mm다. 북부 산악 지역은 500~600mm로 가장 적은 강수량 분포를 나타내고 있다.

비가 계절에 따라 기간에 너무 많이 오면 홍수가 날 확률이 높고 비가 너무 오지 않으면 가뭄피해가 심할 수 있다. 물을 안정적으로 확보하기 위해서는 수자원 개발이 불가피한 경우가 있는데, 개발과 보존 간 갈등이 심화되고 있다. 또한 수자원 개발을 하게 되더라도 개발에 따른 지역 간의 이익과 손실이 자칫 불공평하게 이루어질 수 있어 갈등을 일으키는 경우도 있다.[2)3)4)]

다. 금속

시간이 흐를수록 금속자원의 공급 차질을 우려하는 국가 간의 힘겨루기가 격화되고 있다. 수년 전 희금속(rare metal)의 일종인 희토류 稀土類, rare earth: 원소기호21, 39와 57–71를 둘러싼 일본과 중국 간의 마찰이 그 예이다.

희토류는 그린 카, 휴대폰, 반도체, LCD, 의료기기, 원자로 등에 쓰이는 17개의 광물을 말한다. 희토류의 매장량은 세계 연간 생산량의 798배로, 700년을 넘는 가채연수를 가지고 있어서 석유의 가채연수가 40년 정도인 것에 비해 풍부한 편이다. 하지만 최근 수요가 급증하고 있는 데다 세계 생산량의 97퍼센트를 중국이 차지하고 있다. 중국이 수년 전부터 전략물자 통제를 강화하고 수출물량을 크게 줄여, 전 세계적으로 공급 차질이 발생할 경우 우리 산업에도 영향을 줄 수 있다.

최근 주목을 받고 있는 희토류뿐만 아니라 그린 카용 배터리에 사용되는 리튬, 특수 철강재에 사용되는 티타늄, 망간, 촉매에 사용되는 팔라듐 등의 백금 계열 금속, LCD에 사용되는 인듐, 휴대폰에 사용되는 탄탈 등의 희소금속에 대해서도 자원 확전이 과열되고 있다. 예를 들어 리튬의 경우 가채연수가 500년을 넘어 생산량에 비해 자원 매장량이 풍부한 편이다. 하지만 향후 전기자동차의 보급과 함께 희소해질 가능성이 있어 한국을 비롯하여 일본, 유럽, 중국이 유력한 자원 보유국인 볼리비아 광산에 대한 개발권 쟁탈전을 펼치고 있는 실정이다.

이러한 희소 자원뿐만 아니라 원래 매장량이 풍부한 것으로 인식돼왔던 구리, 아연 등 베이스 메탈(base metal)의 경우에도 수요 급증과 함께 가격 상승세를 보이고 있다. 구리의 경우 가채연수가 30년, 주석은 20년, 아연은 18년 정도에 불과한 실정이다. 중국, 인도 등 신흥공업국의 성장으로 베이스 메탈의 수요가 급증하고 가격도 상승 추세를 보이고 있다. 따라서 향후 자원 개발이 확대되고 추정 매장량도 일정 부분 늘어날 것이다. 하지만 조만간 중국 등에서의 사용량이 선진국 수준으로 확대될 경우 그 여파는 매우 심각한 상황으로 치달을 것이다.

희소금속이나 베이스 메탈 자원의 확보에 차질이 생기면 전기전자, 자동차, 철강, 기계, 의료, 군수, 각종 인프라 산업 등 광범위한 분야에 걸친 관련 산업의 생산이 위축되고 경제에도 막대한 영향을 준다. 때문에 주요국은 전략적 관리가 필요한 금속 자원을 지정하면서 자원 쟁탈전에 매진하고 있는 실정이다.

사실 신흥국의 고성장에 따른 베이스 메탈의 소비 급증, 그린산업 발전으로 인한 희소금속 의존도 확대, 자원 보유국의 공급 통제, 대규모자원 기업의 고가격 정책 등으로 인해 상당수 금속자원의 공급 불안이 발생할 가능성이 농후한 상황이라고 할 수 있다.[5)]

〈표 2-2〉 공급 리스크가 있는 금속자원들

	가채연수(년)	1~3위국 생산집중도(%)
동	34.2	49.2
철광석	69.6	71.7
납	20.3	66.8
아연	18.0	50.2
리튬	100년 이상	78.3
백금속	100년 이상	93.3
안티모니	11.2	94.9
Beryllium	100년 이상	100.0
Bismuth	43.8	91.2
Boron	37.8	77.1
Chromium	15.2	74.3
Cobalt	100년 이상	60.5
Germanium	3.2	78.3
Niobium	46.8	98.9
Rhenium	48.1	76.7
Strontium	16.2	97.6
Tantalum	94.8	72.4
Tungsten	48.3	88.6
Vanadium	100년 이상	98.1
Zirconium	45.5	84.9
희토류	100년 이상	99.5

주: 2009년 세계생산량과 확인매장량으로 시산
출처: LG경제연구원. (2011). 2020 새로운 미래가 온다. 한스미디어. p.183.

라. 에너지

사람이 생각하며 움직이거나 풀과 나무가 자라는 것, 그리고 강물이 흐르고 바람이 부는 것, 이 모든 것에 필요한 것이 에너지다. 우리가 살아가면서 하는 모든 일- 집을 짓거나 기계를 작동시키고 혹은 쌀을 끓여 밥을 짓고 고기를 굽는 일-에도 역시 필요한 것은 에너지다. 이런 에너지의 99.9퍼센트는 태양으로부터 얻을 수 있고 나머지 극소량의 에너지는 원자력발전 등으로 만들어지고 있다.

에너지원의 발달 과정을 보면 나무 → 숯 → 석탄(연탄) → 석유 → 수력/화력/원자력발전소 등을 통한 전기에너지 → 원자력에너지의 순으로 발전되어 왔다. 현재는 온실가스 배출도 없고 방사선의 위험도 없는 무궁무진한 태양에너지로 전기를 만들어 쓸 수 있는 방안과 대체 에너지를 풍력으로 이용하는 방안, 에너지 발생 과정에 나타나는 각종 공해를 줄이기 위한 녹색기술, 녹색산업, 녹색생활 활동이 활발하게 전개되고 있다.

가) 나무와 숯

인간이 불을 처음으로 사용한 시기는 대략 50만 년 전으로 알려져 있다. 인간은 최초에 나무를 이용해서 불을 사용함으로써 어둠과 추위, 맹수의 공격을 피할 수 있었고, 음식을 익혀 먹음으로써 온갖 질병으로부터 인류를 해방시킬 수 있었다.

나무를 태우면 연기가 나고 발열량을 조절하기가 쉽지 않은데, 이런 단점이 없는 연료가 바로 숯이다. 숯은 나무에서 휘발성 유기물과 수분이 모두 빠져나가고 남는 탄소 덩어리다. 숯은 구멍이 숭숭 뚫린 구조를 가지고 있기 때문에 부피에 비해 무게가 매우 가벼운 편이다. 또한 마른 숯은 불이 쉽게 붙으며 연기가 없어 나무에 비하면 무공해 연료인 편이다.

나) 석탄

인공적으로 목재를 급속히 가열해 만든 것이 숯이라면, 석탄은 목재가 땅속에서 공기와 차단된 채 아주 오랜 시간 지열에 의해 천천히 탄화되면서 생성된 것이다. 지금으로부터 약 3억 년 전의 지구는 온통 습지에다 거대한 나무가 자라는 밀림이었던 것으로 추정된다. 그 수많은 나무들이 땅속이나 바닷속으로 들어가 묻히면서 생성된 것이 석탄이다. 석탄은 지구상의 어느 지역에서도 발견되는 가장 흔하면서도 양적으로 풍부한 자원이다. 세계 전체 매장량은 10조 톤, 가채량(可採量)은 약 5,000~6,000억 톤 정도로 추산된다. 전 세계가 연간 소모하고 있는 30억 톤과 비교하면 앞으로 약 200년간 그 수요를 충당할 정도다.

석탄은 다른 에너지에 비해 가격도 저렴한 편이다. 미국의 경우 동일한 에너지 1KHW을 얻는 데 드는 원가는 석탄 5~10원, 가스 40원, 가솔린 130원, AAA베터리 120만 원이라고 한다. 한편 전 세계적으로 전기 생산을 위해 석탄을 이용한 화력발전기가 수없이 돌고 있는데, 이로부터 생산되는 CO_2 가스가 매초마다 약 300톤에 이른다. 이를 부피로 환산하면 1억 5,000만 리터에 해당한다. 인류는 화력발전 과정에서 한 시간에 약 5,000억 리터 이상의 CO_2 가스를 대기권에 배출하고 있는 것이다. 이런 CO_2가 기후 변화, 더 직설적으로 표현하면 지구온난화의 주원인이 되어 전 세계적으로 막대한 인적·물적 손실을 주고 있다.

다) 석유

석유가 현대 문명의 핵심 에너지원으로 등장하게 된 것은 20세기 초 중동 지역에서 대규모 유전들이 발견되면서 가격이 크게 떨어졌기 때문이다. 지하 유전에서 퍼 올린 원유는 비교적 간단한 처리만으로 휘발유나 디젤유로 만들어진다. 석유는 현대인의 의식주에 필요한 물건을 만드는 데 쓰이고 있다. 비료, 농약, 살충제가 모두 석유를 원료로 만들어진다. 나일론, 폴리에스터 등의 합성섬유는 물론, 합성고무, 플라스틱 등 생활용품에 석유가 들어가지 않은 것이 거의 없다. 석유를 '현대 산업문명의 검은 피'라고도 하는 이유가 여기에 있다. 오늘날 인류는 석탄에서 얻는 에너지보다 1.5배 많은 에너지를 석유로부터 얻고 있다. 미국 국립지질연수소가 확인한 전 세계의 석유 매장량은 1조 7,000억 배럴이다. 전 세계 석유 소비 증가를 연 2퍼센트라고 계산하면, 2030년을 전후해서 지구상의 석유는 바닥난다는 계산이다. 한국은 석유 수요를 온전히 수입에만 의존하고 있기 때문에 오일 쇼크에 특히 취약한 경제구조를 가지고 있다. 2008년도에 한국이 수입한 에너지 총액은 1,415억 달러에 달했다. 이는 같은 해 한국의 3대 수출 품목인 반도체와 자동차, 그리고 조선 산업을 모두 합한 수출액 1,109억 달러를 훌쩍 넘는 것이다. 이렇듯 에너지는 한국 미래의 코를 꿰고 있다. 석탄이 첫 번째 산업혁명을, 그리고 석유가 두 번째 산업혁명을 일으켰듯이 우리는 이제 또 다른 에너지를 찾아 세 번째 혁명을 준비해야 한다.

라) 전기

전기는 수력발전소, 화력발전소, 원자력발전소 등에서 만들어진다. 전기는 현대 생활의 알파요, 오메가다. 그러나 아직도 세계적으로는 16억 명, 즉 네 사람 가운데 한 사람은 전기 없이 암흑생활을 하고 있다. 이들 모두에게 60W의 전구 한 개를 쓸 수 있을 만큼만 전기를 만들어준다고 해도 앞으로 필요한 전기량은 엄청나다. 요즘 세계적으로 소비되는 전기에너지는 약 13조W에 이른다. 이 수치가 2050년이 되면 두 배가 되어 26조W에 이를 전망이다. 만약 2050년까지 더 필요한 13조W를 모두 원자력발전에서 얻는다면, 오늘부터 시작해도 앞으로 30년 이상 기간 동안 매일 원자로를 하나씩 새로 만들어야 하는 엄청난 작업이다. 원자력발전소 하나를 짓는 데 드는 비용은 대략 25억 달러, 즉 3조 원에 이른다고 하니 불가능한 일이 된다. 이렇게 막대한 수요를 어떻게 확보하고 해결할 수 있을까가 앞으로의 과제이다.

마) 원자력

원자력발전은 물을 끓여서 증기를 만들고, 증기의 압력으로 터빈을 돌려 전기를 만든다는 점에서 일반 화력발전의 원리와 크게 다를 바 없다. 다만 원자력발전은 물을 끓이는 데 필요한 에너지를 원자로 내에서 이루어지는 핵분열 반응에 의존한다는 점이 다르다. 세상의 모든 물질은 아주 작은 원자의 집합체로 구성되어 있다. 우라늄과 같은 무거운 원자는 외부에서 중성자를 흡수하면 둘로 쪼개지는데 이를 핵분열이라 부르며 그 과정에서 큰 에너지가 방출된다. 다만 원자폭탄과는 달리 핵분열 반응을 매우 천천히 일어나도록 조절하는 것이 원자력발전의 핵심이다. 우라늄 1g이 핵분열할 때 나오는 에너지는 석유 9드럼 내지 석탄 3톤을 태울 때 나오는 에너지와 맞먹는 대단한 양이다. 이처럼 핵분열에서 막대한 에너지가 나오기 때문에 원자력발전은 적은 연료량만으로도 장기간 가동할 수 있다.

현재 인류가 보유하고 있는 여러 가지 발전기술 가운데 앞으로 다가올 석유에너지의 고갈과 온실가스 문제에 대처할 수 있는 가장 확실한 대안은 원자력이다. 풍력, 조력, 태양광 및 태양열 등 여러 무공해 청정 에너지원을 활용하는 기술도 나날이 발전하고 있지만 아직 이들은 초기 단계에 머물러 있는 데 비해 원자력은 50년 이상 상업적으로 이용되고 있는 매우 성숙한 기술이라 할 수 있다. 특히 석유는 앞으로 30여 년 정도밖에 쓸 수 없는 유한 에너지로 알려져 있지만, 우라늄은 앞으로도 3000년 정도는 더 쓸 수 있을 정도로 매장량이 풍부하다. 우리나라에서는 온 국민이 쓰는 전기의 34퍼센트 정도가 원자력발전을 통해 공급되고 있다. 한국의 원자력발전소 보유는 20기로 세계 5위이다. 경제적인 면에서 원전 수출 한 건은 중형 승용차 100만 대, 또는 초대형 유조선 180척을 수출하였을 경우와 동일한 효과를 얻는다고 한다.

〈표 2-3〉 2008 세계 원자력발전 현황

국 가	발전소 개수(기)	연간 발전량(MWh)	원전 가동률(%)
미 국	104	8억 4천만	89.9
프랑스	58	4억 4천만	76.1
일 본	55	2억 5천만	59.2
러시아	31	1억 6천만	73.1
한 국	20	1억 5천만	93.3
독 일	17	1억 5천만	76.7
캐나다	21	9500만	66.7
우크라이나	15	9000만	73.3
스웨덴	10	6400만	78.2
중 국	9	4300만	89.8
인 도	17	1600만	42.7

출처: 김도연. (2010). 기후, 에너지 그리고 녹색이야기. 서울: 생각의 나무. p.126.

그러나 일부 국가나 국민들은 원자력발전소에 대해 부정적인 견해를 가지고 있다. 일반인들이 원자력발전소에서 일어나는 사고에 대해 공포를 갖는 가장 큰 이유는 눈에 보이지 않는 방사선에 의한 피해 때문이다. 원자로 안에서 우라늄 원자력이 분열할 때 방출되는 다량의 방사선은 인간의 오감(五感)으로는 식별할 수 없지만 인간의 몸속에 흡수되면 발암물질을 생성하기 때문에 우리가 이에 대해 두려움을 갖는 것은 너무나 당연하다. 그렇지만 어느 위험가능성에 대해서도 마찬가지지만 특히 방사선에 관해서는 그 피해를 과장하는 것도 축소하는 것도 모두 바람직하지 않다. 방사선에 대해서는 이미 지난 100년 가까이 과학자들이 이를 측량하고 관리하며 차폐하는 기술이 축적되어왔다. 한편, 한국이 원자력발전과 관련하여 당면한 가장 시급한 문제 가운데 하나는 방사성물질 폐기장 건설이다. 중·저준위 방사성폐기물, 즉 발전과정에서 사용한 작업복 등을 저장하는 시설은 경북 경주에 세워지고 있지만, 사용 후 핵연료와 같은 고준위 방사성폐기물은 그냥 쌓아만 두고 있다. 국내의 사용 후 핵연료는 2008년 말에 이미 1만 톤이 넘었으며, 모두 원전에 임시 저장되어 있는 실정이다.[6)]

2 기후 및 환경 변화

가. 기후 및 환경 변화 현상

최근 지속적으로 나타나고 있는 기후 및 환경 변화는 관련 분야의 전문가나 과학자뿐만 아니라, 전 세계적으로 국가의 정책 담당자는 물론 국민 모두가 관심을 가져야 할 최대 현안이 되고 있다. 지난 수년 동안 폭염과 이상건조, 폭설과 한파, 폭우와 장마, 태풍, 지진과 쓰나미, 화산 폭발 등의 기상 이변이 나타났다. 이로 인해 국민의 생명과 사회 안전을 위협하고 예기치 못한 형태로 국가 경제에 엄청난 손실을 주고 있다.

2010년 한 해만 해도 국내외적으로 이상 기후가 발생하여 막대한 인적·물적 피해가 있었음을 [그림 2-3]과 [그림 2-4]를 통해 알 수 있다.

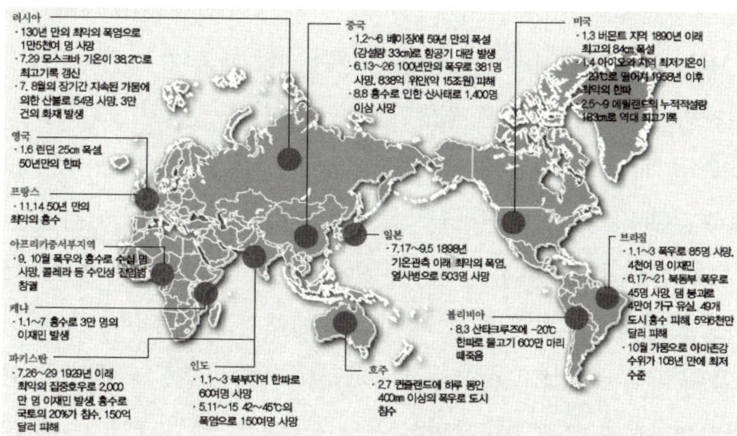

[그림 2-3] 2010년 세계 이상 기후 발생 현황

출처: 청와대. (2011). 기후 급변과 국정 대응방안. 청와대 정책소식 vol.90. p.6.

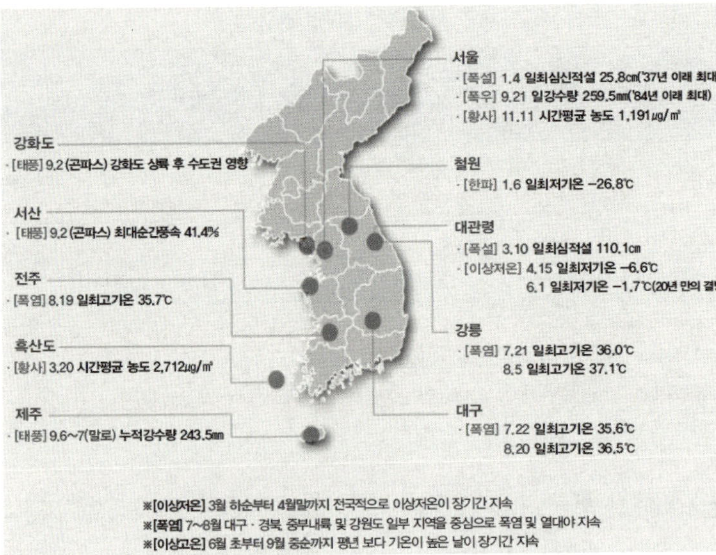

[그림 2-4] 2010년 한국의 이상 기후 발생 현황

출처: 청와대. (2011). 기후 급변과 국정 대응방안. 청와대 정책소식 vol.90. p.9.

나. 기후 및 환경 변화 전망

지난 100년(1912~2008년)간 한국의 6대 도시 평균 기온이 1.7℃ 상승하였다. 이는 세계 평균 기온 상승 0.74℃(육지 0.9℃, 해양 0.6℃)를 크게 상회하는 수치이다. 2000년 이후 추가 상승 전망에 대해서도 기상청은 2020년 0.9℃, 2050년에 2.0℃, 2100년에 4.2℃ 상승할 것으로 예측하였다. 반면에 기후변화에 대한 국제간 협력기구(IPCC) 보고서에 의하면 세계 평균 기온은 2020년에 0.7℃, 2050년에 1.8℃, 2100년에 2.7℃ 상승할 것으로 전망하였다. 따라서 앞으로도 한국의 기온이 세계 평균 기온보다 더 높게 상승할 것으로 전망된다.

〈표 2-4〉 한반도 및 전 지구 기온 상승의 현황 및 전망

구분	과거~현재 (100년간)	2000년 이후 추가상승 전망			자료출처
		2020년대	2050년대	2100년대	
한반도(A1B)	1.7 (1912~2008)	0.9 (2016~2020)	2.0 (2046~2050)	4.2 (2096~2100)	기상청
전지구(A1B)	0.7 (1906~2005)	0.7 (2011~2130)	1.8 (2046~2065)	2.7 (2080~2099)	IPCC 보고서

주: A1B 시나리오: 매우 빠른 성장, 인구 증가 후 감소, 신기술 도입, 모든 에너지원을 균형적으로 사용하였을 경우를 전제로 한 기후변화 시나리오
출처: 청와대. (2011). 기후 급변과 국정 대응방안. 청와대 정책소식 vol.90, p.10.

지난 100년간 한국의 6대도시 강수량이 19퍼센트 증가하였고 강우 일수는 14퍼센트 감소하였다. 강수량은 2000년 대비 2050년 15퍼센트, 2100년 17퍼센트 증가할 전망이다.

지난 43년(1964~2006)간 한반도 연안 해수면은 약 8cm 상승하였고 특히 제주직역은 동 기간에 무려 22cm나 상승하였다. 해수면은 2008년 대비 2050년에 9.5cm, 2100년에 20.9cm 상승할 것으로 전망하고 있다.

해수온도는 우리나라 근해 표면수온이 지난 41년(1968~2008)간 평균 1.31℃ 상승하였다. 이는 세계 평균 0.5℃ 상승을 크게 상회하는 수치이다. 해수온도는 2008년 대비 2050년 1.3℃, 2100년 2.9℃ 상승할 것으로 전망하고 있다.

다. 기후 및 환경 변화의 원인

세계 기후 변화는 산업화로 인한 지구온난화가 80~90퍼센트 영향을 미치고, 그 외 도시화와 인구 증가 등을 주된 원인으로 보고 있다. 지금과 같은 속도로 지구가 변화하고 만년설이 녹아내린다면 향후 20년 안에 전 세계 대도시의 40퍼센트 이상이 물에 잠기고 네덜란드는 아예 지도에서 사라질 것이다.

대기 중에 포함된 대표적인 세 가지 온실가스는 이산화탄소(CO_2), 메탄(CH_4), 이산화질소(N_2O)이다. 그런데 이 세 가지 온실가스가 20세기 들어 급작

스럽게 증가하고 있다. 특히 이산화탄소(CO_2)는 1900년대 초반까지만 하여도 평균 280ppm 정도였는데 20세기에 접어들면서 가파르게 상승하기 시작하여 현재는 380ppm에 이르고 있으며, 이것이 기후 변화의 주된 요인으로 지적되고 있다. 여기서 ppm이란 'parts per million', 즉 100만분의 1에 해당하므로 이를 퍼센트로 바꾸면 CO_2의 함량이 지난 100여 년간 0.028퍼센트에서 0.038퍼센트로 증가한 셈이다.

그렇다면 이산화탄소, 메탄, 이산화질소 등은 어디서 발생되고 있을까? 19세기 이후 이산화탄소 배출은 대부분 석유, 석탄, 그리고 천연가스 등 화석 연료로부터 생성되고 있으며, 그 외 시멘트 생산 공정 등도 큰 비중을 차지하고 있다.

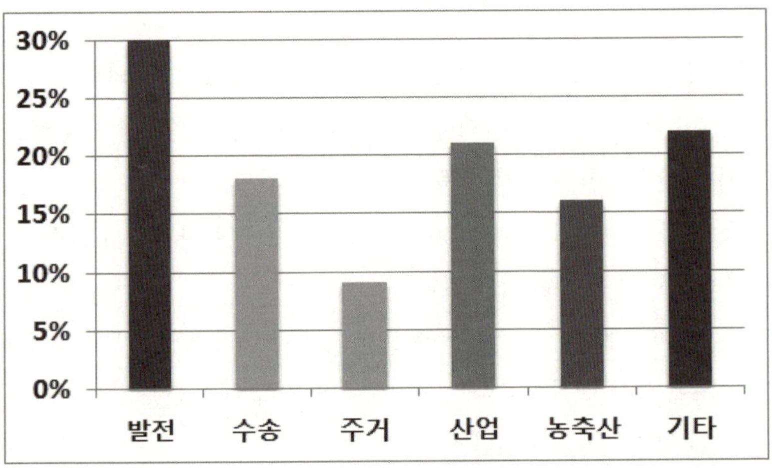

[그림 2-5] 분야별 온실가스 생산 비율

출처: 김도연. (2010). 기후, 에너지 그리고 녹색이야기. 서울: 생각의 나무. p.33.

평균적으로 자동차 한 대가 1km를 달릴 때 만들어내는 CO_2의 양은 약 200g 정도이다. 이를 상온에서 부피로 환산하면 약 100리터에 해당된다. 자동차 한 대가 시속 60km로 달릴 경우 매 1분마다 100리터의 이산화탄소 쓰레기를 창밖으로 던져버리고 있는 셈이다. 예를 들어 1년간 15,000km를 주행하는 차량 한 대는 무게로 3톤, 부피로 150만 리터의 CO_2를 만들어내는 것이다. 이렇듯 자동차라는 존재만으로도 지구의 대기는 몸살을 앓을 수밖에 없다. 게다가 오늘날 전 세계의 도로에는 무려 9억여 대의 자동차가 굴러다니고 있으니 실로 엄청난 것이라 할 수 있다.

석유나 석탄을 태워 수증기를 만들고 그 힘으로 터빈을 돌려 전기를 얻는 화력발전소에서 만들어지는 CO_2의 양 역시 엄청나다. 전 세계적으로 화력발전소에서 배출하는 CO_2는 매초마다 약 300톤에 이른다. 1시간마다 100만 톤이 넘는 온실가스를 대기 중에 쏟아붓는 꼴이다. 결국 가정에서 전등을 하나 켜는 것이나 TV를 시청하는 것도 모두 CO_2를 만드는 일인 것이다. 한국에서는 1KWH의 전기를 사용하면 CO_2가 약 400g 발생된다. 그에 비해 미국에서는 1KWH당 CO_2 배출량이 약 600g이다. 이러한 차이는 한국의 경우 전력의 34퍼센트 이상을 원자력발전에서 얻고 있기 때문이다.

석유와 석탄이 섬유나 플라스틱 제조와 같은 석유화학 산업에도 널리 이용되면서 CO_2도 대량 배출되고 있다.

고층 건물도 에너지 소비와 온실가스 발생에 크게 영향을 미치고 있다. 호주에서 발표된 연구 결과에 의하면 1인당 온실가스 배출량은 단독주택에 거주할 경우 연간 약 2톤에 그치지만 6층 아파트라면 3.8톤, 10층 아파트라면 5.4톤으로 점점 높아진다. 건물이 고층화되고 대형화될수록 온실가스 배출량이 늘어나는 이유는 엘리베이터와 공동조명 및 냉난방 등 에너지 수요가 그만큼 늘어나기 때문이다. 한국의 경우 전체 에너지 소비량의 23퍼센트를 빌딩을 유지하는 데 사용하고 있다.

한편 지구온난화를 일으키는 이산화탄소의 약 20퍼센트는 시멘트공장이나 제철공장 같은 공장의 굴뚝에서 나온다. 1톤의 시멘트를 생산하는 과정에서 배출되는 CO_2의 양은 1톤 정도가 되고, 1톤의 철을 얻는 과정에서 대략 2톤의 CO_2가 만들어진다.

세계 곳곳에서는 목초지 조성, 목재 채취, 도시 개발 등으로 삼림(森林)이 훼손되고 있다. 지난 150년간 늘어난 CO_2의 약 30퍼센트는 지구상의 삼림이 줄어들었기 때문이라는 주장도 있다. 보통 건조시킨 1톤의 목재는 1.8톤의 CO_2를 저장하는 것으로 간주한다. 또한 무연탄은 나무가 묻혀 생긴 거의 순수한 탄소 덩어리고 이를 태울 때 발생하는 가스는 99.9퍼센트 이상이 CO_2이다. 이만큼 삼림 훼손은 기후 온난화에 절대적인 영향을 미치고 있다

메탄이나 이산화질소도 온실가스로 큰 역할을 하고 있다. 메탄가스와 이산화질소는 CO_2에 비해 각기 23배, 296배의 온실효과를 보이는 것으로 알려져 있다. 게다가 대기 중 CO_2 농도는 지난 100년간 280ppm에서 380ppm으로 약 30퍼센트 증가한 데 비해 메탄은 800ppb에서 2000ppb로 무려 200퍼센트 이상 증가하였다.

메탄가스나 이산화질소는 공장에서도 배출되지만 그보다 훨씬 많은 양이 소나 돼지와 같은 식용동물을 기르는 과정에서 발생한다. 오늘날 온실가스 증가의 약 15퍼센트는 축산업 때문이라고 알려져 있다. 실제로 쇠고기 1kg을 얻는 과정에서 발생하는 온실가스는 승용차 1대가 250km를 달렸을 때의 양과 같다. 초지 조성을 위해 나무를 베야 하고, 풀을 잘 자라게 하기 위해 비료를 사용해야 하며, 추수하기까지 기계를 사용해야 하고 도축 후 냉동 또는 저장을 해야 한다. 이 작업과정에서 온실가스가 발생한다. 일반적으로 햄버거 하나당 사라지는 숲의 면적은 $5m^2$라고 하며, 식용으로 기르는 소가 먹어치우는 곡식이 세계 곡식 생산량의 3분의 1이라고 한다. 이것은 소 한 마리를 덜 키우면 22명의 기아를 해결할 수 있다는 뜻이다.

지구상에는 약 10억 명이 굶주리고 있다. 가축에 먹이는 곡물을 사람에게 준다면 20억 명의 사람이 먹고 살기에 충분하다. 과다한 육류 섭취는 비만의 원인이자 심장병, 당뇨병 등을 유발한다. 건강을 위한 육류의 과다 섭취 절제 등 식생활 개선 노력과 지구를 위한 친환경적 생활을 하려는 노력이 필요하다.

지구온난화로 인한 기후 변화, 무분별한 도시개발, 가축의 집단 사육 등으로 환경이 파괴되고 세계를 위험의 도가니로 몰아넣고 있는 사례 몇 가지를 들면 다음과 같다.

- 중국의 북부 석탄 매장 지대에서는 석탄화재로 땅 밑에 묻혀 있는 2,000만 톤의 석탄이 타면서 매년 전 세계 온실가스의 3퍼센트에 해당하는 온실가스를 뿜아내고 있다.
- 태평양에는 미국 넓이의 1.5배나 되는 1억 톤의 거대한 쓰레기가 떠다니고 있다.
- 멕시코만 사태, 지난 50년 동안 총 5억 4,600만 갤런의 원유를 유출한 나이지리아의 행위처럼 강과 바다를 검게 물들이는 엄청난 원유 유출로 자연이 파괴되고 있다.
- 아이티 한 나라에서만 매년 3,000만 그루의 나무를 베어 숯으로 만들어 사용하면서 대량의 CO_2를 발생시키고 있다.
- 1950년 이후 전 세계 숲의 3분의 1이 없어졌고 지금도 계속해서 사라지고 있다.
- 구소련이 우즈베키스탄 쪽에 목화밭을 만들려고 4개의 댐을 지어 물길을 돌려서 수량(水量)의 90퍼센트가 사라짐으로써 아랄해는 거대한 소금사막으로 변했다.
- 양질의 토양 2.5cm 층이 만들어지는데 1,000년이 넘게 걸린다. 그런데 중국은 무분별한 개발로 인해 국토의 18퍼센트를 사막으로 만들어버리고 있다.
- 매 6주마다 뉴욕시의 인구만큼 세계 인구가 늘고 있다.
- 이미 식용 가능한 어족의 90퍼센트가 멸종되었고 지금도 매달 2,000여 종의 생물이 멸종되고 있다.

라. 기후 및 환경 변화가 미치는 영향

가) 생태 재난

지구온난화로 2020년대에는 온도가 1℃ 상승하고, 2050년대에는 2~3℃

상승하며, 2080년대에는 3℃ 이상 상승할 것으로 예측하고 있다. 그런데 온도가 1℃ 상승하면 양서류가 멸종하고 산호의 백화현상이 나타나며, 생물종에 다양성의 변화가 나타난다. 온도가 1.0~2.5℃ 상승하면 대부분의 산호가 멸종되고, 온도가 1.5~3.5℃ 상승하면 생물종의 20~30퍼센트가 멸종 위기에 처한다. 온도가 3.5℃ 이상 상승하면 지구상에 생존하고 있는 생물의 대부분이 멸종할 것으로 예측된다. 지구온난화로 인해 생태계가 파괴되면서 앞으로 어떤 현상이나 문제가 더 나타날지 예측하기 어렵다.[7)]

IPCC의 보고를 보면 향후 10년 안에 라틴아메리카, 아시아, 아프리카에서 최소 2억 700만 명이 식수 부족사태를 겪을 것이며 21세기 중엽에 이르면 아시아에서만 1억 3,000만 명이 기아의 위협을 받을 것이라고 한다. 또, 2050년이 되면 방글라데시의 쌀 생산량 10퍼센트, 보리 생산량 30퍼센트가 감소할 것이며, 2100년이 되면 해수면의 상승으로 방글라데시는 세계 어느 국가보다 많은 농업 경지를 잃게 되고, 아프리카의 농작물 수익도 90퍼센트나 하락할 것이라고 한다.

온실가스 CO_2에 의해 가장 큰 변화가 일어나고 있는 곳은 바다이다. 현재 사람들이 만들어내는 온실가스의 약 1/3~1/2은 바다가 흡수하고 있으며, 이로 인해 바닷물의 자체 산성도가 높아지고 있다. 산성도가 높아지면 장기적으로 석회석 성분인 조개류 껍질의 생성을 방해하기 때문에, 이로 인해 해양생태계가 뿌리째 흔들릴 수 있다.

산 정상의 만년설이 녹아 물이 되면 결국 그 물의 종착지는 바다다. 바다가 아무리 넓고 깊다 해도 차면 넘치는 것이 자연의 이치다. 지구 고산 지역의 만년설이 모두 녹아내릴 경우 그로 인한 해수면 상승은 약 50cm에 이를 것으로 예측된다. 그런데 고산 지역의 만년설뿐만 아니라 지구 북반구의 그린란드나 남반구에 있는 얼음 대륙까지 녹아내리는 것이 심각한 문제다. 이 두 개의 얼음 대륙이 모두 녹아버릴 경우 바닷물의 수위는 5~6m 정도 오를 것으로 예측된다. 해수면이 1m 상승하면 500만 km^2의 육지가 물에 잠기게 된다. 이는 한반도 전체의 20배 크기이다.

한반도의 경우 해수면이 1m 상승하면 2,600km^{2}가 물에 잠기게 되는데 이는 서울 면적의 4배가 되어 적어도 120만 명의 사람이 피해를 입게 된다. 이미 지난 46년간 서해와 동해는 5cm, 남해는 15cm, 제주도는 23cm가 높아졌다.

나) 경제 재난

세계은행의 전 수석 경제학자인 니콜라스 스턴(Nicolas Stern)은 최초로 달러를 단위로 하는 지구온난화에 대한 보고서를 발표하여 인류 사회의 미래상을 제시했다. 이 보고서는 인류가 앞으로 수십 년 안에 시기적절한 행동을 실행하지 않는다면, 지구온난화로 초래되는 경제와 사회 위기가 세계대전이나 20세기 초의 경제대공황과 맞먹을 것이라고 전망하였다. 그렇게 되면 세계 GDP는 5~20퍼센트 하락할 것이라고 지적했다.

다) 사회 재난과 분배의 불공평

IPCC의 보고는 기후 온난화로 일부 인류는 죽음의 위협까지도 받게 될 것이라고 내다보았다. 특히 빈민국은 기술적, 재정적 대처 능력이 부족하기 때문에 기후 변화로 받게 될 영향이 가장 심각할 것이다. 그 예로 아프리카에서는 무더운 날씨 때문에 콜레라, 말라리아 등 질병이 유행하면서 많은 사람이 사망할 것이다.

세계보건기구는 세계 질병의 80퍼센트가 수인성 질병이라 추정한다. 개발도상국 인구의 절반 정도는 오염된 물이나 부적절한 위생시설 탓에 병을 앓고 있으며, 연간 500만 명이 죽어간다. 오염된 물을 통해 주혈흡충증(schistosomiasis)에 감염된 사람도 전 세계 74개국에서 2억 명이나 된다. 피부를 뚫고 들어가 가려움증을 낳기도 하고, 만성이 되면 요로감염으로 소변에 피가 섞여 나오기도 하는 병이다. 고열이 나면서 혼수상태에 빠지고 위가 부어오르는데 심하면 사망에 이르기도 한다.

물이 3차 세계대전을 일으킬 가장 커다란 이슈라면, 위험한 지구를 만드는 두 번째 요소는 변종 바이러스로 인한 죽음의 질병일 가능성이 크다. 변종 바이러스는 인간이 통제하거나 예방적 대응을 하기 힘든 위협 요소이기 때문에 인류를 위험으로 몰고 갈 가능성이 매우 크다. WHO는 유행성 인플루엔자를 인류 건강을 위협하는 중요한 요소로 지정했다. WHO에 의하면 지난 40여 년 동안 39가지의 새로운 전염병이 발견되었고 현재도 전체 사망자 수의 30퍼센트가 전염병 때문에 죽는다. 그런데 지구온난화로 인해 기후가 바뀌고, 무분별한 도시개발과 가축의 집단 사육, 그리고 세계적인 빠른 이동과 접촉 빈도의 증가로 인해 전염병의 발생 위험과 세계적 확산 위험도 높아지고 있다. 이런 상황에서 항생제의 남용과 환경오염의 결과로 바이러스의 변종 가능성이 높아지고 있다.

기후가 온난화될 경우 전염병 외에 질병과 관련되어 가장 직접적인 영향을 받는 부분이 식중독 분야이다. 식중독 발생은 온도와 습도의 직접적인 영향을 받기 때문이다. 앞으로 평균 기온이 상승함에 따라 식중독 발생률이 2020년 6.3퍼센트, 2050년 15.8퍼센트, 2080년 26.4퍼센트 증가할 것으로 예측하고 있다.

〈표 2-5〉 기후 온난화에 따른 식중독 발생 전망

연도	평균 기온 (℃)	식중독 발생 증가비(%)	식중독 발생건수 (건)	식중독 발생지수 (명)
2003~2007 평균	13.6	-	236.0	8,905
2020	14.8	6.3	250.9	12,052.4
2050	16.6	15.8	273.8	13,300.5
2080	18.6	26.4	297.4	-

출처: 정기혜. (2011). 우리나라 사회기반 강화를 위한 식품안전관리의 정책방향. 과학기술정책, 21(1), (통권 제182호). p.21.

기후 변화에 대한 적응에서도 세계는 현재 최악의 불평등 상황에 직면해 있다. 갠지스 강의 삼각주 지역과 로어 맨해튼(Lower Manhatan) 지역에 사는 사람들은 모두 해수면 상승으로 홍수의 위험을 안고 있지만 그 정도에는 차이가 있다. 갠지스 강 삼각주 지역은 빈곤 수준이 훨씬 높아 보호책을 마련하기가 어렵기 때문이다. 열성 폭풍과 오수가 필리핀 마닐라를 강타했을 때도 도시 전체가 고스란히 그 피해를 보았다. 하지만 취약성으로 피해가 집중된 곳은 파시그 강변에 모여 있던 빈민굴이었지 마닐라의 부유한 지역이 아니었다. 현재 경제적 여건이 좋은 국가들은 이미 정부의 주도로 기후 변화에 대한 방어 시스템을 구축하고 있다. 이와 상대적으로 경제적 여건이 어려운 국가들은 방어 체제의 필요성이 무시되어 기후 변화에 대한 적응에서 '인종 격리, 즉 인종적 편견에 의하여 빚어지는 인종 집단 간의 갈등' 문제를 일으킬 수도 있다. 더구나 기후 변화로 초래될 장기적인 생태 문제는 맨해튼이나 런던이 아닌 홍수가 빈발하는 방글라데시나 점점 건조해지는 사하라 남쪽의 아프리카 지역에서 집중적으로 나타나고 있다.

라) 국가 안전에 대한 도전

EU의 보고서를 보면 기후 변화는 경제 발전만 위협하는 것이 아니라 국가 안전에도 심각한 영향을 미친다. 또한 EU 보고서는 기후 변화가 현재의 긴장 상태 및 불안정성을 악화시킬 것이라고 지적하고 있다.

이 기후 변화가 야기하는 위협 요소는 구체적으로 일곱 가지로 나눌 수 있다.

- 자원으로 유발되는 충돌
- 연해 도시와 핵심 기반에 가해지는 위협
- 영토의 손실과 국경의 분쟁
- 환경 문제에 기인한 이주
- 사회의 점차적인 쇠락과 나날이 성행하는 급진주의적 행동
- 불안한 에너지 공급
- 국제 관리감독의 문제 확대[8)]

3 자원, 에너지, 기후 및 환경 변화가 주는 시사

세계에는 영양부족으로 고통을 받고 있는 인구가 10억 명이나 되고, 매년 1천 8백만의 5세 이하 어린이가 기아와 질병으로 사망하고 있다. 현재 식량 부족으로 인해 세계 인구의 14퍼센트 이상이 영양실조와 기아로 고충을 받고 있다. 2050년이 되면 91억 명이 되어 현재 인구보다 21억 명의 인구가 더 늘어날 전망인데 추가로 늘어난 인구의 필요한 식량을 어떻게 확보할 것인가도 심각한 문제이다. 우리나라의 경우도 쌀을 제외한 대부분의 식량을 수입에 의존하고 있고 식량 자급률은 26.6퍼센트에 불과하다. 한국은 물론 세계 각국이 식량문제 해결을 위한 대책을 수립하고 식량 증산 사업을 적극적으로 추진해나가야 한다.

20세기는 이념, 영토, 석유가 국가 간 또는 영역 간 갈등이었으나 21세기는 물이 인류의 지속가능한 발전과 생존을 위협하는 가장 큰 요인으로 예측되고 있다. 물로 인한 가난, 기아, 재앙, 분쟁 등의 문제를 해결하기 위해 국가 간, 지역 간, 분야 간, 사회집단 간, 가족 간, 직접적으로는 개인별로 많은 노력이 필요한 시점이다.

세계적으로는 물 문제 해결을 위한 노력으로 세계 물포럼(world water forum)이 1997년 모로코 말라케시에서 처음 개최된 이후 3년마다 개최되고 있다. 국가단위에서는 수자원 보존과 개발에 관한 연구와 사업이 지속적으로 이루어져야 할 것이다. 가정과 개인은 물 아껴 쓰기가 생활화되어야 할 것이다.

물의 중요성이 부각되면서 물을 대상으로 한 비즈니스가 빠르게 발전하고 있다. 프랑스, 독일, 스페인, 브라질, 우루과이, 아르헨티나, 파라과이의 지하에 저장되어 있는 과라니 대수층에 있는 지하수는 전 세계 60억 명의 인구가 매일 100L씩 2백 년을 마실 수 있는 양이어서 미래 물 산업에서 강력한 주자가 될 가능성이 크다. 물 서비스 산업도 점점 커지고 있다. 센 강변에는 유럽 최초로 세계 여러 나라의 생수 중에서 하나를 골라 마시는 워터 바(water bar)도 등장하였다. 고급 물은 일반 생수의 5배 값이고, 물 산업 시장이 매년 20~30퍼센트씩 커져가고 있다고 한다. 이와 관련하여 워터 어드바이저 물을 소개해주는 사람, 워터 소믈리에 물맛 감별사 같은 신종 직업군도 생겼다. 한국에도 생수 시장이 매년 10퍼센트 이상 성장하고 있고 70여 개 업체가 내놓은 브랜드 100여 개가 시중에 판매되고 있는데, 고급 생수 시장 판매를 위한 경쟁이 시작되고 있다. 부산에는 블루베리, 석류, 아사이 등의 물을 파는 워터 바도 등장하였다. 따라서 물 서비스 산업은 앞으로 전망이 매우 밝다고 할 수 있다.

한편 물이 부족한 나라에서는 곡물을 수입하여 이를 해결하려 하고 있다. 그런데 곡물을 통한 물의 수입은 그 자체로만 끝나지 않는다. 세계 각국이 '석유전쟁'을 벌이는 것과 마찬가지로 물을 둘러싼 경쟁이 세계 곡물 시장에서 벌어지고 있다. 이런 불행한 일이 일어나지 않도록 세계의 온 국민이 지혜를 모아 물 문제 해결을 위해 노력해야 할 것이다.

최근 세계적으로 금속자원의 부족으로 국가 간에 힘겨루기가 격화되고 있다. 한국은 금속자원을 거의 외국에 의존하고 있기 때문에 앞으로 금속자원을 안정적으로 확보하기 위해서는 국가차원의 전략적 정책과 관리가 필요하다.

에너지 확보 문제도 심각하다. 2011년 9월 15일 오후 대한민국 전체 가구와 산업시설이 일시에 암흑과 가동 중단에 빠지는 블랙아웃 black out: 대정전 사태 직전까지 갔던 사태가 발생하였다. 블랙아웃이 발생하면 전국적으로 전력공급을 재개하는 데 최소 사흘에서 일주일이 걸린다. 기능 정지된 발전소를 정상 가동시키는 데 최소 사흘이 걸리기 때문이다. 일부 지역에서는 사흘 안에 전력을 공급받을 수 있겠지만 전기를 공급받지 못하는 대부분의 핵심 산업시설, 금융·정보통신망은 가동이 전면 중단될 수밖에 없다.

반도체 생산라인은 형광등이 깜빡거리는 정도의 순간 정전이 발생해도 100억 원 이상 손실이 난다. 반도체는 나노미터 10억분의 1미터 두께의 초미세 가동 공정을 거치게 때문에 순간 정전에도 웨이퍼 반도체의 원료인 둥근 원판를 전량 폐기해야 한다. 삼성전자의 경우 일주일 동안 전략 공급을 차단할 경우, 회사 존립을 걱정할 정도로 타격을 입는다고 한다.

한국은 온 국민이 쓰는 전기의 34퍼센트를 원자력발전이 공급하고 있다. 한국의 원자력 보유는 20기로 세계 5위이다. 그런데 국민들은 원자력발전소의 방사능 물질 유출 불안 때문에 부정적인 견해를 갖는 경우도 있다. 특히 현시점에서는 방사물질 폐기물 처리장 건설도 시급한 과제로 제기되고 있다. 따라서 원자력발전소를 더 늘리기 위해서는 우선 앞에서 제기한 문제들을 해결하면서 다음 단계를 추진해야 할 것이다.

태양광 발전, 풍력 발전 등 새로운 전력 에너지 확보를 위한 노력이 다각적으로 경주되고 있다. 새로운 에너지원을 건설하는 것 못지않게 중요한 것은 에너지를 어떻게 하면 더 절약하여 효율적으로 사용할 수 있는가이다. 이에 대한 구체적이고 실현가능한 대책이 강구되어야 할 것이다.

기후 및 환경 변화의 현황과 전망, 그리고 원인을 규명하여, 기후 및 환경 변화가 미치는 영향을 생태 재난, 경제 재난, 사회 재난과 분배의 불공평, 그리고 국가 안전에 대한 도전 등의 관점에서 찾아볼 수 있다. 기후 및 환경 변화가 미치는 영향과 충격은 대단히 크다. 따라서 기후 변화의 주된 원인이 되고 있는 지구 온난화를 줄일 수 있는 방안을 개인, 사회, 국가, 세계적 차원에서 다 같이 연구해야 한다.

이상과 같이 식량, 물, 금속자원, 그리고 에너지자원과 관련된 문제와 여기에서 부수적으로 생산된 오염물질, 기후 및 환경 변화로 인해 세계가 심각한 몸살을 앓고 있다. 젊고 유능하며 미래지향적이고 도전적인 대학생들이 이런 문제를 해결할 수 있는 일을 찾아 개인과 사회와 국가 그리고 인류 공영을 위해 기여하는 것도 매우 보람될 것이다.

탐구활동 2-1

음식물 쓰레기 문제 대책

한국의 식량 자급률은 26.6퍼센트로 매우 낮다. 그런데도 식량의 30퍼센트가 음식물 쓰레기로 버려지고 있다. 음식물 쓰레기를 줄일 수 있는 방안을 모색하여 국민 모두가 실천하여 생활화할 수 있는 계획을 수립해보자.

탐구활동 2-2

앞으로 한국의 물 부족 문제 대책

21세기는 물의 전쟁이 일어날 것으로 전망하고 있다. 한국의 물의 미래를 전망하고 부족한 물을 확보할 수 있는 방안, 물 산업을 발전시키는 방안에 관해 논의해보자.

탐구활동 2-3

앞으로 한국의 광물자원 문제와 대책

북한은 광물자원이 비교적 풍부한 것으로 파악되고 있다. 북한의 광물자원을 활용할 수 있는 방안을 모색하고 남·북한이 이를 어떻게 협력하여 win-win할 수 있을지 살펴보자.

탐구활동 2-4

앞으로 한국의 에너지자원 문제와 대책

한국의 원자력발전소가 가진 순기능과 역기능을 살펴보고 대체 에너지 발굴의 가능성을 토론해보자.

탐구활동 2-5

기후 변화의 문제, 원인, 대책

한국의 기후가 조금씩 아열대 기후로 변화하고 있다. 가정이나 학교에서 이러한 변화에 대응하며 할 수 있는 일을 찾도록 논의해보자.

주

1) 한국식량안보연구재단. (2011). 식량자급실천국민운동: 왜 해야 하며, 어떻게 할 것인가. 식량자급실천국민운동본부. pp.2-31.

2) 권순국 외. (2008). 사람과 물. 서울대학교 출판부. pp.1-28, 397-445.

3) 박영숙, 제롬 글렌, 테드 고든. (2011). 유엔미래보고서 3: 기후와 에너지로 재편되는 세계. 서울: 교보문고. pp.113-114, 133-135, 186-194

4) 최윤식, 배동철. (2011). 2020년 부의 전쟁 in Asia. 서울: (주) 지식노마드. pp.141-149.

5) LG경제연구원. (2011). 2020 새로운 미래가 온다. 서울: 한스미디어. pp.182-184.

6) 김도연. (2010). 기후, 에너지 그리고 녹색이야기. 서울: 생각의 나무. pp.75-155.

7) 관칭유. (2011). 내일은 얼마나 멀리 있는가 (한지현 역.). 서울: 시그마 북스. pp.392-402.

8) 상게서. p.398.

제 3 장 글로컬라이제이션(glocalization)

세계는 지금 정보통신과 교통수단의 발달로 경제뿐만 아니라 노동의 양태, 생활 스타일 심지어는 유행 등도 국경을 넘어 활발한 교류가 다각적으로 이루어지면서 점점 더 하나의 지구촌으로 되어가고 있다. 특히 돈과 사람과 재화와 정보 등이 교환되는 속도와 범위가 기하급수적으로 증대하고 있다. 한 곳에서 일어난 일이 다른 곳으로 빠르게 영향을 미치고, 교류 주체도 다양해지고 있다. 국제연합(UN)과 세계무역기구(WTO) 등의 국제기구와 국가 간의 교류는 물론, 개인이나 시민사회단체도 중요한 교류의 주체로 등장하고 있다. 이에 따라 다국적 기업이나 비정부기구의 교류 작용도 증가하는 경향을 보이고 있다. 이런 국제 교류를 빠르게 촉진시키고 있는 대표적인 정보 통신 수단은 바로 스마트폰이다.

이제는 뉴욕의 심장부 맨해튼에서도 뉴요커들이 그곳의 식당에 앉아 떡볶이를 먹는 풍경도 그리 낯설지 않다. 맵기로 유명한 신라면은 중국에서만 연간 5,000만 달러어치가 팔리고 미국, 일본, 캐나다 등 전 세계 60개국의 소비자들이 고추장과 된장을 먹고 있다. K-pop의 한류 열풍은 동서양을 넘나들며, 특히 젊은이들이 문화를 교류하는 장이 되고 있다. 반기문 사무총장이 유엔(UN)을 위해 일하고, 한국 경제 생산성의 43.4퍼센트를 수출에 의존할 정도로 국제 교류가 활발하여 세계가 하나의 지구촌 사회가 되어가고 있다.

이러한 현상이 세계화인데 세계화에 대한 정의는 학자에 따라 다소 차이가 있다. 박세일은 '세계화란 국가 간 각종 교류의 증대와 교류 주체의 다양화로 세계의 상호의존성, 상호관계성이 심화하는 과정'이라고 정의하였다. 교류의 종류와 주체 그리고 양과 속도가 급격히 증가하면서 사람과 사람, 조직과 조직, 국가와 국가 간의 상호의존성은 더욱더 심화하고 있다.[1)]

로버트 J. 사피르는 '세계화란 주로 전 세계의 돈, 자원, 생산, 소비의 네트워크가 매우 복잡하게 급속도로 발전하는 것'이라고 정의하였다.[2)]

본 장에서 세계화(globalization)를 글로컬라이제이션(glocalization)이라고 말하고 있는 것은 위의 세계화가 의미하는 국가 간 각종 교류의 증대와 교류 주체의 다양화로 세계의 상호의존성, 상호관계성이 심화하는 과정이란 정의에 더해서 국가 간의 교류 못지않게 메가시티를 비롯한 여러 유형의 지역 간 교류(localization)가 활성화되고 있음을 강조하기 위함이다. 그리하여 여기서는 글로컬라이제이션을 글로벌 경제 시대의 도래, 세계 경제의 지역화와 경제 주도권 변화, 정보통신과 교통수단의 발달, 그리고 나라마다 점점 증가하고 있는 다문화 가족을 통하여 '하나의 지구촌 사회로의 변화'라는 관점에서 논하고 이들 변화에 따른 이슈와 시사점을 찾아보고자 한다.

1 글로벌(global) 경제시대

가. 무역 개방화와 신흥시장의 등장

가) 무역 개방화

지금 세계 경제는 역사상 그 어느 때보다 빠르게 변하고 있다. 정보의 교환과 교통수단의 발달 등 세계 경제를 통합시키는 기술은 지금도 계속 발전하고 있다. 또한 전 세계 곳곳에 흩어져 있는 사람들의 교류도 매우 빠른 속도로 늘고 있다. WTO, FTA 등에 의한 무역 개방화, 전자 상거래와 가상 은행, 사이버 백화점 등을 통하여 모든 국가 시장이 국경 없는 하나의 시장으로 통합되어가고 있다. 그리하여 지난 30년 동안 국가 간 무역과 투자는 모든 개별 국가의 성장과 투자 속도보다 2배 빨리 확대되어 새로운 세계 무역 구도를 형성하고 있다. 현재 하루에 이루어지는 외환 거래는 약 3조 100억 달러에 육박하고, 그 가운데 약 40퍼센트가 이틀 이내에 거래 방향을 바꾼다. 엄청난 돈이 상당히 빠른 속도로 이동하여 금융시장의 구조적 불안정성과 예측 불가능성이 크게 높아지고 있다.

또한 글로벌 경제시대를 맞아 나라마다 다국적기업이 늘어나고 있다. 2020년 무렵이면 유럽인, 아메리카인, 아시아인이 사용하고 소비하는 제조업체와 서비스업체의 생산과 공급의 대부분은 방글라데시, 말레시아, 인도네시아, 멕시코, 브라질, 폴란드, 루마니아, 튀니지, 가나 등 최근 빠르게 성장하고 있는 저임금 국가의 제조 단지와 사무 단지에서 이루어질 것이다. 예를 들어 현재 르노, 대우, 다임러크라이슬러는 루마니아에서 차를 생산한다. 미국인과 유럽인이 주로 쓰고 소비하는 굿이어 타이어, 프록터앤드갬블의 비누와 화장품, 코카콜라는 모로코에서 생산된다. 파이어니어 푸즈 스타키스트(Pioneer Foods' Starkist)의 통조림용 다랑어와 카이저 앤드 알코아(kiser and Alcoa)의 알루미늄 그리고 코카콜라는 가나에서 생산된다. 이러한 다국적 기업들은 국가별로 새로운 산업, 새로운 일자리 제공, 새로운 경제활동의 허브 등장, 교역을 통한 수익 증대 등을 통해 경제 발전에 절대적으로 기여하고 있다.

한국도 외국의 다른 나라 못지않게 다국적 기업이 활성화되고 있다. 예를 들면 삼성전자의 경우 2010년 기준 68개국에 200개의 생산, 판매 연구 거점 기관이 있다. 전체 임직원 수는 19만 명인데 그 중 국내 근무자가 9만 5,000명이고, 해외 근무자가 9만 5,000명이며, 국내 근무 외국인은 1,000명이다.[3)]

한국 경제는 성장의 43.4퍼센트를 수출에 의존할 정도로 글로벌 경제시대를 맞이하고 있다. 한편 한국 경제는 내수시장의 신장에 비해 수출 의존도가 너무 커 한편으로는 걱정이 되기도 한다.

나) 신흥시장 등장

시장 개방이 본격화되면서 새로운 활로를 개척하기 위한 기업들의 시선은 이머징 마켓, 즉 신흥 경제권에 집중됐다. 1990년대 후반부터 불기 시작한 중국 투자 붐과 2000년대 초부터 각광받았던 브릭스 BRICs: 브라질, 러시아, 인도, 중국가 대표적이다. 이들 국가들에 이어 2020년을 향해 신흥시장으로 성장하기 위해 많은 나라들이 노력하고 있다.

그동안 신흥시장으로 성공할 수 있는 조건과 대상 국가에 대해서 다각적인 분석이 있었는데, 2020년경 차세대 유망 신흥 경제권으로 등장할 국가들은 크게 네 가지 기준을 특징으로 묶을 수 있다.

(가) 내수시장의 잠재력이 크고 성장 속도가 빠른 국가
: 베트남, 카타르, 오만, 방글라데시, 파키스탄
(나) 자원을 비롯한 자국의 비교우위 부문을 효율적으로 활용하는 국가
: 아르헨티나, 나이지리아, 볼리비아, 카자흐스탄, UAE
(다) 교육, 신뢰 등 인적 자본과 사회적 자본을 잘 발전시킨 국가
: 모리셔스, 트리니다드토바고, 베트남, 튀니지, 에스토니아
(라) 각국의 경제규모나 주력 산업은 그다지 내세울만한 것이 없지만 지리적·경제적 접근성이 탁월한 국가
: 스리랑카, 미얀마, 슬로베니아, 브루나이, 파라과이[4)]

나. 글로벌 교역 전문가(미들맨)의 역할 증대

글로벌 경제시대를 맞이하고 다국적 기업이 활성화되면, 이 분야에 종사할 글로벌 교역 전문가 미들맨: middlemen의 수요와 역할이 증대된다. 여기서 글로벌 교역 전문가 미들맨란 중개상 혹은 중개인이라는 사전적 의미를 넘어 국가 간, 기업 간의 국제적 교역을 촉진시키는 역할을 하는 전문가 그룹을 총칭하는 개념으로 변호사, 컨설팅회사, 통역사, 디자이너 등을 의미한다.

세계 경제에서 글로벌 교역 전문가 미들맨가 필요한 이유는 두 가지로 정리할 수 있다. 첫째, 가난한 국가의 제조사들이 부자 국가에 직접 제품을 팔 수 없기 때문이다. 작은 농토를 가진 자신의 이름조차 쓸 줄 모르는 아이티 농민이 선진국과 직접 교역할 수는 없다. 둘째, 선진국의 소비자는 질 좋은 상품을 원하기 때문에 누군가가 후진국에서 수출하는 제품을 걸러주는 기능을 담당할 필요가 있다. 국제 무역이 개방화되면서 각국의 마케팅 전략도 비슷해지고 있어 상품의 질 못지않게 중요한 것이 우수 상품을 가려주고 교류하게 하는 우수한 미들

맨의 역할이다. 앞으로 이들 미들맨에 따라 마케팅의 성패여부가 결정될 것으로 예측되며, 따라서 그 수요가 증대될 전망이다.

국가 경제가 단지 자원, 기계, 건물 그리고 상품과 서비스를 만드는 노동자로만 구성되어 있는 것은 아니다. 이런 구성요소를 하나로 결합하는 것은 인간의 아이디어다. 이런 아이디어에는 이를 소유하는 사람이 있으며, 이러한 아이디어에 대한 소유권을 '지적재산권'이라 한다. 일부 산업은 다른 산업에 보다 더 많은 지적재산권을 사용한다. 서적이나 영화, 음악, 소프트웨어뿐만 아니라 제품의 제조법과 디자인도 아이디어의 일종으로 포함된다. 그런데 이런 지적재산권 분야에도 국제 교역 전문가들이 해야 할 새로운 일들이 창출되고 있다. 지적 재산권은 기업 간의 경쟁도 치열하지만 때로는 국가 간의 분쟁도 야기시킨다. 한국도 지적 재산권의 중요성이 부각되면서 2011년 7월 28일에 대통령 소속 국가지식재산위원회를 조직하여 지식재산 창출·보호·활용의 선순환 체제 구축을 목표로 다각적인 사업을 추진하고 있다.

이와 같이 세계화 시대를 맞아 국제무대에서 활동할 수 있는 기회는 점점 확대되고 있다. 따라서 국제무대에서 활동하기를 희망하는 대학생은 재학 시절부터 국제 교역 전문가로서의 역량을 키우도록 노력해야 할 것이다. 한 가지 구체적인 예로 제2장에서 식량자원을 다루면서 한국의 식량자원 자급률이 30퍼센트도 되지 않아 많은 곡물을 수입해야 하는데, 식량자원 교역에서 한국인으로서 세계 곡물시장에 활동하는 국제 교역 전문가들이 부족하여 곡물을 수출입할 때 불리할 수 있어 안타깝다고 지적한 바 있다.[5)]

2 세계 경제의 지역화(localization)와 주도권 변화

가. 세계무역기구(WTO)의 붕괴 조짐과 새로운 무역 블록 형성 및 경제 권역화

세계 여러 나라 간에 무역이 이루어지기 위해서는 국가 간에 무역협정이 필요하다. 그 대표적인 것이 1986년 우루과이라운드에 이어 1995년에 출범한 세계무역기구(WTO)이다.

WTO의 설립 취지는 좋았다. 회원국이면 누구나 공평한 법률 전문가로 구성된 법정을 통해 다른 회원국의 무역 관행에 이의를 제기할 수 있다. 약소 회원국들이 새로운 규정을 다룰 전문성이나 자금이 없을 경우 WTO는 미국이나 유럽연합 같은 국가들의 재정지원을 받는 교육훈련 프로그램을 제공했다. 현재 151개 WTO 회원국들은 지속적인 협상을 통해 무역장벽을 붕괴시킴으로써 경제적으로 새로운 기회를 만들기 위해 노력하고 있다.

그러나 WTO는 출발한 지 2년 만에 위기에 직면하게 되었다. 1997년 미국 시애틀에서 통상장관 회의가 열렸을 때, 시위대들이 WTO는 개도국에 불리한 체제이고 시장 개방도 노동자에게 이익이 되는 것이 아니라 불이익을 준다고 주장하며 회의장을 습격하는 사건이 발생하였다. 그 이후 WTO 회의가 카타르, 멕시코, 홍콩, 제네바 등의 국가에서 개최될 때마다 이런 저런 이유로 항의시위가 반복해서 일어나고 있다. 이로 인해 WTO는 시장 개방이라는 임무를 수행함에 있어 크게 성과를 내지 못하고 무역 분쟁에 대한 국제 법원의 역할을 주로 하고 있다. 2009년 12월 기준 386개의 무역 분쟁이 WTO 안건으로 올랐다. 그런데 국제분쟁에 대한 중재에 있어서도 실제로는 충분한 자금과 유능한 변호사, 훌륭한 전문가를 보유하고 있는 선진국들이 각종 위원회와 항소심을 통해 무역 분쟁에 대한 판결을 지연시키기도 했다. 지금은 부유한 회원국들도 WTO의 존재 이유에 대해 스스로 의문을 제기하고 있다. 이렇게 개발도상국뿐만 아니라 선진국도 WTO에 대해 불만과 회의를 갖다 보니 무역 장벽이 없는 자유로운 무역과 다국적 기업을 통해 약소국들을 새로운 교역의 세계로 이끌어내기 위한 방안으로 창설된 WTO는 붕괴 위기에 처하게 되었다.

앞으로 세계의 무역 장벽을 무너뜨리기 위한 WTO의 대안은 일대일 협정이나 지역 협정의 형태를 취할 것이다. 그럴 경우 이미 지난 수십 년 동안 추진해온 양자 간 또는 다자간 무역 협정이 활성화될 전망이다. 이렇게 되면 어느 나라가 얼마나 많은 국가와 양자 간 또는 다자간 무역 협정 국가로 협정을 체결하게 될 것인가에 따라 경제 성장에 크게 영향을 받을 것이다. 아울러 선진국과 개발도상국 간에 서로의 발전을 위해 무역 블록과 경제 권역을 어떻게 만들어나갈지에 따라 국가 간의 이익이나 불이익이 초래될 수 있어 경제 발전에 큰 영향을 미칠 것이다. 기존의 특정 국가 간 FTA, 북미의 NAFTA, 유럽의 EU, 동아시아의 CAFTA China–ASEAN와 같은 거대 경제 블록 간에도 상호 경쟁이 나타날 수 있다.6)

나. 경제 주도권의 지역 변화

미국은 소련이 붕괴되고 냉전이 해소되면서 세계 어느 나라도 적수가 될 수 없는 막강한 군사력과 경제력을 지닌 초강대국으로 부상하여 세계 각국에 다각적으로 영향을 미치고 있다. 앞으로도 최소한 10년간은 여전히 세계 최대의 경제 대국, 가장 기술이 앞선 나라, 모든 사람에게 가장 커다란 영향을 미치는 국가로 활동할 것이라는 것이 학자들의 일반적인 견해이다.

그런데 세계 경제의 흐름은 세계 경제의 저성장 기조 속에서 경제력의 중심이 태평양 동쪽에서 서쪽으로 옮겨 가는 콘티넨탈 시프트(continental shift)가 가속화될 전망이다. 2015년에는 신흥국에서 소득 2만 달러 이상 인구가 8억 5천만 명으로 늘어나 선진국의 8억 명을 추월하고, 특히 연간 4만 달러를 넘어서는 고소득층 인구가 9백만 명에서 2억 1천만 명으로 두 배 이상 증가하면서 프리미엄 시장의 중요성이 확대될 것으로 보인다. 그동안 세계 경제에서 신흥국의 역할은 생산기지를 제공하는 것이었지만 앞으로는 소비시장으로서의 역할이 더욱 커질 것이다. 미국과 유로존, 브라질 등 태평양 동쪽 지역 국가들이 전 세계 소비시장에서 차지하는 비중은 2009년 43.5퍼센트에서 2015년 42.3퍼센트로 줄어드는 반면, 서쪽 지역 국가들의 비중은 24.3퍼센트에서 30.3퍼센트로 크게 늘어날 것으로 예상된다. 특히 신흥국에서 이런 변화가 두드러져 태평양 서쪽 아시아 국가들이 중남미나 동유럽 국가들에 비해 더 빠르게 성장할 것으로 전망된다.

경제력의 중심이 태평양 동쪽에서 서쪽으로 옮겨 가면서 콘티넨탈 시프트의 주축은 중국이 될 것이라고 전망하고 있다. 미국을 비롯한 전 세계가 중국이 G2국가로 성장했음을 받아들이고 있다. 중국 역시 과거의 '도광양회(韜光養晦)', 즉 자신의 실력을 숨기며 때를 기다리는 전략에서 세계 각국과의 평화로운 공존을 강조하는 '화평굴기(和平屈起)'로의 노선 전환을 선언했다. 그리고 중국의 일부 산업부문은 이미 선진국을 따라잡는다(catch up)는 선을 넘어선 상태다. 광대한 내수시장을 기반으로 정부 주도의 미래 산업 육성책을 추진 중이며, 2020년까지 재생에너지 비중을 15퍼센트로 늘리겠다는 계획을 표하기도 하고, 해외 경쟁력 강화를 위해 해외 투자 확대 전략도 수립하는 등 투자, 기술, 숙련된 노동력을 이용해 2020년 무렵에 세계 제2의 경제 대국으로 성장하기 위해 노력하고 있다. 비경제적인 분야에서도 중국의 부상이 두드러질 전망이다.

하지만 일부 경제학자들은 중국이 지니고 있는 지정학적 특성, 국가 주도의 정치, 경제 정책 및 제도, 교역에 대한 개방성과 기업 설립의 편의성 부족, 유교 중심의 교육사상, 저출산과 고령화 문제, 식량, 물, 에너지원 부족으로 인한 자원 확보 문제, 심각한 토양오염과 수질오염을 비롯한 온실가스로 인한 지구온난화 문제, 정부 및 기업의 투명성 문제 등 중국이 지니고 있는 딥 팩터 deep factor: 한 국가의 경제 성장에 영향을 미치는 요인을 총칭하는 말로 지정학적 위치, 정치 제도, 법률, 인구, 교육 수준 등을 말함로 인하여 경제 발전에 한계가 있다고 지적한다.

중국의 뒤를 이어 '세계의 공장' 바통을 이어받을 나라로는 인도와 아세안(ASEAN)을 꼽을 수 있다. 인도와 아세안은 향후 매년 5~8퍼센트의 고성장을 기록할 것이라고 전망된다. 멕시코, 터키 등도 구매력을 갖춘 인구가 꾸준히 늘면서 그 뒤를 이어가는 나라로 꼽힌다.[7)]

다. 금융 허브의 쇠락과 라이프스타일 허브의 등장

세계 경제가 움직이는 원칙에 중대한 변화가 생기면 새로운 경제 허브들이 탄생하는 반면 다른 허브들은 쇠락의 길로 접어들기 마련이다. 과거에도 이러한 현상은 반복적으로 나타났다. 초장기에는 로마가 허브였다. 그리고 다마스쿠스와 콘스탄티노플이 그 뒤를 이었다. 그 뒤에 베니스, 앤트워프, 런던이 경제 허브가 되었고 뉴욕과 홍콩이 뒤를 따랐다. 이제 싱가포르와 두바이가 무대에 오를 준비를 하고 있다. 전통적으로 세계 경제의 허브들은 상업의 중심지였다. 제국의 수도, 교역의 통로가 서로 만나는 곳, 금융의 중심지, 항구 등이 경제 허브가 되었다. 상품과 돈이 몰리는 곳으로 사람들도 몰렸다. 하지만 지난 천 년 동안 지켜졌던 이 같은 원칙들이 변화되고 있다. 지금부터는 상품이 아니라 사람이 허브를 만드는 가장 중요한 변수가 될 것이다. 특히 이민법의 완화나 미들맨의 등장은 이런 경향을 촉진할 것이다.

최근 금융시장의 가장 큰 섹터는 주식이나 채권에 대한 직접 투자가 아니라 파생상품 기초자산의 가치 변동에 따라 가격이 결정되는 금융상품으로 선물, 옵션, 스왑 등이 그 예임이다. 파생상품은 완전히 세계화되어 있기 때문에 매도자와 매수자가 특정한 곳에 있을 필요가 없다.

한편 해외의 조세회피지역 tax heaven: 외국 자본을 유치하기 위해 소득에 대한 과세를 면제하거나 극히 낮은 세율을 적용하는 국가를 지칭에서 새로운 금융시장이 탄생하면 물리적으로 돈이 보관되지는 않지만 전자금융이 편리한 곳으로 금융의 중심이 이동할 가능성이 높다. 일부 시장은 버뮤다나 사이프러스 같은 작은 금융 허브로 이동하는 반면, 금융 규제에 대한 공조체제를 갖추고 있는 미국, 유럽연합, 영국과 같은 주요 경제 대국들에서는 그들의 국경 내에 금융 허브를 두는 것이 점점 더 무의미해질 것이다. 주요 국가들의 동일화된 금융관련규제와 자동화된 전자거래시스템이 근무시간을 무의미하게 만든다면 굳이 뉴욕과 런던의 거래소에 가는 불편함을 무릅쓸 이유가 없다. 기술의 발전을 고려할 때 거래자들이 물리적으로 가까이 있어야 할 이유도 없다. 그리하여 국제 교역 전문가 미들맨를 비롯하여 국제 금융 관계자들은 지금보다는 직장이 수천 마일 떨어진 곳에 있어도 자신이 꿈꾸던 삶을 살면서 일할 수 있는데, 이곳이 바로 라이프스타일 허브가 될 것이다.

인간의 기대수명, 교육수준, 구매력 등을 측정하는 유엔 인간개발지수, 세계인권지수, 국제재산권지수, 세계평화지수 등을 고려한 새로운 라이프스타일 허브로 등장할 상위 10위권 국가는 베트남, 체코, 불가리아, 말레시아, 싱가포르, 아르헨티나, 슬로베니아, 코스타리카, 우루과이 그리고 튀니지다. 이들 국가는 국민이 행복하게 살고, 거의 모든 가정이 초고속 인터넷을 사용할 수 있으며, 한 달에 수천 달러의 생활비로 안락한 생활을 즐길 수 있는 평화롭고 자유스러운 국가들이다.8)

3 다문화 가족·사회의 확대

가. 주요국의 다문화 가족·사회

세계화, 지구촌 시대를 맞이하여 한 가정을 이루는 가족 구성원 중에는 생활과 교육 환경 같은 성장 환경이 다른 가족이 있을 수가 있다. 이럴 경우 언어를 비롯하여 사고방식, 관습 등이 서로 다를 수 있다. 최근에는 한국은 물론 세계 각국에서 국적이 각기 다른 부부가 한 가정을 이루는 추세도 눈에 띄게 늘어나고 있다. 한 가족 내에 우리와 다른 민족·문화적 배경을 가진 사람들로 구성되어 다양한 문화가 공존하고 있는 가정을 통칭하여 다문화 가족이라고 한다.

주요국에서 생활하고 있는 외국 태생의 비율을 보면 미국 15퍼센트, 캐나다 20퍼센트, 호주 25퍼센트, 독일 9퍼센트, 홍콩 8퍼센트, 한국 2.5퍼센트이다. 그리하여 세계에는 현재 2억의 인구가 자신의 출생국인 아닌 외국에서 거주하고 있다. 미국 엔지니어 분야 Ph.D의 56퍼센트가 미국 국적이 아닌 해외 이민자이고 2015년 미국 인구의 40퍼센트는 소수민족으로 구성될 것으로 예측하고 있다. 캐나다 브리티시 컬럼비아 대학 재학생의 46퍼센트는 이민 자녀이고 재학생의 60퍼센트가 아시아계라고 한다. EU 회원국의 대학 졸업생 80퍼센트 이상이 세계화된 노동시장에서 일하고 있다.

또한, 전 세계적인 유학생 규모를 보면 280만 명으로 추산된다. 2007년을 기준으로 최대의 유학생 송출국은 중국으로 43만 1,100명, 그 다음으로 인도에서 15만 3,300명이 외국 유학을 떠났으며, 한국은 외국으로 유학 간 학생이 10만 5,300명으로 세계 3위 송출국이다. 한편, 유학생을 가장 많이 받아들인 국가는 미국(59만 5,900명)이며, 그 다음은 영국(35만 1,500명), 프랑스(24만 6,600명), 호주(21만 1,500명) 순이다.

이상과 같은 사실을 고려해볼 때 다문화 가족·사회의 도래는 불가피하다.

나. 한국의 다문화 가족·사회

한국의 다문화 가족은 국제 결혼가정, 외국인 근로자가정, 새터민 북한 이탈주민 가정, 새터민을 제외한 입국제외 가정 등으로 구성되어 있다.

현재 한국인의 외국인과의 결혼 비율은 11.7퍼센트이고 한국 농촌청년 결혼 배우자의 40퍼센트가 외국인이다. 한국에 체류 중인 외국 근로자로서 일반 이주노동자 E-9사증 소지자 28만 2천 명, 외국국적 동포들 H-2사증 소지자 20만 8천 명, 계 49만 명으로 50만 가까운 외국 인력 불법체류자 제외이 제조업, 농·어업, 축산업, 가사서비스업 등에 종사하고 있고 이들이 외국 인력의 92퍼센트를 차지하고 있으며, 8퍼센트가 교수, 연구, 기술직 등 전문직에 종사하고 있다. 그리하여 한국 거주 외국인 수는 140만 명 정도이고 앞으로 계속 빠른 속도로 늘어날 것으로 전망하고 있다. 또한 매년 4만여 명의 한국인이 해외로 유출되고 있다. 이와 같이 세계는 국경을 초월하여 다른 나라, 다른 민족과 더불어 살아가는 하나의 지구촌 사회가 되어가고 있다.[9)]

4 글로컬라이제이션(glocalization)의 이슈

가. 금융 암시장의 등장

세계 경제가 당면하고 있는 위험한 요인 가운데 하나는 금융질서가 문란해지고 이로 인해 암시장이 등장하고 있다는 점이다.

2008년 세계 경제는 무질서한 투기, 만연한 사기, 그리고 비현실적 기대로 인해 제2의 대공황을 맞이할 뻔했다. 지금도 세계 경제 위기는 안정되지 못하고 불안한 상태가 계속되고 있다. 경제 위기가 오게 된 이유 중의 하나는 금융시장에서 파생상품이 너무 팽창하였고, 이들 파생상품이 합리적으로 운영되게 하는 감독기관의 통제와 관리 기능이 미흡하였다는 데 있다.

국가별로는 국제 금융 시장 정상화를 위해 나름대로 노력도 하고 있지만 국가 간의 이해관계로 기대한 만큼 성과를 거두지 못하고 있다. 그러는 사이 전문 투자자들의 역외 이주 현상이 지속되면서 작은 금융의 중심지들은 거대한 금융시장을 대신해 중요한 역할을 담당하고 있다. 그래서 미래의 조세회피지역이나 작은 국가들에 위치하고 있는 이런 소규모 금융 중심지들은 인터넷을 통해 대부분의 거래를 할 수 있는 '금융 암시장'의 역할을 하게 될 것이다.

금융 암시장들은 조세회피지역, 새로운 세원을 찾고 있는 작은 국가들, 그리고 능력 이상의 과도한 성과를 이룩하는 개발도상국가에서 생겨나고 있다. 이런 국가들은 2008년과 2009년 미국 금융당국이 보여줬던 것처럼 투자자들을 구제할 수 있는 능력이 없을 것이다. 암시장이 있는 국가들은 필요한 자금을 구할 수 없을 뿐만 아니라 세수도 작고 규제를 받는 금융시장에서 자금을 빌려오는 데도 어려움을 겪는다. 그렇게 되면 암시장으로 이동했던 투자자들과 기업들은 아무런 대책 없이 추락하는 자신들을 발견하게 될지도 모른다.

나. 경작지, 자원, 에너지 매입을 통한 경제 식민지화

경제가 성장하기 위해서는 정치적 안정, 필요한 천연자원, 그리고 풍부하고 우수한 인적 자원이 필요하다. 그런데 일부 국가에서는 자국의 경제성장을 위한 자원 -제조업을 위한 원자재, 노동자들을 먹일 식량, 연료, 물- 확보를 위해 다른 국가를 식민지로 만드는 양상이 나타나고 있다. 그리하여 유럽 국가들의 식민주의가 막을 내린 지 반세기 만에 새로운 형태의 식민지가 등장하고 있다.

선진국은 물론 사우디아라비아, 중국 등은 개발도상국을 대상으로 자원을 확보하기 위해 경작지, 자원, 에너지를 매입하여 경제 식민지화하고 있다. 중국의 국영기업과 정부기관들은 광산 개발, 에너지 개발, 그리고 경작지 확보에 최소한 10억 달러 이상을 투자했다. 이들이 투자한 국가에는 앙골라, 오스트레일리아, 캐나다, 칠레, 콩고, 가봉, 기니, 이란, 이라크, 카자흐스탄, 라오스, 몽고, 미얀마, 페루, 그리고 필리핀 등이 포함되어 있다. 이미 남아프리카 공화국은 중국의 남아공에 등록된 기업의 수만 1,000개가 넘었고, 남아공 최대의 은행인 스탠더드 뱅크(Standard Bank)의 지분 20퍼센트를 인수하는 것이 포함된 이들이 약속한 투자금액은 500억 달러에 달하는 등으로 인해 잠재적 식민지로 인식되고 있다. 사우디아라비아의 투자자들은 말레이시아의 유전과 이집트, 에티오피아, 인도네시아, 수단 그리고 터키의 경작지에 수십억 달러를 투자했다. 그 결과 현재 유럽 전체 면적의 반 정도의 땅이 장기 임대되거나 영구적으로 소유권이 바뀌고 있다. 이렇게 미래의 식민지 개척은 군사적 수단이 아닌 경제적 수단을 통해 이루어지고 있다. 그러나 이 같은 경제식민지는 식민지를 개척한 국가나 식민지로 전락한 국가 양자 모두에게 역효과를 낼 것이다.[10)]

다. 기후 및 환경 변화로 인한 위기

세계 경제가 직면해 있는 또 다른 중요한 위험 요인의 하나는 통합과 성장의 부산물인 기후 변화이다. 새로운 시장의 창출은 1980년대 이후 세계 경제의 생산량을 150퍼센트 이상 향상시켰지만 환경오염을 불러오는 공해도 그만큼 늘었다. 이런 공해가 세계 곳곳의 육지와 바다의 온도를 상승시키고 있다.

기후 변화가 경제에 미치는 영향은 금융위기의 충격만큼이나 심각하다. 국가의 운명을 좌우할 중요한 요소 가운데 하나가 기후가 될 것이라고 지적한 경제학자도 있다. 한 경제 이론에 따르면 더위는 여러 가지 문제를 일으킨다. 물을 증발시키고 곡물이 자라는 것을 어렵게 만든다. 더위는 태양 아래서 일하는 근로자들로부터 에너지를 빼앗아간다. 열대 지역에서는 질병을 퍼트리는 수많은 곤충들이 자라지만 이들을 얼어 죽게 만드는 차가운 서리는 내리지 않는다. 더위는 또 미생물의 번식을 돕기 때문에 음식이 부패하고 전염병이 번질 확률이 높다.

더위에 대처하는 데는 많은 비용이 소요된다. 물을 식수로 만드는 시설이 충분하지 않다면 물을 수입해야 한다. 근로자들의 더위를 식히고 생산성을 높이려면 냉방시설이 갖춰진 건물도 필수적이다. 또 국민의 건강을 유지하려면 정부의 의료보건 체계는 질병 예방을 위한 백신과 공중위생에 많은 돈을 투자해야 한다. 열대지역 국가들은 더위가 잠재적 위협 요소가 되지 않도록 이웃 국가들과 협력해 더위를 극복하는 일에 나서야 할 것이다.

지구온난화에 따른 기후 변화가 미치는 영향에 대해서는 제2장 자원, 에너지, 기후 변화에서 다루었기 때문에 여기서는 생략한다. 그러나 한 가지만 더 강조한다면 세계 각국 간에 특히 개발도상국과 선진국 간에 온실가스 배출권 거래제 Emission Trading Scheme: ETS가 합리적으로 제정되어 지구온난화를 가속화시키는 요인들을 완화하기 위해 노력해야 한다는 점이다.

라. 선진국의 저출산, 고령화와 개발도상국의 이민

경제가 성장하기 위해서는 기본적으로 천연자원과 인적 자원이 필요하다. 인적 자원 개발은 국가가 직접 인재를 육성하거나, 해외에서 인재를 들여오는 방식으로 이루어진다. 선진국들은 인력을 자체 개발하기도 하지만 경우에 따라서는 이민 정책이나 기타 방법을 통하여 필요한 우수 인재를 해외에서 유치하거나 값싼 노동인력을 유입하기도 한다. 미국에서 생활하고 있는 엔지니어 분야 Ph.D 학위 소지자의 56퍼센트가 미국 국적이 아닌 다른 나라의 국적을 지닌 사람이고 2008년 미국의 임시직 근로자 입국자 수는 200만 명으로 늘었다고 한다.

한편 2009년 아랍리그(Arab League)가 공개한 보고서에 따르면 약 10만 명의 과학자, 의사, 엔지니어들이 중동과 북아프리카를 떠났는데 대다수의 과학자와 의사들은 해외에서 일하고 모국으로 돌아오지 않고 있다고 한다. 자메이카 출신 41퍼센트, 아이티 출신 35퍼센트, 가나 출신 30퍼센트, 스리랑카 출신 27퍼센트, 남아공 출신 18퍼센트가 해외에서 일하고 있는 것으로 조사됐다. 따라서 경제 성장에 영향을 미치는 인적 자원 면에서도 선진국과 개발도상국 간에 부익부, 빈익빈의 상황이 전개되고 있어 이민 문제가 세계적인 이슈로 등장하고 있다.

현재 선진국일수록 저출산과 고령화 현상은 더 빠르게 나타나고 있다. 이들 국가들은 부족한 인력을 외국에서 들어오려고 이민법 완화 등 다각적인 방법을 강구하고 있다. 따라서 개발도상국의 우수 인력들은 스카우트되어 선진국으로 나가 생활하게 되고 개발도상국은 우수 인재 부족으로 국가 발전에 한계가 있을 수밖에 없다.[11)]

마. 정치적 불안과 테러 위협

국가가 경제적 성장 잠재력을 발휘하지 못하도록 발목을 잡는 것은 자원부족 문제만이 아니라 정치체제에도 원인이 있다. 많은 국가들이 정치적 불안 때문에 꾸준한 경제 성장을 이루지 못하고 있는 경우도 있다. 정치적 불안은 너무 잦은 선거에 따른 변동성 높은 민주주의에서부터 테러와 내전에 이르기까지 그 형태가 다양하다.

최근 이집트와 리비아 사태를 비롯한 중동 아시아에서 일어나고 있는 내전 또는 국제 분쟁이 막대한 인적·물적 손실을 초래함으로써 국가 경제 발전에 큰 타격을 주고 있음은 주지의 사실이다. 비단 중동 아시아뿐만 아니라 아프리카를 비롯한 남아메리카와 중앙아시아 등 세계 곳곳에서 일어나고 있는 내전 또는 국제 분쟁은 세계 평화 유지와 경제 발전에 큰 장애 요인으로 작용하고 있다.

특히 개발도상국들은 앞으로도 정치적 불안으로 인한 내전 또는 국가 간의 분쟁이 계속될 전망이다. 그 주된 이유는 자원부족으로 인한 분쟁, 지도자의 부패, 사회주의에서 자본주의 전환 실패 후 사회주의로의 회귀에 따른 갈등, 좌파와 우파, 진보와 보수, 빈자와 부자, 이데올로기적인 문제 등 다양하다.12)

세계화에 큰 위협을 주고 있는 또 다른 요인은 핵 테러를 위시한 다양한 테러 문제이다. 특히 핵 테러는 일시적이나마 세계 무역과 투자를 위축시킬 것이고, 정치적·경제적 자유를 상당히 오랫동안 과거의 모습으로 되돌려놓을 것이다. 또한 중동과 아시아에서 일어나고 있는 이슬람교도들의 테러도 중동과 아시아는 물론 세계 다른 국가에 불안과 위협을 주고 있다.

바. 남북관계

향후 한국의 정치, 사회, 경제에 가장 큰 영향력을 행사하는 변수로 남북한 통합을 손꼽을 수 있다. 미국 국가정보위원회(NIC)가 지난 2008년 11월에 발표한 '글로벌 트렌드 2025보고서'는 2025년 무렵에는 한반도 통합의 가시적인 성과가 있을 것으로 전망하고 있다. 동 보고서에 따르면, 2025년경 한반도는 남북한 단일 국가 형태는 아닐지라도 남북연합 형식으로 통합될 것이다. 남북한의 정치적 통합이 실현될 경우, 통일 한국은 엄청난 규모의 통일비용을 감당해야 할 것으로 전망되고 있다. 한국개발연구원이 미래기획위원회의 의뢰를 받아 2010년 8월에 산출한 전망에 따르면, 통일비용은 3,220억~2조 1,400억 달러로 추정되는데 2011년부터 2040년까지 30년간 점진적으로 통일이 될 경우 통일비용은 연평균 100억 달러 수준이 될 것이며 급진적으로 통일이 될 경우 연평균 720억 달러에 달할 것으로 추정되었다. 즉, 준비되지 않은 통일에 대한 비용이 더 크다는 것이다.

독일 통일의 사례도 준비되지 않은 통일은 여러 가지 측면에서 더 큰 비용을 유발한다는 사실을 보여주고 있다. 통일 과정에서 독일이 경험했던 문제 가운데 가장 주목할 만한 대목은 통일 후 경제, 사회적 여건이 우수한 (구)서독으로 엄청난 규모의 인구가 일시에 이동하면서 (구)동독은 공동화 현상이 심화되어 지역 기반이 붕괴되는 수준에까지 이르렀고 (구)서독 역시 엄청난 사회 혼란을 경험하였다는 점이다. 독일 통일이 우리에게 주는 교훈은 통일 후에도 북한의 경제, 사회, 교육 체제가 정상적으로 작동하고 경쟁력을 갖출 수 있도록 준비해야 한다는 것이다. 특히 고등교육은 지역 경제의 활성화와 사회 운영에 필요한 핵심 인프라로서 작동한다는 점에서 매우 중요하다.[13)]

2011년 12월 17일 김정일이 사망함으로써 앞으로 남북관계가 어떻게 전개될지 예측하기 어렵다. 정부나 국민은 어떤 변화가 오더라도 이에 대처할 수 있도록 다각적인 준비를 해야 할 것이다.

사. 다문화 가족·사회의 문제

세계화의 조류에 따라 다문화 가족·사회의 수용은 불가피한 실정이다. 그런데 한국의 경우 다문화 가족·사회가 형성되는 과정에 개선되어야 할 문제점이 다각적으로 제기되고 있다.

먼저 다문화 가족 증가 배경이 그렇게 바람직한 것만은 아니라는 점이다. 농어촌의 결혼하지 못하는 남성의 수 증가로 인한 외국인 여성과의 결혼, 저임금 외국인 노동자 고용정책에 의해 한국으로 이주한 외국인이나 가족이 주를 이루고 있는데, 이는 전체 외국인의 92퍼센트를 차지하고 있다. 이들의 지적 능력이나 문화생활은 그들의 본국에서나 현재 한국의 생활에서 높은 수준이 되지 못한다. 따라서 이들은 경제적 문제, 자녀 교육 문제, 언어 문제, 직업 문제, 사회 적응 문제 등으로 여러 가지 어려움을 겪고 있다.

특히 한국은 그동안 단일민족으로 살아왔기 때문에 다른 민족에 대해 이해성이 부족하고 배타적이다. 혼혈아에 대해 무시하는 경향도 다소 있어 혼혈아들이 사회에 적응하는 데 어려움도 있다. 뿐만 아니라 다문화 가족, 사회에 대한 제도와 정책, 교육 및 연구도 아직은 역사가 짧아 체계화되고 정착된 편이 아니어서 제기되는 문제를 해결하는 데에는 인내와 더 많은 노력을 필요로 하고 있는 실정이다.

다문화 가족이 많은 나라에서는 때로 심각한 인종 갈등이 일어나는 경우도 있다. 프랑스의 소요사태, 스페인이나 이탈리아의 불법체류자 문제, 러시아의 흑인이나 유색인종을 향한 치솟는 인종차별주의 등이 그 예이다.

아. 유럽연합의 붕괴 위기

유럽연합은 정치적 안정과 거대한 내수시장 그리고 새로운 동유럽 국가들의 참여로 인해 세계 최대 경제 대국이면서 훌륭한 투자처로 인정받아왔다. 유럽연합은 5억 인구와 세계 GDP의 3분의 1을 차지하는 27개 국가로 이루어진 거대한 경제 블록이 되었다. 최근 유럽연합이 연간 생산하는 상품과 서비스의 가치는 미국과 중국의 그것을 합친 것과 비슷하다. 또한 유럽연합의 공용 화폐인 유로(Euro)는 세계 중앙은행들과 국부펀드 그리고 다른 중요한 투자자들에게 달러를 대체하는 투자 대상이 되어왔다.

하지만 회원국 사이의 다양한 격차, 2008년 글로벌 금융위기로 인한 이탈리아, 그리스, 스페인과 같은 일부 유럽연합회원국의 심각한 재정 문제, 특히 2010년 그리스의 재정 상태 악화로 인한 유럽연합회원국 간의 갈등, 최초 가입하였던 서부 중심의 15개국과 마지막에 가입한 동부권 중심의 12개국 간의 이해관계 차이 등 유럽연합회원국 간의 서로 다른 경제 성장 한계 때문에 곳곳에서 붕괴 조짐이 나타나고 있다. 현재는 유럽연합의 유로화 사용권의 상황도 그다지 좋지 않다.

5 글로컬라이제이션의 시사

세계화는 여러 면에서 빠른 속도로 이루어지고 있다. 세계화는 긍정적인 면도 있고 국가에 따라서는 부정적인 면도 나타나고 있다. 특히 세계화의 미래를 보면 변화 과정에 여러 가지 이슈가 제기되고 있기 때문에 개인, 기관, 국가는 빠르고 정확한 정보를 바탕으로 미래를 향한 지속적인 대책 마련이 필요하다.

세계 시장 개방화와 함께 신흥시장 국가로 많은 나라들이 등장하고 있다. 이들 나라들과 연계하여 경제 성장을 할 수 있도록 정부차원에서는 물론 기업 차원에서도 적극적인 노력이 필요하다. 아울러 대학생도 자기 전공분야를 살려 신흥시장 국가에서 개척정신으로 도전해보려는 미래 설계를 해보는 것도 매우 바람직하다.

또는 글로벌 경제 시대를 맞아 대학생은 좋은 기회를 놓치지 말고 글로벌 경제 세계에 진출하여 글로벌 교역 전문가로 활동할 수 있는 꿈과 역량을 키우는 계획도 탐색해봄이 바람직하다.

미국이 앞으로 최소한 10년간은 세계 최강국으로서의 군사력과 경제력을 가지고 영향을 미칠 것이다. 그러나 그 후 세계 경제의 주도권이 유럽과 미국에서 아시아로 옮겨 오고 2050년경이 되면 중국이 세계 경제를 주도할 것이라는 전망도 있다. 아시아로 세계 경제권이 옮겨 올 경우 한국의 역할은 어떻게 확대될 것인가가 장·단기적인 면에서 고려되어야 할 것이다. 특히 대학생은 더 적극적으로 아시아 주도하의 세계 경제 시대를 맞아 각자 나름대로 이런 세계에 어떻게 참여할 것인가에 대해 탐색과 계획이 필요하다.

정도의 차이는 있지만 이제 모든 국가는 국경을 초월하여 점점 더 하나의 지구촌 사회에서 생활하고 있다. 하나의 지구촌 사회에 살아가기 위해서는 무엇보다도 어느 민족, 어느 국가와도 더불어 살 수 있는 삶의 지혜가 필요하다. 한국은 그동안 단일민족으로 생활하여왔기 때문에 다른 나라 국민에 대해 다소 배타적이다. 약자에 대한 배려가 OECD 회원국 30개국 중 28위이고 타 문화에 대한 개방성은 30개국 중 29위이다. 따라서 한국인은 다문화 가족·사회를 맞아 더 적극적으로 다른 민족과 더불어 살아가려는 노력이 필요하다.

세계화는 긍정적인 면도 있지만 여러 가지 이슈가 제기되고 있다. 금융 암시장 등장으로 국제 금융질서 문란, 개발도상국의 토지, 자원, 에너지 매입을 통한 경제 식민지화, 경제 성장의 부산물인 지구온난화로 인한 기후변화 위기, 개발도상국을 중심으로 한 정치적 불안, 유럽연합 및 WTO의 붕괴 위기, 미국을 위시한 몇 개국들의 재정 적자 위기 등 세계 경제가 계속 불안 속에 이어지고 있다. 이런 이슈에 대해 한국도 현명하게 대처해나가는 면밀한 계획과 지혜가 있어야 할 것이다.

남북관계에 있어 앞으로 15년 후면 통일이 될 것이라는 전망도 있는데 통일에 따른 엄청난 비용을 어떻게 확보할 것인가에 대한 논의가 필요하다. 또한, 2025년경 통일이 되었을 경우 2012학년도에 대학을 입학한 학생들은 30대 초반이 되어 결혼하여 가정도 갖고 사회활동도 왕성하게 할 무렵이다. 실제로 통일이 되었을 경우를 대비해서 급격한 변화에 어떻게 대처하여 생활할 것인가도 다각적으로 고려해야 한다.

탐구활동 3-1

자신의 전공분야와 관련된 국제시장에서의 취업 가능 직종과 구비 조건

내가 전공하고 있는 분야를 중심으로 국제시장에서 글로벌 교역 전문가로 활동할 수 있는 직업을 조사하여 그 직무 수행에 필요한 역량과 취업 과정을 조사해보자.

탐구활동 3-2

앞으로 아시아가 세계 경제를 주도할 경우 내가 하고 싶은 일

앞으로 아시아가 세계 경제를 주도하게 되었을 때 나는 어떤 직업에서 어떤 역할을 할 수 있을 것인가를 구상해보자.

탐구활동 3-3

국제인으로 생활하기 위한 품격

지구촌 사회를 맞아 국제인으로서 갖추어야 할 품격에는 어떤 것이 있는지를 파악하여 일상생활에 실천하는 방안을 강구해보자.

탐구활동 3-4

다문화 가족·사회를 맞아 한국인의 문제, 개선 방안과 이 분야의 취업 전망

다문화 가족·사회를 맞아 한국인이 지니고 있는 문제점이 무엇인가를 조사하여 개선 방안을 모색해보자. 또 다문화 사회를 맞아 내가 직업으로 종사할 일이 어떤 것이 있는지 조사해보자.

탐구활동 3-5

세계화의 이슈와 전망 및 대책

세계화와 관련된 여러 가지 이슈 중에서 하나를 선택하여 그 이슈가 앞으로 어떻게 전개될 것인가를 전망하고 대책을 강구해보자.

주

1) 미래전략포럼. (2008). 퓨처코드: 대한민국 미래 트랜드, 이각범(편), 한국경제신문사. pp. 34-35, 49-62.

2) Shapiro, R. J. (2010). 2020 퓨처 캐스트 (김하락 역.). 서울: 랜덤하우스. (원저 2009 출판). p.15.

3) 송하중. (2011). '국내외 인적자원을 활용한 핵심기술 인력 확보 정책' HRD Conference 2011. pp.334-356.

4) LG경제연구원. (2011). 2020 새로운 미래가 온다. 서울: 한스미디어. pp.70-83.

5) Altman, D. (2011). 10년 후의 미래 (고영태 역.). 서울: 청림 출판. (원저 2011 출판). pp.181-197.

6) 상게서. pp.198-219.

7) LG경제연구원. (2011). 2020 새로운 미래가 온다. 서울: 한스미디어. pp.84-106.

8) Altman, D. 전게서. pp.220-239.

9) 한국 여성정책연구원. (2011). 다문화사회 정책과 사회통합의 의미. 제71차 여성정책포럼. 2011.9.23. pp.115-153, 189-191.

10) Altman, D. 전게서. pp.77-104.

11) 상게서. pp.105-127.

12) Shapiro, R. J. 전게서. pp.438-443.

13) 유현숙. (2011). 고등교육 미래비전 2040 수립을 위한 정책연구. 한국교육개발원. p.134.

제4장 사회·문화 변화

1 사회 변화

가. 세계인, 세계법, 세계 정부

미래 학자들은 세계법이 하나로 통합되는 해를 2032년이라고 예측한다. 각국의 법이 통합되는 법의 초석은 이미 만들어져 있다. 세계법 체계는 하나로 네트워킹된다. 글로벌 법률 정보네트워크GIN: Global Information Network는 50개 회원국의 모든 법을 저장한 데이터베이스이다. 2010년까지 각국의 지방법 및 국가 법률을 통합한 이 데이터베이스에 100여 개국이 회원국으로 참여했다. 100개국 법률 데이터베이스는 국가 간 법률의 다양성을 통합하고 하나의 법으로 만들어갈 수 있는 기초를 마련하려는 것이었다.

세계정부는 지금까지 지역, 즉 영토 중심의 구분과 민족 중심의 정부 운영 체제 위에서는 지구촌 문제를 함께 해결할 수 없으므로 또 다른 문제를 다룰 수 있는 기구를 만들자는 의도에서 나왔다. 환경오염 문제나 그 밖의 세계적 재앙을 효율적으로 막기 위해서는 이런 조직이 필요하다.

세계정부로 가는 첫 번째 단계는 지역정부의 탄생이다. 유럽연합(EU)은 현재 세계정부가 모델로 삼아야 할 가장 좋은 형태다. 다양한 이해관계와 관심사를 가진 나라들이 같은 지역에 존재함으로써, 27개국 5억의 인구가 함께 모인 것이다. EU 외에도 53개 아프리카국가들의 연맹인 아프리카 연맹, 10개 아시아 국가가 설립한 아세안 연맹, 중앙아시아 6개국을 중심으로 맺어진 상하이협력 기구, 남아메리카 12개국으로 구성된 남아메리카 연맹, 중동의 평화와 안전을 확보하고 아랍제국의 주권과 독립을 수호하기 위해 창설된 아랍 연맹, 미국·캐나다·멕시코를 연결하는 관세와 무역장벽을 폐지하고 자유무역권을 형성한 협정인 북아메리카자유무역협정 등이 있다.

그 외에도 192개국이 가입한 유엔(UN)이 있고 산하에 20여 개의 기능단체들이 있는데, 유엔경제사회이사회, 세계보건기구, 국제노동기구, 월드 뱅크, 세계무역기구, OECD 등이 대표적인 단체이다. 이 밖에 나토와 국제사법재판소는 139개국이 가입, 2005년까지 100개국이 비준했다.

2018년이 되면 세계정부와 세계시민권이 유행하기 시작할 것으로 전망하고 있다. 따라서 그때쯤 되면 국내에 마땅히 존경하는 사람이 없다거나, 국내에서는 희망이 없다거나, 아니면 국내에서는 일자리가 없다고 모국을 떠나는 사람들이 늘어날 것이다. 또한 그때쯤 되면 국내에서 제조업이 거의 소멸하게 되면서 일자리가 사라지는 사태가 빚어질 것이다.[1)]

나. 직접 민주주의 시대

후기 정보화사회는 똑똑한 개개인이 권력을 소유한다. 현명한 군중은 입법부터 결정까지 직접민주주의를 구현하려 한다. 이미 20년 전부터 국회의원과 정당의 소멸이 예측되었는데, 현명한 국민은 정치인을 혐오하면서 이들을 중간상인라고 부르기 시작했다. 똑똑한 학생들이 싫어하는 직업을 택하지 않게 되면서 정치의 질은 더욱 떨어지고, 정치인 소멸에 가속도가 붙는다. 그 뒤 신직접민주주의가 오게 되며 간접민주주의 200년 수명이 다할 것이라는 예측이다.

직접민주주의 요소인 국민투표제도, 국민소환제도, 국민발안제 등으로 국가 정책 결정에 국민이 직접 참여하겠다는 요구는 미래사회의 돌이킬 수 없는 변화다. 모든 국민이 컴퓨터를 통해 일정 시간대에 일정 사이트에 접속해서 함께 국정을 의논하거나 투표를 실시해서 의결할 수 있다. 방대한 국가경영에 대해 소수의 국회의원들보다는 집단지성으로 대응하는 편이 더 효율적이기 때문에 신직접민주주의가 부상하게 된다.

의회가 힘을 잃어가는 것은 전 세계적인 현상이다. 의회정치는 과거 시간과 공간적 제약이 있던 산업사회에서 국민의 의견을 대변하고 갈등을 조정하는 간접민주주의 체제에서는 유용했지만 이제는 그렇지 않다. 정보화사회에서는 어떤 문제가 터졌을 때 시간과 공간의 제약이 사라져 순식간에 전국적 이슈가 되고 바로 집단행동이 가능해지며, 국회를 제치고 국민들이 정부와 직접 소통하게 된다. 최근 서울 시장 선거와 관련해 안철수 서울대학교 융합과학기술대학원장의 소셜 네트워크에 의한 활동은 시민들이 직접민주주의에 얼마나 큰 영향을 미치는가를 보여주는 사례라 할 수 있을 것이다.[2)]

다. 국가보다 도시로 구분되는 메가시티

최근 선진국이나 개도국을 막론하고 메가시티(mega city)가 확산되고 있다. 1800년대만 해도 세계 인구의 3퍼센트만이 도시에 거주했다. 그런데 이 수치는 20세기 말에 이르러 47퍼센트로 크게 늘었다. 2009년 역사상 처음으로 도시인구 비중이 50퍼센트를 넘어섰다. 유엔(UN, 2010)에 따르면, 오늘날 32억 명 정도가 도시에 거주하고 있으며, 2030년에는 전 세계 인구의 60퍼센트인 50억 명이 도시에 거주할 것으로 내다보고 있다.

도시화가 가속화되면서 특정 도시로의 인구 집중은 더욱 심화되고 있다. 1950년대에는 100만 명 이상 거주 도시가 83곳에 불과했지만, 2007년에는 468곳으로 크게 증가하였다. 1000만 명 이상이 거주하는 메가시티의 수도 급증하고 있다. 메가시티는 1950년에 2개, 1975년 3개, 2009년 현재는 21개로 증가하였으며, 2025년에는 총 29개로 늘어날 전망이다.

〈표 4-1〉 전 세계 메가시티 현황 및 전망

2009년		순위	2025년	
도시명	인구 (백만 명)		도시명	인구 (백만 명)
도쿄(일본)	36.5	1	도쿄(일본)	37.1
델리(인도)	21.7	2	델리(인도)	28.6
상파울루(브라질)	20.0	3	뭄바이(인도)	25.8
뭄바이(인도)	19.7	4	상파울루(브라질)	21.7
멕시코시티(멕시코)	19.3	5	다카(방글라데시)	20.9
뉴욕(미국)	19.3	6	멕시코시티(멕시코)	20.7
상하이(중국)	16.3	7	뉴욕(미국)	20.6
캘커타(인도)	15.3	8	캘커타(인도)	20.1
다카(방글라데시)	14.3	9	상하이(중국)	20.0
부에노스아이레스(아르헨티나)	13.0	10	카라치(파키스탄)	18.7
카라치(파키스탄)	12.8	11	라고스(나이지리아)	15.8
로스앤젤레스-롱비치(미국)	12.7	12	킨샤사(콩고)	15.0
베이징(중국)	12.2	13	베이징(중국)	15.0
리우데자네이루(브라질)	11.8	14	마닐라(필리핀)	14.9
마닐라(필리핀)	11.4	15	부에노스아이레스(아르헨티나)	13.7
오사카-고베(일본)	11.3	16	로스앤젤레스-롱비치(미국)	13.7
카이로(이집트)	10.9	17	카이로(이집트)	13.5
모스크바(러시아)	10.5	18	리우데자네이루(브라질)	12.7
파리(프랑스)	10.4	19	이스탄불(터키)	12.1
이스탄불(터키)	10.4	20	오사카-고베(일본)	11.4
라고스(나이지리아)	10.2	21	선전(심천)(중국)	11.1
		22	충칭(중경)(중국)	11.1
		23	광저우(광주)/광둥성(중국)	11.0
		24	파리(프랑스)	10.9
		25	자카르타(인도네시아)	10.8
		26	모스크바(러시아)	10.7
		27	보고타(콜롬비아)	10.5
		28	리마(페루)	10.5
		29	라호르, 파키스탄	10.3

출처: LG경제연구원. (2011). 2020 새로운 미래가 온다. 서울: 한스미디어. p.154.

메가시티의 정치경제적 비중도 높아지고 있다. 먼저 메가시티의 경제력은 지속적으로 커지고 있는데, 이미 세계 GDP의 15분의 1 이상이 10대 대도시권에서 발생하고 있다. 일례로 도쿄의 경우 일본 인구의 약 30퍼센트 정도가 거주하고 있으며, GDP에서 차지하는 비중이 40퍼센트 정도이다. 2009년 일본이 전 세계 GDP에서 차지하는 비중이 6퍼센트라는 점을 고려하면, 도쿄라는 단일도시가 전 세계 GDP의 2퍼센트 이상을 담당하고 있는 셈이다.

산업구조가 지식서비스 중심으로 재편되면서 글로벌 경제에서 메가시티들이 차지하는 비중은 더욱 확대될 전망이다. 신흥국 메가시티에서도 예외가 아니어서 2030년 인도의 대표적인 IT 도시 뭄바이 지역의 GDP는 2,650억 달러로 예상된다. 이는 현재 포르투갈이나 말레이시아 등의 국가 전체 GDP를 넘어서는 규모이다.

메가시티의 정치적 힘도 커지고 있다. 과거 도시들은 국가의 하위 행정구역 역할에만 머무르는 경우가 많았다. 반면 현대의 많은 메가시티들은 정치·경제 정책 면에서 중앙정부로부터 독립된 정책 수립 및 집행 권한을 갖고 있으며, 이를 통해 독자적인 성장과 번영을 모색하고 있다. 국제 교류도 국가 간 교류 못지않게 메가시티 간 또는 도시 간 교류가 활발하게 이루어지고 있다.

미래 세계에서 메가시티는 혁신과 글로벌 경쟁의 핵심 축으로 부상할 것이다. 메가시티에는 고등교육을 받은 인적 자본이 풍부하고, IT 인프라 및 교통·통신 등 미래 지식경제 시대의 가치 창출에 필수적인 다양한 인프라들이 잘 갖추어져 있다. 여기에 1000만 명이 넘는 거대한 소비시장과 이를 노리는 수많은 글로벌 기업들이 R&D 센터나 지역 본사 등을 두고 있기 때문에 혁신과 생산성 면에서 다른 지역에 비해 훨씬 유리한 여건을 가지게 된다.[3)]

라. 소셜 네트워크(social network) 시대

소셜 네트워크란 종족·민족·가족·동성 등의 구성원 간에 소통의 장을 만들어 정치, 경제, 사회의 문제를 해결하는 집단지성의 행위를 의미한다.

문자 시대 이전의 언어 시대에는 부족의 우두머리나 현자들이 말로써 정보나 지식을 후세에 전달했고, 이를 전달하는 데는 수십 년에서 수백 년이 걸렸다. 그 후 이어진 문자 시대에는 글자가 만들어지면서 책으로 지식이나 정보가 전달되었는데, 작가나 학자들은 보통 평생 한 권, 또는 수년에 한 권의 저서를 출판했다.

20세기를 신문·방송·미디어 시대라고 한다면, 21세기는 인터넷 미디어의 시대라 할 수 있다. 1999년 인터넷의 발달과 함께 등장한 홈페이지에는 1만 개 단어로 이루어진 글을 한꺼번에 올릴 수 있게 되었다. 2005년에 한창 붐을 일으킨 블로그에는 1,000개 단어의 글이 한 달에 10회, 2007년에 대중화된 페이스북에는 100개 단어의 글이 한 달에 100회, 2009년 트위터에는 10개 단어의 글이 한 달에 1,000회 이상 올라오는 시대로 변화했다.

이렇게 소셜 네트워크가 활발해지면서, 소셜 네트워크는 성공적인 비즈니스, 작업능력 향상, 빠른 검색을 통한 정보 공유, 경쟁심 완화, 가격이나 정책에 대해 집단지성이 모여 소통할 수 있는 민주주의적 소통의 장을 만들어주는 역할을 하고 있다. 이러한 소셜 네트워크의 발달로 인해 앞에서 기술한 직접민주주의 시대가 오고 있다.

농경시대는 식량자원을 팔았다면 산업시대에는 기계, 정보화시대에는 정보 서비스, 그리고 5년 후 다가오는 후기정보화시대에는 소셜 네트워크를 팔게 될 것이다. 미국에는 소셜 네트워크에 관한 특허가 급속하게 늘어나고 있는데, 지난 5년간 매년 250퍼센트나 증가하고 있다. 현재까지 2,000여 개의 소프트웨어 특허신청이 있었고, 그중에서 100여 개가 이미 특허를 받았다.[4)]

마. 고령인구 비중이 높아진 사회

2025년이면 고령인구가 세계 인구의 절반을 차지할 것으로 예측되고 있다. 그 시점이 되면 고령인구가 거주할 시니어타운이나 실버타운을 짓는 것이 사실상 쓸모없는 일이 된다. 인구의 절반이 노인이라면, 도시의 절반이 실버타

운이 될 것이기 때문이다. 따라서 자신이 살던 집을 리모델링하거나, 가족단위가 아닌 이웃끼리 모여서 사는 주거형태가 나타나고 있다.

고령인구는 자신이 사망해 몇 개월이 지나도록 발견되지 않을까봐 두려워한다. 70세가 80세 노인을 돌보는 형태, 즉 건강한 노인이 좀 더 나이 든 노인들을 돌보는 형태의 새로운 가족 구조가 나타날 것이다. 특히 각 국가는 가족단위를 강화하려고 노력하게 된다. 미래사회에 일어날 것으로 예상되는 다양한 문제 중에서 고령화 문제에 대해 동양의 철학, 즉 가족단위 강화가 유일한 대안이라고 보는 학자들이 많기 때문이다. 그러나 다른 한편의 학자들은 최근 한국의 전통적인 가족 해체양상에 대해 위기감을 느끼고 있어 앞으로 노인 부양문제는 해가 거듭될수록 심각한 문제로 제기될 것이다.[5][6]

바. 여성의 시대

제2차 세계대전 이후 여성의 지위는 점차 상승되고 고등교육을 받은 여성이 늘어나면서 여성의 권리나 주장이 관철되고 있다. 최근 여성의 구매력이 남성보다 월등히 높은 것으로 드러났다.

US뉴스 앤드 월드 리포트의 2007년 보고서에 의하면 대학에서 커트라인에 따라 신입생을 선발하게 되면 대부분의 대학이 여자대학으로 변하기 때문에 남학생들에게 가산점을 준다고 발표했다. 구매력에서도 가구 선정의 94퍼센트, 휴가지 선정의 92퍼센트, 주택 구입의 91퍼센트, 헬스케어의 80퍼센트, 자동차 구입의 68퍼센트, 가전제품 구매의 51퍼센트를 여성이 결정한다. 사실상 남성은 골프채나 게임기만 스스로 결정하는 것으로 드러났다. 양성평등은 가정에서 일어나는 다양한 의사결정, 주택 위치 선정이나 직장 선택 및 이직과정 등에서도 일어나고 있다. 정도 차이는 있지만 세계 대부분의 국가 여성들이 엄마로서 만족하지 못하고 커리어우먼으로서 자아를 추구한다. 즉 일자리를 찾고, 여성으로서 목소리를 내고 싶어 하며, 같은 유행을 따르고 싶어 하는 등 미국의 여성처럼 변화하고 있다.

최근 각 분야에서 여성의 역할이 두드러진다. 특히 네트워크에서 강점을 보이는데, 여성성 강화, 부드러운 이미지, 여성이나 남성 모두에게 접근이 더 쉽다는 이유 때문이다.7)

2 생활양식 변화

가. 가족 형태의 변화

가) 아이 중심의 가정

안식처, 안전한 보금자리, 강력한 고독 치료제, 따뜻한 공간, 공격적이고 혼란스러운 세상에 맞선 애정의 근간으로 여겨지는 가정은 무엇보다도 구성원 각자에게 애정을 보장해줄 수 있어야 한다.

그런데 해가 거듭될수록 가족 형태가 매우 다양해지고 있다. 가족이란 단어를 통해 수많은 삶의 현실을 들여다볼 수 있다. 성인이 되면 결혼을 하고 아들·딸을 낳고 키우며 전통적인 가정을 이루어 생활하기도 하지만, 무자녀 가족, 핵가족, 1인 가족, 재혼 가정, 한 부모 가정, 동성 부모를 둔 가정, 다세대 가정, 다문화 가정 등 가족 구성이 다양한 가정이 계속 늘어나고 있다. 2008년 미국에서 출생한 아동의 50.4퍼센트가 미혼모 즉 싱글 맘에게서 태어났고, 프랑스 가정의 35퍼센트 이상이 새로운 가족 구조를 보여주고 있다.

전통적으로 부부 관계는 가정의 토대로 여겨져 왔다. 그러한 부부 관계가 오늘날에는 이혼, 동성, 어머니-아이 관계 등 다양한 형태로 변하고 있다. 부부 사랑이 식을 경우, 부부 관계는 독립적으로 관리될 수 있고 협상 가능한 관계로 인식된다. 파리를 비롯해서 유럽의 대도시에서는 오직 50퍼센트의 부부 관계만이 유지된다. 하지만 이혼을 하고 재혼을 해도 자녀와의 관계는 반드시 유지된다. 그래서 이제는 '자녀'가 가정의 '토대'가 되고 있다. 한 가정은, 오늘날에는 특히, 자녀를 통해 존재한다. 결혼을 하지 않고 첫 아이를 낳는 비율이 50퍼센트까지 늘어난 것만 보아도 이 사실을 알 수 있다.[8)]

정도의 차이는 있지만 한국에도 가족에 위기가 오고 있다. 지난 2000년엔 한 집에 부모와 자녀 등 가족 4명이 함께 사는 4인 가구가 전체 가구의 31.1퍼센트였다. 이어 3인 가구(20.9퍼센트), 2인 가구(19.1퍼센트), 1인 가구(15.5퍼센트)의 순이었다. 10년이 지난 2010년에는 2인 가구의 비중이 24.3퍼센트로 늘어나 가장 흔한 가구 형태가 됐다. 이어 1인 가구(23.9퍼센트), 3인 가구(21.3퍼센트) 순으로 바뀌었다. 1~2인 가구가 전체의 절반에 이를 정도로 크게 늘어나는 것은 전통적인 가족 단위가 해체되고 있는 현실을 보여준다. 이는 수명연장과 함께 결혼을 늦게 하거나 아예 평생 홀로 사는 독신자가 늘고, 이혼 증가와 출산감소, 세계화, 미혼모 출산 증가 등이 겹쳐서 불러온 현상이다. 할아버지부터 손자·손녀까지 여러 세대가 함께 모여 살던 대가족이 부모와 자녀만의 핵가족으로 분열한 데 이어 이제 그 핵가족이 더 잘게 재분열하고 있다. 이러한 전통적 가족 형태 해체와 다양한 가족 형태 증가 현상에 대해 어떻게 대처해나갈 것인가가 우리 모두의 고민이 되고 있다.[9)]

나) 모계제로의 변화

전통적인 가정에서 적어도 제도적 의미에서는 아버지가 가장 중요한 역할을 하던 데 반해, 오늘날에는 일종의 '모계제'로의 변화가 진행 중이다. 물론 이러한 변화에는 싱글 맘이 증가한 것도 한몫을 한다. 선진국에서 싱글 맘은 갈수록 늘고 있다. 프랑스의 경우 7.1퍼센트가 한 부모 가정이고 그 가운데 90퍼센트는 엄마 혼자 아이를 키우는 가정이다. 이러한 가정에서는 자연히 여성이 거의 모든 역할을 떠맡는다. 아이를 먹이고 달래는 일뿐 아니라, 돈을 벌어오고 가정의 전통과 가치를 아이에게 가르치는 일 등이 모두 여성 몫이다. 슈퍼우먼의 역할을 맡게 된 여성들은 일상생활 속에서 많은 권한을 축적해나간다. 그런 과정에서 아이들은 사물에 대해 여성적 관점만을 갖게 되기 십상이다. 따라서 많은 경우에 여성적 요소가 아이의 유일한 모델이 되는 게 사실이다. 이러한 현상은 아이가 초등학교에 입학한 뒤에도 이어진다. 선생님, 특히 저학년을 담당하는 선생님 대다수가 여성이기 때문이다.

다) 아빠-엄마에서 '공동 아빠', '공동 엄마' 등으로

공동 아빠, 공동 엄마, 입양아 부모, 양아빠, 양엄마, 낳아준 아빠, 가르쳐준 아빠 등, 부모의 새로운 입장과 위치를 설명하려는 수많은 용어가 생겨나고 있다.

앞으로 도래할 세대에는 새로운 가정의 복잡한 양상을 정확히 표현하는 데 필요한 의미론의 변화와 더불어 일반적인 언어 자체의 변화가 필요해질지도 모른다. 우리는 '부모-보호자'에서 '부모-전달자'로 이행하는 시기를 살고 있다. 보호자로서 부모의 임무는 아이를 교육시키고, 감시하며, 열등하고 잠재적으로 나쁘게 자랄 수 있는 존재를 벌하는 데 있었다. 또한 종종 잡초처럼 여겨지는 어린 식물이 바로 설 수 있도록 도와주는 데 있었다. 반면에 전달자로서의 부모는 외부 세계의 현실을 자녀에게 전달해줄 수 있을 만큼 그것을 조금 더 잘 이해하고 있는 존재일 뿐이다.

오늘날 부모가 된다는 것은 더는 생물학적 규칙성에 속하지 않는다. 이는 매우 중요한 사실이지만, 많은 엄마와 아빠를 깊이 고민하게 만드는 문제이기도 하다. 시대가 진보할수록 부모의 권위는 교사의 권위처럼 약해진다. 위대한 지도자와 마찬가지로 부모나 교사가 갖는 정당성의 근원은 카리스마, 자녀나 학생을 인도하는 능력, 특히 자기의 말과 행동을 한결같이 유지하는 능력에 근거한다.

나. 가족 의례의 변화

가족 형태가 다양해지면서 가족 의례에도 많은 변화가 있을 전망이다. 제사와 장례문화는 전통방식이 이어지겠지만 지금보다는 약화될 것이다. 특히 장례식에 참여하는 친지 및 이웃, 직장 동료의 범위는 현재보다 축소될 것이다. 장례 절차도 유료 장례 대행 서비스와 유품 정리 서비스가 보편화될 것이라고 전망하고 있다.

결혼식은 지금보다 준비와 절차가 간소화될 전망이다. 결혼 준비를 위해 남자가 집을 마련하고 여자는 살림을 장만하는 관습이 없어질 것이며, 집과 살림 장만을 남녀가 협의 결정하는 경향이 높아질 것이다. 결혼식은 지금과 같이 가족과 친지가 모두 참석하는 성대한 결혼식도 지속되겠지만, 한편에서는 결혼 당사자를 중심으로 이루어질 가능성도 높다. 그리하여 결혼식은 당사자와 증인만 참석하는 의식이 되거나 결혼식은 하지 않고 혼인 신고만 하는 경우도 있을 것이다.

명절에도 지금과 같이 추석이나 설 명절에 가족이 다 함께 모이는 것, 조상에 대한 제사를 지내는 것, 아버지(남편) 가족을 중심으로 모이는 것, 여성은 음식을 만들고 남성은 제사를 주관하는 것과 같은 의례는 전반적으로 축소될 전망이다.[10)]

다. 주거 양식의 변화

미래의 집은 가정에 대한 새로운 관점을 반영하게 될 것이다. 즉 친구, 이웃과 함께하는 개방된 공동생활 가정이 대두될 것이다. 개인에 대한 존중과 공동체 정신을 적절히 조화시킨 공동생활 주택에서 사람들은 혼자 시간을 보낼 수 있고, 다른 사람들과 함께할 수도 있다.

일본에서는 이미 구상된 것처럼 직장에서 돌아와 나바즈타그(Nabaztag)라고 불리는 혁신적인 소통 시스템을 통해 가정 공동체 사람들에게 여러 정보를 전달하게 된다. 각자는 집에서 자신의 나바즈타그를 통해 정보를 얻고, 이렇게 해서 가정 구성원 모두가 공동 활동에 참여할 수 있게 된다. 사람들은 최소한 다른 사람들이 무엇을 하고, 어떻게 살고 있는지를 알 수 있게 된다.

거실은 내밀한 생활을 위해 마련된 공간이기도 하지만 앞으로는 내밀성뿐만 아니라 공동생활, 특히 아이들과 함께하는 생활의 기능도 갖추게 될 것이다. 욕실 역시 타인과 외부에 개방될 것이다. 특히 가정에 아이들이 있을 때에는 사생활 공간인 동시에 놀이의 공간으로 사용될 수 있도록 많은 변화의 대상이 되고 있다. 주방은 집의 새로운 중심이자 새로운 거실 역할을 하게 될 것이다. 사람들은 크고 예쁘고 완벽하게 정돈된 주방을 원한다. 또한 사람들은 안락하면서도 기능이 많은 주방, 요리 준비와 식사 장소로도 사용되는 주방을 원할 것이다. 그리하여 주방은 사람들이 요리하고, 식사를 함께하며, 이야기를 나누는 공간, 나아가 식탁 주위에 모두가 둘러앉아 하나가 되는 공간이 되어줄 것이다.11)

라. 개인 생활의 변화

돈과 명예와 지위와 같은 외재적 가치보다는 자녀, 가족, 친구, 친지간의 사랑과 우정, 자아실현과 같은 내재적 가치에 더 비중을 두는 방향으로 사람들의 가치관이 전환되고 있다.

최근 사람들의 직업관, 더 구체적으로 말하면 노동관도 바뀌고 있다. 1990년대까지만 해도 노동이라는 개념은 노력과 고통이라는 결과를 함축했다. 그동안 대부분의 사람은 한 직장에서 열과 성을 다해 일하면서 일생을 살아왔다. 그러나 1990년대 말 IMF 위기와 2000년대의 또 한 번의 금융 위기를 맞으면서 내가 평생 동안 믿고 일하던 직장을 하루아침에 갑자기 그만 두게 되면서 직장에 대한 애착과 관심이 줄어들기 시작했다. 그래서 사람들이 가장 우선시하는 가치는 가정(86퍼센트)이고 노동(40퍼센트)이 그 뒤를 잇고 있으며 이는 친구의 가치(37퍼센트)와 비슷하다.12)

마. 종교 생활의 변화

일신교 전통의 거대 종교들은 이슬람을 제외하고는 실생활에서 급격히 멀어지고 있다. 교회에 출석하는 일이 여전히 필수적인 공동체 활동으로 남아 있는 한국이나 미국을 제외하면, 규칙적으로 예배에 참석하는 일은 대부분의 나라에서 예외적인 일이 되어가고 있다. 프랑스에서는 50세 이하 중 단 5퍼센트만이 신앙생활을 하는 것으로 알려졌다. 유대인 가운데서도 15퍼센트만이 음식 관련 규칙이나 안식일을 지키는 것으로 나타났다. 또한 이슬람교도 중 5퍼센트만이 회당에 나가는 것으로 조사되었다.

요즘은 집단적 종교 활동보다는 개인적 영성생활이 주를 이룬다. 많은 경우, 개인적 영성생활은 다양한 종교의 영향을 함께 포함한다. 예를 들면 불교의 경전, 가톨릭의 예식, 유대교의 카발라 등이 뒤섞여 있다. 이러한 현상은 '연금술사'의 저자인 파울로 코엘료의 말대로 일종의 '개인 종교'에까지 이르고 있다.

한편 사람들은 과학이나 종교가 해결해주지 못하는 본질적인 문제에 대한 해답을 마법 속에서 찾고 있다. 그리고 더 나아가 주위를 가득 채우는 불확실성에 맞서게 해주는 확신 즉, '세상을 다시 활동하게 하고, 일상의 삶을 덜 슬프고 덜 기계적으로, 조금 더 아름답고 시적으로 만들어주는 수단'을 찾아가며 생활하고 있다. 도시 아스팔트 위에 펼쳐져 있는 다양한 장식, 방과 거실, 주방의 새로운 장식들, 이상형을 추구하기 위한 성형 수술, 점성술로 주식 시장을 점치는 경제 전문가들, 때로는 직관을 통한 의사결정을 하는 기업 경영가가 그 예라고 할 수 있다.

3 사회·문화 변화의 시사

미래사회에서는 무엇이 언제 어떻게 변화할 것인가를 정확하게 예측할 수는 없지만 불확실함 속에서 무엇인가가 끊임없이 빠르게 변화하고 있다. 세계 재앙을 막기 위해 국가를 초월한 세계 정부가 설립될 전망이고, 현 정치인에 실망과 실증을 느낀 국민들이 소셜 네트워크를 통해 직접 민주주의를 구현하며, 국가보다는 메가 시티 중심의 정치 및 경제가 활성화하고 고령화로 인한 사회 변화, 여성 시대의 도래 등이 그 예다.

이상과 같은 현상이 바로 우리 사회와 우리 삶이 직면해 있는 상황이다. 이와 같은 상황 속에서 무엇보다 중요한 건 위험을 무릅쓸 수 있는 능력, 목표를 지속적으로 조준할 수 있는 능력, 결론 없는 고민과 분석보다는 일단 시도해볼 수 있는 능력, 변화에 직면해 자기 자신에 대해 질문을 던져볼 수 있는 능력, 자신의 경쟁력을 강화시키고 드러낼 수 있는 능력 혹은 새로운 경쟁력을 갖출 수 있는 능력, 자신의 신념을 되돌아볼 수 있는 능력, 간단히 말해 지속적으로 자신을 적응시켜나갈 수 있는 능력이다. 특히 실패가 가장 훌륭한 훈련과정이라는 사실에 익숙하지 않은 사람의 경우 자신의 삶 속에서 불확실성을 받아들인다는 건 그만큼 어려운 일이 된다는 것을 인식함이 중요하다.

가정은 한창 변화 중이다. 가정생활의 전통적인 양식은 모든 나라에서 퇴보하고 있다. 가정은 더욱 축소되고 개인주의적 모습을 띠어가며, 취향은 다양해지고 있다. 가정생활의 새로운 실험적 형태가 나타나고 있으며, 이러한 형태는 더는 소수가 아니다. 새로운 가정은 필연적으로 다양한 형태가 될 것이다. 하지만 역설적으로 가정이 실제 현실처럼 더 복잡해질수록 개인들은 더욱더 가족이라는 개념 자체와 그것이 나타내는 상상적 가치에 집착하게 된다. 어떠한 형태이든 간에, 가정을 갖는다는 것 자체가 갈수록 이상이 되어갈 것이다. 이런 다변화되어 가고 있는 가족과 가정에 대해 우리가 생각하는 이상적인 가족관계와 가정생활이란 어떤 것인가를 정립하고 각자의 미래 가족과 가정을 잘 설계하고 그것을 달성하기 위한 노력이 필요하다.

종교의 영역에서는 새로운 형태의 영성이 생겨나고 있다. 종교적 감정은 지속되지만 거대 종교의 제도적 범주에서 벗어나 다시 태어나고 있다. 동양에서 영향을 받은 대안적 의례와 예배-선, 불교, 기공(氣功), 카발라(kabbale)-가 가톨릭이나 유대교가 대답하지 못했던 질문에 실제적인 답을 주는 것으로 여겨지며, 이러한 경향 속에서 개인 종교가 구축되고 있다.

세계 경제는 갈수록 우리에게 다른 문화와 다른 나라의 대표자들과 함께 일할 것을 요구하고 있다. 이러한 요구는 다국적기업 속에서나 고객 혹은 납품업자와의 관계에서 공히 나타난다. 문화 다양성은 또한 사고방식, 일하는 방식,

의사소통 방식의 다양성을 말한다. 또한 문화 다양성과 함께 고려되어야 할 중요한 요소는 혼혈은 인종과 민족의 융합에서 이루어진다는 점이다. 따라서 우리는 문화의 다양성을 이해하고 다문화 사회에 적응하며 어느 민족 어느 국가와도 더불어 살아갈 수 있는 삶의 지혜와 역량이 필요하다.

탐구활동 4-1

사회 변화에 대처해나가기 위해 개발되어야 할 역량

세계의 사회변화 상황을 여러 각도에서 분석하고 제시하였다. 이런 변화에 적응하고 적극적으로 대처해나가기 위해서 내가 갖추어야 할 역량은 어떤 것인가를 조사하여 역량 개발 계획을 세워보자.

탐구활동 4-2

미래 가족 형태 변화에 대한 관점과 바람직한 가족 및 가정 형태

전통적 가족과 가정의 입장에서 보면 현재 그리고 앞으로의 가족과 가정 형태는 매우 다양해지고 있다. 이를 학자에 따라서는 가족 해체론으로 보는 입장과 가족 재구조화 과정으로 보는 견해가 있다. 여러분은 어떤 견해를 가지고 있으며 미래사회 변화에 대비한 바람직한 가족 및 가정 형태에 대해 논의해보자.

탐구활동 4-3

가정의례의 유지 여부에 대한 주관 정립

가족 형태가 다양해지면서 전통적으로 내려오고 있는 제사와 장례의례, 결혼의례, 명절의례 등에 대해서도 여러 가지 변화가 이루어질 것으로 전망된다. 제사와 장례의례, 결혼의례, 명절의례에 대해 우리가 계속 지켜야 할 의례와 개선되어야 할 의례를 찾아 논의하고 발전적인 안을 제시하자.

탐구활동 4-4

자신이 생각하는 미래의 바람직한 가족 및 가정 설계

미래사회 변화에 따라 나의 가족 및 가정에 대한 관점을 정립하고 미래의 바람직한 가정을 설계해보자.

주

1) 박영숙, 제롬 글렌, 테드 고든. (2008). 유엔보고서: 미리 가본 2018년. 서울: 교보문고. pp.89-94.

2) 박영숙, 제롬 글렌, 테드 고든. (2009). 유엔보고서 2: 2020년 위기와 기회의 미래. 서울: 교보문고. pp.88-91.

3) LG경제연구원. (2011). 2020 새로운 미래가 온다. 서울: 한스미디어. pp.150-172.

4) 박영숙, 제롬 글렌, 테드 고든. (2011). 유엔미래보고서 3: 기후와 에너지로 재편되는 세계. 서울: 교보문고. pp.100-102.

5) 박영숙, 제롬 글렌, 테드 고든. (2009). 전게서. pp.104-108.

6) 함인희. (2008). 흔들리는 가족: 위기인가, 기회인가? 미래전략포럼 지음, 이각범(편), 퓨처코드: 대한민국 미래 트랜드. 한국경제신문사. pp.76-90.

7) 박영숙, 제롬 글렌, 테드 고든. (2009). 전게서. pp.112-113.

8) Bak, J. (2008). 미래사회코드: 소비 트렌드를 창출하는 10가지 모자이크 키워드 (김모세 역.). 디플BIZ. (원저 2007 출판). pp.30-33.

9) 함인희. (2008). 전게서. pp.76-90.

10) 한국여성정책 연구원. (2012). '한국인이 생각하는 2030년 가족의 미래. 가족의 미래와 여성·가족정책전망(1) 연구 성과 발표회. 2012.1.27. 대한상공회의소.

11) Bak, J. 전게서. pp.46-57, 29-62.

12) 상게서. pp.400-401.

제 5 장 과학기술과 산업 변화

1 과학기술의 중요성과 발달 과정

가. 지식과 기술의 중요성과 증가 속도

가) 지식과 기술의 중요성

21세기 지식기반사회에 접어들면서 부가가치 창출이 노동과 자본에서 지식과 정보로 전환된 경제체제로 바뀌었다. 한국의 지식과 기술 혁신이 경제 성장에 미친 영향이 1970년대에는 17.6퍼센트에서 2000년대에는 45.1퍼센트로 크게 증가하였다. 반면에 노동은 35.3퍼센트에서 23.2퍼센트로, 자본은 47.1퍼센트에서 31.7퍼센트로 감소하였다. 따라서 지식기반사회에서 경제 발전을 위해서는 지식과 정보를 수집, 가공, 창출, 활용, 관리할 수 있는 우수한 전문인력을 양성하기 위한 인재교육의 중요성을 아무리 강조하여도 지나치지 않을 것이다.

〈표 5-1〉 우리나라의 투입요소별 경제성장 기여도 추이

구분	1971~1980	1981~1990	1991~2000	2001~2006
실질성장률	6.99(100%)	8.37(100%)	5.90(100%)	4.52(100%)
노동	2.47(35.3%)	1.95(23.3%)	1.10(18.6%)	1.05(23.2%)
자본	3.29(47.1%)	3.08(36.8%)	2.75(47.0%)	1.43(31.7%)
총요소생산성	1.23(17.6%)	3.34(39.9%)	2.05(34.8%)	2.04(45.1%)

출처: 과학기술정책연구원. (2007). 연구개발투자의 경제성장 기여도 국제 비교.

정부는 그동안 고도의 전문화된 인력 특히 우수 과학기술 인력 양성과 연구를 위해 나름대로 최선의 노력을 해왔다. 그 결과 스위스의 국제경영개발원(IMD)이 평가한 한국의 과학기술경쟁력이 과학은 2001년 14위에서 2010년 4위로 높아졌고, 기술은 21위에서 18위로 상승하였다. 연구개발 인력은 경제활동 인구 천 명당 상근연구원 수 9.7명으로 세계 7위이며, 기술 수준은 최고산업기술 보유국을 100점 만점 기준으로 하였을 때, 76.8점으로 세계 6.2위이고, 기술 격차는 5년 정도이다. 연구개발투자는 국내총생산(GDP)대비 3.47퍼센트로 세계 3위이고, 전체 국가 연구개발투자의 63.5퍼센트를 6T IT, BT, NT ,ET, CT, ST 분야에 투자하고 있다.

〈표 5-2〉 우리나라 산업기술수준

국가	산업기술수준
한국	76.8
미국	93.9
일본	90.8
유럽	88.1
중국	61.1

출처: 한국산업기술평가원. (2006). 2006 산업기술수준 조사·분석.

나) 지식과 기술의 증가 속도

우리는 지금 지식과 기술이 폭발하는 시대에 살고 있다. 2000년대에 접어든 후 지식과 기술은 2~3년을 주기로 2배씩 늘어나고 있다. 이로 인해 실용 지식과 기술의 수명도 빠르게 단축되고 있다.

2000년대에 접어들기 직전에 미국 포드(Ford) 자동차회사의 기술 담당 이사는 공학사 학위를 취득한 엔지니어를 대상으로 한 신입사원 오리엔테이션에서 다음과 같은 말을 하였다.

“여러분은 열심히 공부해서 공학사 학위를 취득하고 우리 회사에 입사하였는데 공학사 학위의 유효기간을 얼마로 하면 좋겠습니까? 여러분! 오늘 아침 식사를 하면서 팩에 든 우유를 마시고 온 분도 있을 것입니다. 그 팩에 든 우유는 일정 기간이 지나면 변질되어 마실 수가 없게 됩니다. 마찬가지로 여러분이 열심히 공부하고 고생해서 취득한 공학사 학위도 지식과 기술이 너무 빠르게 변화하고 있기 때문에 일정 기간이 지나면 쓸모가 없게 됩니다. 그렇기 때문에 우리 회사에서는 공학사 학위 유효기간을 2년으로 하고 있습니다. 다른 예를 들어 말씀드린다면, 현재 공과대학에 재학 중인 학생이 1학년 때 배운 전공 지식과 기술은 3~4학년이 되면 낡은 것이 되어 별로 쓸모가 없어진다는 것이지요.”1)

이런 현상은 단순히 엔지니어에게만 국한된 것이 아니다. 의료계, 법조계도 마찬가지다. 전례, 관례 찾기 등 반복적인 것들은 기계화, 자동화되어가고 있다. 이로 인해 현장 근로자들은 2~3년 단위로 새로운 지식과 기술을 배우지 않으면 안 되는 평생학습 시대가 왔다.

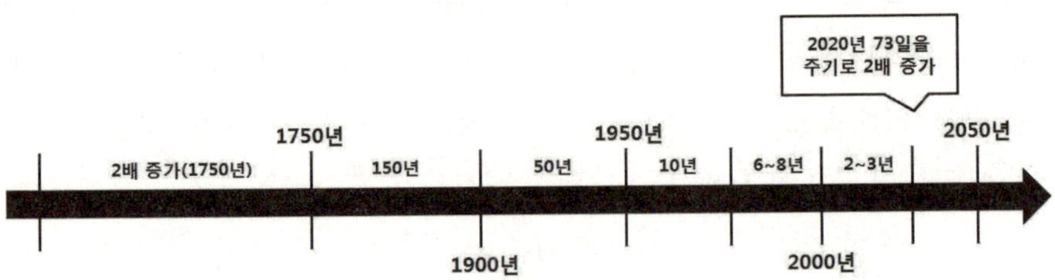

[그림 5-1] 지식이 2배로 증가하는 주기

출처: 이무근. (2011). 미래사회 변화가 RHRD에 주는 시사점. 한국지역인적자원개발학회 기조강연. p .22.

그것뿐만이 아니다. 10년 후에는 현재 지식근로자들이 가지고 있는 지식의 대부분을 인공지능 컴퓨터가 해결해주게 된다. 오늘날 인공지능의 발달은 상당히 빠르게 진행되고 있다. 세계의 투자 시장에서 40퍼센트 이상을 인공지능이 관리하고 있으며 사람을 대신해서 그림을 그리는 인공지능, 스스로 글을 써서 문단에 데뷔한 인공지능도 등장했다. '아론'이라는 이름을 가진 인공지능이 그린 그림이 옥션에서 판매가 되었는데, 그림만 봐서는 사람이 그렸는지 인공지능 컴퓨터가 그렸는지 구별하기 어렵다. 또한 '부루투수'라는 인공지능은 '배신'이라는 소설을 써서 문단에 등단했다.

향후 20년 동안에는 연산 컴퓨터, 인공지능 컴퓨터, 로봇 등의 기술이 획기적으로 발전하면서 인간의 근력(筋力)과 두뇌를 자동화하는 시기가 될 것이다. 우리는 이미 산업시대부터 인간의 근력을 자동화하면서 경제를 발전시켜왔다. 그런 기계들이 공장에서 하나씩 들어올 때마다 인간이 근력을 써서 하던 일들이 기계적 로봇들로 대체되어 왔다. 이런 현상을 인간 근력의 자동화라고 한다. 그에 따라 인간이 근력을 사용해서 할 수 있는 일자리는 하나씩 없어져갔다. 미래에는 이런 현상이 더욱더 빠르게 전 산업 영역으로 확산될 것이다. 3~5년 후면 인간처럼 움직이는 로봇이 판매된다. 인간처럼 움직이는 로봇의 생산은 노동시장에 커다란 파장을 불러올 것이다. 움직이지 못하는 기계적 로봇들이 산업현장에 들어오면서도 일자리의 변화가 심하게 일어났는데, 이제는 로봇들이 여기저기 움직이면서 사람이 하는 일들을 빼앗아 가는 시대가 된다고 생각해보자. 나보다 힘이 세고, 정교하고, 지치지 않는 로봇이 공장에만 있는 것이 아니라, 아침이면 당신의 집에서, 출근하면 회사에서, 퇴근하면 회식 자리에서 그리고 다시 당신의 집으로 따라다니며 일을 하게 된다. 최근 일본에서는 라면을 끓이는 로봇이 나와서 화제가 되고 있다. 매우 맛있게 끓여낼 뿐 아니라 손님을 지루하지 않게 인사와 농담, 접시돌리기 등 엔터테인먼트 기능까지 척척 해내 인기를 끌고 있다.[2)]

나. 과학기술의 발달 양상

전문가들에 의하면, 지금 우리는 기술의 발달이 기하급수적으로 증가하기 시작하는 '곡선의 무릎(tipping point)'에 진입했다고 한다. 지난 100년간의 기술 발달은 인류 역사 전체 시기의 기술 발달을 뛰어넘는 수준으로 진보했다. 하지만 미래사회의 기술 진보 속도는 지난 100년의 기술 발달 속도를 능가할 것이라는 것이 대체적인 의견이다. 지금의 발달 속도를 감안한다면, 지난 20세기의 100년 동안 이루었던 모든 것을 앞으로는 단 20년 만에 이룰 수 있고, 또한 그만큼의 발전을 다시 14년 만에, 그 다음에는 7년 만에 해낼 수 있다. 즉, 2020년, 2034년, 2041년이면 지난 20세기의 100년 동안 일어났던 폭의 변화가 3번 정도 다시 일어날 정도로 기술이 발달한다는 말이다. 따라서 2041년이 되면 우리가 생활로 체감하는 심리적 나이는 자신의 생물학적 나이에 300살을 추가해야 한다. 이는 우리 조상들이 5세대(고손자)를 산 것과 같은 기적을 우리가 사는 동안 체험하게 되는 셈이다. 그것도 먼 미래가 아니라 단지 지금부터 30년 후까지 벌어질 일일 뿐이다. 그 이후로도 우리는 다시 몇 세대를 더 사는 효과를 목격하게 될 것이다.

기술 발달이 빠른 속도로 변화하고 있는 예를 들면, 1990년 인간 게놈 프로젝트에 대한 계획이 발표되면서 많은 사람들은 100년 이상 걸릴 것으로 예상했지만 13년 만에 성공하였다. 인류를 괴롭혔던 HIV 바이러스의 염기 서열을 분석하는 데 15년이 걸렸지만, 2008년 전 세계를 강타한 SARS 바이러스의 서열 분석에는 불과 31일밖에 걸리지 않았다.

특히 더욱더 빨라지고 있는 네트워크 속도와 점점 더 현실을 쏙 빼닮아가는 입체기술, 3D기술, 가상현실 기술을 활용하여 빠르게 발전하는 인터넷이 앞으로 노동시장에 큰 충격을 줄 것으로 예상된다. 이미 전 세계 1,700만 명의 사용자를 확보하고 있는 3D 가상현실 커뮤니티인 세컨드라이프와 같은 공간에서는 아주 저렴한 비용으로 멀리 외국까지 가지 않고도 다양한 업무를 진행할 수 있는 환경이 마련되고 있다. 지금까지 이메일이나 홈페이지, 사내인트라넷은

회사 내 업무의 보조역할에 불과했다. 하지만 지금 등장하고 있는 3D 가상현실 기술을 활용한 다양한 커뮤니티 플랫폼들은 업무의 보조역할 수준을 넘어설 것이다. 때문에 이를 잘 활용하느냐 못 하느냐는 앞으로 여러분 직업의 생존 여부를 결정하는 중요한 요소가 될 것이다. 예를 들어, 세컨드라이프를 활용하면 생명공학 회사들처럼 많은 비용을 지불하면서 연구실을 얻고 실험을 하는 회사들의 경우 엄청난 비용을 절감할 수 있다. 가상공간이 점점 현실과 똑같이 구현되기 때문에 지금도 가상공간에서 아주 쉽고 저렴하게 과학 실험이나 신제품 개발과 관련된 시뮬레이션을 전 세계에 흩어져 있는 연구원들과 동시에 해볼 수 있게 되었기 때문이다. 이는 실험의 위험성이나 비용, 그리고 한 가지 실험을 위해 많은 이들이 함께 동일한 연구실에서 모이는 데 필요한 시간을 획기적으로 줄여주는 효과가 있다. 동시에 이제는 굳이 한국에서만 유능한 사람을 구할 필요가 없다. 물론 외국에 있는 인재를 한국에 데려올 필요도 없다. 가상공간을 잘 활용하기만 하면 전 세계적으로 같은 관심사를 갖고 있는 사람들을 아주 적은 비용으로 한 자리에 모이게 해서 공동연구 프로젝트를 수행할 수도 있기 때문이다.

이런 기술의 발달은 일하는 방식을 혁신하게 한다. 과거에는 수십 명, 수백 명의 사람들을 동원해서 몇 년에서 수십 년 동안에 걸쳐 해야 했던 일들을 앞으로는 단 며칠이나 몇 시간 안에 할 수 있게 된다. 따라서 이제는 어떤 일을 할 때, 예전처럼 많은 사람들이 필요 없게 되었다. 필요 없게 되는 사람은 우리들 자신이 될 수도 있다. 여기에 아웃소싱이 확대되고, 해외에서 저렴한 외국인 노동력이 투입되는 상황이 겹쳐지면 우리들의 설 자리는 더욱 좁아진다. 이제까지는 더 크게 성공하고 싶어서 변화하고 혁신했지만 앞으로는 변화하지 않으면 직장을 잃든지 혹은 지금보다 더욱더 적은 월급을 받으며 노동력을 제공해야 하는 시대가 시작되었다.[3)]

2 패러다임의 변화

가. 패러다임 변화 과정

미국의 과학사학자이자 철학자인 토마스 쿤(Thomas Kuhn)은 1962년 '과학혁명의 구조'라는 그의 저서에서 '패러다임(paradigm)'이라는 용어를 처음 제시했다. 패러다임은 '사례, 실례' 등을 뜻하는 그리스어에서 빌려온 개념이다. 쿤에 의하면, 패러다임이란 한 세대를 지배하는 이론, 관습, 사고, 관념, 가치관 등이 결합된 총체적인 표준적 틀 또는 모범적인 틀'이라고 정의하였다. 그리고 이런 패러다임의 변화를 가져오는 중요한 동력으로 과학혁명을 언급했다. 패러다임의 형성과 전환에는 일정한 사이클이 있다. 즉, 하나의 패러다임이 존재할 때, 필연적으로 기존의 패러다임에서 나타나는 갖가지 문제점들을 해결하기 위해 과학자들은 계속 연구 활동을 하게 된다. 그리고 일정 시간이 지나면서 과학적, 기술적 성과들이 누적되고, 그러다 보면 기존의 패러다임이 차츰 부정되며, 경쟁적인 새로운 패러다임이 나타나는 환경이 마련된다. 그러다 결국 과학적, 기술적 혁명이 일어나면서 한 시대를 지배하던 패러다임은 힘을 잃게 되고, 경쟁관계에 있던 패러다임이 새로운 패러다임으로 자리를 대신한다. 그리고 이런 사이클은 지속적으로 되풀이된다.

패러다임의 변화를 분석하는 유용한 방법의 하나는 과학과 기술의 발전을 따라 추적해가는 방법이다. 역사를 보면 패러다임의 변화를 촉진시키는 결정적인 기술적 과학적 혁명이 있었고, 이런 혁명이 결국은 경제, 사회, 환경, 심리 등의 변화를 더욱더 촉진시키면서 새로운 패러다임으로의 전환을 이끌어내고 있다.

지금까지 인류 역사에 세 개의 커다란 패러다임이 있었다. 첫 번째는 농경사회의 곡물 경작 기술 개발을 시작으로 곡물대량 생산 능력과 문화 창조 능력을 이룬 농업 혁명이다. 두 번째는 말 50마리가 할 수 있는 일을 증기기관 하나로 가능하게 하는 혁명적 기술 개발을 효시로 기계적 로봇과 인간 노동력의 효과적인 조화를 통한 상품의 대량 생산능력과 기계적 로봇을 작동하게 만드는 산업 기술 혁명이다. 세 번째는 컴퓨터의 발명으로 연산적 컴퓨터 기술을 활용한 인간 근력의 자동화와 정보화를 통한 정보기반 사회의 구축을 이룬 정보통신 기술혁명이라 할 수 있다. 정보통신기술사회라는 새로운 패러다임에서는 점점 빠르게 발전하는 정보처리 기술과 정보연산 기술을 극대화해서 지식을 창출, 관리, 거래하는 능력을 효과적으로 잘 사용하는 것이 중요하다. 특히 정보통신기술사회는 모든 것이 너무 빠른 속도로 변하기 때문에 '상품의 소유'는 더 이상 능력이 아니라 불편한 것일 뿐이다. 누가 가장 빠르게 새로움에 '접속'할 수 있느냐가 능력인 시대가 되어가고 있다.

나. 패러다임의 미래 변화 전망

미래학자들은 미래사회는 새로운 패러다임으로 후기정보화사회 드림 소사이어티: dream society, 환상사회(fantastic society), 영성사회(spiritual society)를 순차적으로 맞이할 것이라고 예측하고 있다.

가) 후기정보화사회(드림 소사이어티: dream society)

인간 두뇌의 자동화를 지향하는 후기정보화사회는 드림 소사이어티라고도 부른다. 후기정보화사회는 기술이 더욱더 크게 진보를 해서 인공지능 컴퓨터, 인공지능 로봇, 인간적 로봇 등이 출현하여 인간과 로봇이 결합하는 시대가 될 것으로 예측한다. 특히 빠르게 진보하고 있는 인공지능 기술은 정보화를 뛰어넘어 '자동적'인 지식 창출, 관리, 거래를 가능하게 할 것이다. 현재 일본의 '아시모(Asimo)'라는 로봇은 시속 8km로 뛰는 것이 가능하고, 몸이 불편한 노인을 수발하고 손님이 오면 음료수를 서비스하고 집안의 잡다한 일을 대신한다. 또한 입기만 하면 인간 근력이 100배의 힘을 발휘하게 만드는 '입는 로봇'이 개발되기도 하였다.

후기정보화사회는 빠른 속도로 인간의 능력을 기계와 인공지능 컴퓨터로 대체시킬 것이기 때문에 인간에게 요구되는 차별적인 능력은 '감성(따뜻함)'이라는 키워드에 집중할 것이다. 때문에 후기정보화 시대에는 인간의 감성을 개발하고 디자인하고 경영하는 능력인 '감성 디자인 능력'이 새로운 부의 조건, 성공의 조건으로 부가될 것이다. 감성 디자인 능력이란 사람들이 미처 발견하지 못한 행복의 느낌을 새롭게 디자인하거나 향상시켜 전달하는 능력과 이를 지속 가능하도록 경영해주는 능력을 의미하는데, 특히 스토리 소리 스토리, 영상 스토리, 음악 스토리, 텍스트 스토리 등의 방식을 사용해서 전달할 때 가장 큰 효과를 가져올 수 있다.

나) 환상사회

앞으로 약 20년 후가 되면 인류의 역사를 바꿀만한 환상적 기술들이 IT, BT, NT, ET, CT, ST 그리고 이들 분야의 융·복합을 통한 기술 등에서 혁명적으로 일어날 것으로 보인다.

인간의 생명은 100세 이상으로 연장되고, 다양한 의학적, 과학적 기술을 통해 인간을 괴롭혔던 질병이 정복되며, 양자역학 기술의 발달로 인간이 물질세계를 완벽하게 지배하는 사회가 시작될 것이다. 또한 화석에너지로부터 해방되어 새로운 녹색에너지의 시대가 완성되며, 다양한 나노 기술과 바이오 기술의 혜택을 통해 기본적인 가난과 굶주림의 문제도 해결되고, 자연과 우주와 인간이 연결되는 놀랍고 환상적인 사회가 도래할 것이다.

이와 같은 환상사회 패러다임에서는 물질적인 기본 욕구들 대부분이 쉽게 채워질 수 있는 기틀이 마련되기 때문에 개인은 '꿈과 가치를 갈망하는 시대'로 진입하게 된다. 그렇지만 비물질사회와 물질사회가 심하게 경쟁하며 갈등하는 시대로 들어가게 된다. 즉, 기술적 경제적으로는 환상적인 사회이지만 영적, 심리적으로는 심한 갈등이 시작되는 시대가 된다.

다) 영성사회

환상적 사회에서는 급격한 변화로 인해 기존의 요구와 새로운 요구 사이에 충돌을 일으키며 인간에게 극심한 스트레스를 준다. 새로운 환경, 새로운 직업, 새로운 동료, 새로운 가족, 새로운 능력을 빈번히 요구받음에 따라 사람들은 새로운 정신적 구심점을 찾으려는 욕구를 강하게 느낀다. 그리하여 영적인 최적화를 목표로 하는 새로운 패러다임이 등장하는데 이것이 바로 영성사회(spiritual society)이다.

영성사회에서는 사람들이 기본적인 의식주 문제를 걱정할 필요가 없게 되고, 발전된 과학과 기술을 통해 자신들이 하고 싶은 목표와 꿈을 이룰 수 있는 기반이 제공되는 환경 가운데 있게 된다. 결국 인간은 무언가 특정한 대상에 영적으로 몰입하는 단계로 진입하게 되는데, 그것은 종교가 될 수도 있고, 물질적인 것일 수도 있고, 신비적인 현상일 수도 있고, 거짓된 사이비 이단일 수도 있다. 특히 영성사회에서는 영적, 정신적 문제를 치유하고자 하는 요구가 상당히 높아질 것이므로 영적 존재가치를 디자인하는 능력이나 심리과학(mental technology) 등이 중요한 역할을 할 것으로 예측된다. 그리고 사회의 권력이나 영향력을 좌우하는 힘이 사회적 가치에서 영성 권력으로 이동하게 될 것이다. 또한 교육현장에서도 인간의 지식과 정보의 수준과 양이 극대화됨으로써 단순한 정보의 전달이나 창의적 정보 생산보다는 영적, 존재적 가치를 전하거나 논의하는 수준의 정보 이동이 빈번하게 일어날 것으로 예측된다.[4)]

3 미래 패러다임을 주도할 주요 기술과 산업

가. 정보기술(IT)

정보기술 Information technology: IT은 모든 기술의 신경 조직과 같은 중요한 기능을 하고, 가장 빠른 속도로 변화하고 있는 기술 분야의 하나다. 그러므로 새로운 기술을 끊임없이 개발하고 사업을 혁신하지 않으면 곧바로 도태되고 만다.

IT 분야는 향후 10년 이내에 제2차 혁신이 일어날 것으로 전망하고 있다. 컴퓨터의 연산 기능은 실리콘의 시대를 끝내고 나노기술과 바이오기술을 활용한 새로운 진화를 시작하였다. 앞으로는 IT산업에서 전문가의 위치에 올라서려면 단순하게 전자공학이나 컴퓨터 프로그래밍만을 잘해서는 안 된다. 다양한 분야에서 제2의 진화를 이끌고 있는 나노기술, 바이오기술, 로봇기술, 인공지능 기술 등에 대한 지식도 어느 정도는 갖추어야 한다. 현재의 컴퓨터 연산 능력은 쥐 1마리의 두뇌 수준에 불과하지만, 이런 기술들이 복합적으로 적용될 2025년이 되면 한 사람 정도의 두뇌 기능을 수행할 수 있게 될 것이다. 나아가 2050년이 되면 지구상에 존재하는 90억 명의 뇌 기능을 합친 정도의 연산 능력을 가질 수 있게 될 것이다.

네트워크 통신망은 더욱더 복잡해지고 넓게 확산될 것이다. 2015년이 되면 15억 명 이상이 온라인 세상에 접속하게 되고, 수천억 개가 넘는 모래알 크기의 RFID Radio Frequency IDentification:전파를 이용해서 먼 거리에서 정보를 인식하는 기술 장치가 세상을 빈틈없이 도배할 것이다. 이를 통해서 사람과 사람, 사람과 사물, 사물과 사물이 서로 정보를 주고받게 될 것이다. 이런 무선 통신장치들이 2020년경이면 생체인식 장치와 더불어 2,300억 달러의 시장을 형성할 것이라고 예측한다.[5)6)]

가상세계와 현실세계의 경계가 파괴되는 변화가 시작되었다. 이미 상용화되었거나 빠른 속도로 개발이 진행되고 있는 스마트 모바일, 위치 추적 기술, 인공지능, 가상현실(virtual reality), 클라우드컴퓨팅 기술, 유비쿼터스 기술 등이 급속히 융합되면서 향후 10년 이내에 현실이 가상으로 흡수되고 가상이 현실로 탈출하는 상황, 가상과 현실의 경계가 사실상 무너지는 새로운 환경이 조성될 것이다.

최초의 가상공간은 텍스트(text)로만 구성된 세계, 즉 텍스트 속에만 존재하는 세계였다. 그 후 가상세계는 이미지(image)라는 옷이 입혀지면서 날개를 달기 시작했다. 글자와 이미지로 구성된 가상세계는 현실 세계의 사람들을 기하급수적인 속도로 흡수했다. 이 과정에서 물리적으로 존재하지 않는 가상의 상품과 가상의 서비스를 판매하는 수많은 가상기업들이 새롭게 등장했다.

얼마 지나지 않아 정지된 가상공간은 곧 움직이는 3D 가상공간으로 진화를 거듭했다. 이러한 변화는 게임영역에서 가장 먼저 시작되었다. 글자와 이미지로만 구성된 기존의 정적이고 평면적인 가상공간이 입체적이고 움직이는 3D 가상공간으로 진화하자 엄청난 변화가 이루어졌다. 자신의 분신인 아바타를 통해 마음껏 달리고 날아다닐 수 있는 공간, 2D보다 더 강력한 감정이입이 이루어지는 공간은 사람들에게 새로운 가상세상의 무한한 가능성을 알려주었다.

3D 가상공간에서는 수많은 기업들이 사원들을 교육하고, 함께 모여 연구를 하고, 고비용의 위험한 실험들을 얼마든지 시뮬레이션 하는 등 믿기지 않는 일들이 발생했다. 이제 사람들은 3D 가상공간에서 자기의 분신이 되어 영원히 살 수 있는 아바타를 만들고 자기만의 독특한 가상 자동차를 타고 다니며 심지어 가상비행기를 타고 무한한 가상공간을 마음껏 날아다닐 수 있게 되었다. 현실세계에서 보다 더 많은 돈을 벌 수 있게 된 것은 물론이다. 멋진 호수가 딸린 아름다운 별장을 지어 팔 수도 있다. 이렇게 가상공간에 대한 기술은 끊임없이 개발되어 우리들의 생활에 큰 변화를 줄 것이다.[7)]

나. 바이오기술(BT)

바이오기술 bio-technology: BT, 생명공학이란 생명에 대한 과학적 지식을 의료, 식량, 환경, 농수산업 등 각 분야에 응용하는 기술이다. 우리들에게는 줄기세포기술로 잘 알려져 있다. 이 바이오산업은 21세기 고부가가치 창출을 하는데 큰 역할을 차지할 핵심 산업 중의 하나이다. 바이오산업은 몸 안의 우주 전쟁이라는 말로 표현되기도 한다. 이 전쟁은 2015년경 본격화될 전망이다. 체세포복제, 유전자분석, DNA 합성기술 등 몸속 우주에 대한 신비가 하나씩 밝혀지면서, 앞에서 논의된 IT 기술, 스마트 혁명과 함께 활발하게 발전될 산업분야이다.

한국의 DNA합성기술은 세계적인 수준에 도달한 상태이다. DNA기술은 매년 유전자 정보의 양이 2배씩 늘고 있는 추세라 반도체기술보다 빠르게 발전하고 있다. 전문가들은 이러한 추세라면 앞으로 10년 후가 되면 100만 종 이상의 생명체에 대한 유전자 염기서열 정보를 축적할 수 있게 된다고 한다. 그렇게 되면 지구상 거의 모든 생물체 DNA의 정보를 유전자 데이터베이스에서 검색할 수 있는 환경이 마련된다고 한다.

이는 곧 유전자 설계를 기반으로 하는 인공생명체를 만드는 첨단산업의 출현을 의미하기도 한다. 지금까지는 전혀 없었던 새롭고 막대한 규모의 미래형 신산업이 또 출현하는 것이다. 특히 유전자산업과 바이오산업 등은 전 세계의 선진 국가들에서 일어나고 있는 고령화현상과 맞물려 엄청난 수요를 발생시킬 것으로 예측된다.

물론 인공복제, 줄기세포, 맞춤형 유전자 조작 및 맞춤형 아기 등 윤리적 논란이 가장 많은 영역이 바로 이 부분이기도 하다. 이는 인간의 생명을 다루는 영역이니만큼 우리가 가장 깊게 고민해야 하는 문제이기도 하다.

한국에서도 줄기세포나 바이오기술은 상당부분 연구가 진행되고 있다. 2009년 한국 연구팀이 세계에서 4번째로 유전자 게놈 지도를 분석했다. 그 당시 총책임자는 현재의 기술에 의거하면 일반인들도 100만 원 정도의 비용으로 자신의 유전자 분석지도를 가질 수 있는 시대가 5년 안에 도래할 것이라고 예측했다.

유전자 지도를 분석하면 현재 인간이 걸릴 수 있는 6,000가지 질병에 접근할 수 있기 때문에 이 부분의 성과는 미래의 비즈니스와 연관해서 아주 중요하다. 분석된 유전자를 기반으로 병에 걸리지 않도록 하는 획기적인 계기를 마련할 수 있다.

아마도 이 기술 비용이 5년 후에 100만 원 정도가 되면, 국가나 보험회사가 의무적으로 가입하라고 할 것이다. 보험회사 입장에서도 질병이 발생할 때 드는 돈보다 예방에 드는 돈이 훨씬 적기 때문이다. 조만간 이러한 가능성을 활용한 의학비즈니스가 생겨날 것이고, 사이보그기술 등과 합하여 새로운 스타일의 의료관광산업을 태동시킬 수도 있다. 의료관광산업도 2012년이면 1,000억 달러(약 120조 원)를 넘어서는 차세대 미래 산업군에 속할 전망이다.

의료 분야에서는 화상기술을 활용한 원격진료라는 새로운 비즈니스 분야가 시작될 것이다.

향후 5년 이내에 3D 입체 화상 진료 기계가 등장하면 병원에 가지 않고도 자신의 집이나 아파트 주민 센터 등에서 환자의 장기 내부 영상을 3차원으로 전송할 수 있게 된다. 게다가 희귀하고 어려운 수술이나 질병을 두고 세계 정상급 의료진들이 화상으로 진료하거나 시술할 수 있는 날이 멀지 않았다. 또한 인공지능 컴퓨터를 통한 처방 시스템도 발달할 것이다. 이미 영국에서는 캡슐(capsule)이라는 처방 조언 프로그램이 사용되고 있는데, 임상시험 결과 의사 홀로 내린 처방보다 70퍼센트가 더 정확하다는 결과가 나왔다. 결국 미래는 의사가 이런 기술의 보조를 받아 진료나 치료를 할 것이다. 또한 향후 10~20년 이내에 사람에게 마이크로 칩을 삽입하는 기술이나 줄기세포를 활용해 장기를 바꿔 끼워주는 기술이 완성될 것이다. 생명공학자들은 이미 6주에서 8주 된 태아의 원시 세포를 쥐에 이식하여 크기는 작지만 완벽한 인간의 신장을 만드는 데 성공했다. 현재의 생명공학 기술은 이론상 원하는 스타일의 아기를 만들어낼 수 있는 수준까지 와 있다. 이런 기술은 전 세계적으로 엄청난 규모의 의료 비즈니스를 창출해낼 것이다. 물론 유전자 검사를 치료에 이용하는 유전자 의료 서비스나 유전자 제약 시장도 폭발적인 성장을 이룰 것이다. 아마도 생명공학이 인류에 미칠 영향은 디지털 혁명이 미칠 영향보다 몇 배나 더 클 것이다. 디지털 혁명은 인류의 삶의 방식을 좀 더 편리하게 바꾸어주는 것과 관련이 있지만, 생명공학은 생명 자체의 존재 방식을 바꾸는 것이기 때문이다. 당연히 시장도 더 클 것이다. 지금도 선진국은 의료 부문에 GDP의 20퍼센트 내외를 사용하고 있다. 유전자 기술은 기업에서 보안이나 인재를 선별할 때도 쓰일 것이기 때문에 단순하게 의료산업의 성장만으로 국한시키면 안 된다. 그리고 2035년이면 인류는 의학기술, 바이오기술, 사이보그기술의 덕택으로 평균 수명 100세의 시대를 열 것으로 예측된다.[8)]

바이오기술은 의료뿐만 아니라 식량 및 농수산업 및 환경 개선을 위해서도 적극 활용되고 있다. 한국은 1970년대 일찍이 식량부족으로 어려움을 겪고 있을 때 통일벼 품종개량으로 쌀 자급을 이룰 수 있었다. 지금도 유전 공학을 통한 품종 개량으로 각종 작물과 채소, 동물 및 수산물의 생산 증대와 질 개선에 기여하고 있다. 현재 미국, 아르헨티나, 브라질 등에서 재배되고 있는 콩과 옥수수의 80~90퍼센트가 유전자 변형(GM) 작물이다. 또한 각종 작물과 가축에 발생하는 각종 질병의 병원균의 DNA을 찾아냄으로써 성공적인 병 방제와 저항성 품종 개발을 하기도 한다.

한편 쌀, 밀, 옥수수, 고구마, 콩 등의 주식 곡물에 생합성 영양(Biofortification)을 시도하고 있다. 생합성 영양이란 생명공학을 이용하여 식량의·비타민과 미네랄 함량 및 생물학적 기능성을 증가시키는 방법이다. 이를 통하여 기존의 쌀이 지니고 있는 성분 외에 비타민과 미네랄을 추가함으로써 쌀의 영양가를 높일 수 있다.[9)10)]

다. 나노기술(NT)

나노기술 Nano Technology: NT이란 10^{-9}m 단위의 미세한 원자나 분자를 조작하여 특성과 기능이 대폭 향상된 새로운 물질을 창출해내는 기술로서, 소재, 장치 및 제조 분야에 대혁신을 가져오고 있는 핵심 기술 분야이다. 나노 단위라는 것은 머리카락 위에 수만 개의 나노 섬유를 올려놓을 수 있는 정도의 크기라고 보면 된다.

나노기술은 앞으로 나노로봇의 출현을 예고하고 있다. 적혈구보다 작은 치료용 나노로봇이 우리 몸속을 돌아다니면서 우리의 혈관 속에 쌓여 있는 콜레스테롤 찌꺼기나 독성 물질을 청소하는 날도 머지않았다. 또한 손상된 장기, 손상된 DNA를 수리하거나 몸에 침투한 나쁜 바이러스를 퇴치하게 될 것이다. 나노로봇이 인간의 뇌세포까지 침투할 수 있게 되면 치매, 파킨슨병 등의 치료뿐만 아니라 인간의 지적 능력까지도 크게 발전시킬 것이라고 보고 있다. 2020년대 말이 되면 나노로봇은 혈관뿐만 아니라 세포수준, 궁극적으로 뇌신경 세포에까지 들어갈 수 있을 것으로 전망하고 있다.

나노기술의 근간인 양자역학도 다양한 응용 산업을 창출할 것이다. 현대의 기술은 이미 물질이 기본 구성 요소인 원자를 조종하고 조작할 수 있는 능력을 가져다주었다. 예를 들어, 원자 크기의 약품은 바이오 기술과 더불어 의학의 혁명을 몰고 올 뿐만 아니라 만화에서나 가능했던 투명망토, 원격이동, 고갈되지 않는 청정에너지, 저렴한 우주여행 등 새로운 제품과 서비스를 가능하게 만든다. 이미 20세기 혁명을 대표하는 인터넷, 통신위성, 텔레비전, 라디오, 전자레인지, 생명공학도 양자역학 때문에 가능했던 기술이다. 하지만 21세기의 양자역학 응용기술은 우리를 더욱더 놀라게 하는 혁명적 기술을 양산해낼 것이다. 초전도체 기술을 응용해서 시속 580km까지 속도를 내는 자기부상열차, 투명망토를 만들어낼 수 있는 인공 원자 기술을 활용한 메타소재의 개발, 머리카락보다 수천 배 가늘지만 다이아몬드처럼 강한 탄소 나노튜브의 성질을 응용해서 만드는 부서지지 않는 자동차, 무너지지 않는 건물, 더욱더 가벼운 비행기, 달나라를 가는 우주 고속도로 등을 만들어낼 수 있다. 또한 양자역학은 플라즈마 효과를 내는 인공태양을 만드는 핵심 이론이기도 하다.11)

라. 로봇(Robot)

미래형 산업으로 눈여겨보아야 할 또 다른 분야의 하나는 로봇산업이다. 로봇산업은 5년 이내에 급속하게 성장할 것이고 10~20년 내에 자동차 산업을 능가하는 규모로 성장할 것이다. 향후 5년 이내에 걸어 다니는 로봇들이 각 가정에 보급되기 시작하고, 2020년 정도가 되면 지구촌 모든 가정의 30퍼센트 정도가 로봇을 소유하며, 2030년경이 되면 1가구 1로봇 시대가 될 것이다.

로봇산업은 크게 인간을 닮은 로봇인 휴머노이드(humanoid)산업, 로봇의 일부를 인간에게 접목하는 사이보그산업, 사람의 뇌를 닮은 인공지능산업 등 3가지로 나눈다. 이 3가지는 서로 경쟁하면서 기술발전을 이끌고, 인간의 삶을 더욱더 윤택하게 그리고 인간의 능력을 극대화하는 방향으로 발전할 것이다. 로봇이 인간의 능력을 극대화하는 쪽으로 발전하는 한 미래형 서비스 로봇산업은 상용화되기가 무섭게 IT산업처럼 급격한 성장을 이룰 것이다. 현재 로봇 분야에서는 일본과 미국, 유럽 등이 선두그룹을 유지하고 있으며, 한국은 세계 5위쯤 된다.

로봇은 단순히 움직이는 기계를 의미하지는 않는다. 미래의 로봇은 우리의 두뇌와 같은 역할을 하는 한편 몸속에서 질병도 치료하고, 인간생활을 직접적으로 지원하는 기능을 소프트웨어로 탑재하여 편리한 생활을 하도록 도와줄 것이다. 나아가 우리의 직업을 대체할 것이다.

단순, 반복, 표준화된 업무영역은 지속적으로 로봇이 대체해나갈 것이지만, 다른 한쪽에서는 로봇산업 그 자체나 로봇을 응용한 다양한 산업, 즉 로봇렌털사업, 로봇용 애플리케이션사업, 애완용로봇 판매사업, 로봇 손해보험사업 등이 새롭게 생겨날 것이다.

우리, 특히 미래의 진로와 취업 준비로 고민하고 있는 젊은이들은 여기에서 로봇이 하나의 인프라가 되어 다양한 파생산업이 생길 수 있다는 점에 관심을 가지고 로봇을 대상으로 한 미래의 직업 세계를 개척해볼 만도 하다.

로봇은 여러 면에서 우리에게 큰 도움을 주지만 때에 따라서는 부정적인 면이 나타날 수 있다. 지적인 일에 치중하고 로봇의 생활지원으로 신체활동이 둔화되면서 비만 인구가 늘어날 수도 있고, 대인 관계 접촉과 사회 활동 기회가 줄어들면서 정서불안과 정체성 혼란 야기 등이 나타날 수 있다.[12)13)]

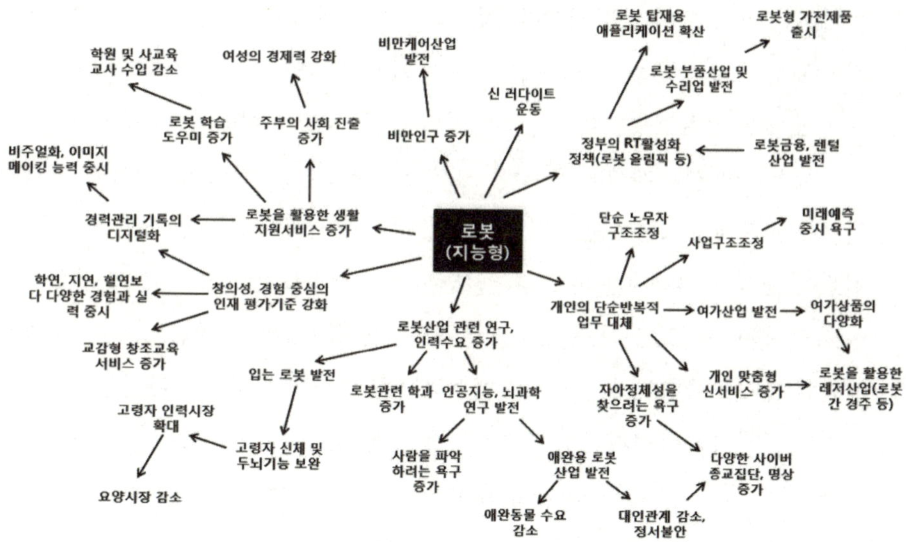

[그림 5-2] 로봇기술이 끌고 올 변화들

출처: 최윤식, 정우석. (2011). 10년 전쟁: 누가 비즈니스 패권을 차지할 것인가. 알키 p.181

마. 에너지 및 환경기술(ET)

ET는 에너지와 환경(energy & environment) 두 영역을 포함하는, 앞으로 더 연구하고 개발해야 할 중요한 분야이면서 발전 전망이 밝은 산업이라고 할 수 있다. 제2장에서 자원, 에너지, 기후 및 환경 변화를 논하면서 각종 자원과 에너지 자원 부족의 심각성, 각종 자원과 에너지를 사용하면서 발생되는 이산화탄소, 메탄가스, 이산화질소 등으로 인한 지구온난화가 빠르게 나타나 극심한 기후 변화와 환경오염이 이루어지고 있는 문제를 제기하였다. 급속한 기후 및 환경 변화는 개인과 사회와 국가는 물론 세계적으로도 막대한 인적·물적 손실을 주고 있고, 국가 간에 분쟁을 일으키고 있다.

에너지 부족 문제를 해결하기 위해서 원자력발전 확대와 이의 부작용 최소화에 대한 연구와 노력, 태양에너지 활용에 대한 다각적인 연구와 산업, 대체에너지로서의 풍력 개발, 사탕수수, 사탕무, 옥수수, 야자수, 콩, 해조류 등을 이용한 바이오에너지 개발, 그리고 수소 에너지 개발 등에 관한 연구와 산업이 추진되고 있다.

에너지를 절감하고 CO_2를 줄이기 위해서도 다각적인 노력이 전개되고 있다. 친환경 하이브리드카, 전기자동차, 수소연료자동차 개발, 같은 전기를 쓰면서도 더욱 밝은 조명등, 보온 또는 방한이 더욱 뛰어난 건설 기술 개발, CO_2 가스를 대기권으로 보내지 않고 지하 동굴이나 깊은 바다에 가두어두기 위한 저장기술, 고효율 저공해 석탄개발, 바이오 에너지 개발 등이 이루어지고 있다.

지구온난화와 환경오염 방제를 위해서는 전 세계가 함께 노력하고 있다. 이러한 노력은 CO_2의 배출을 억제하기 위해 1992년 브라질 리우에서 155개국이 모여 기후변화에 대해 서명함으로써 출발하였다. 그 후 1997년 일본 교토에서 협약국들이 CO_2 배출에 관한 새로운 협약을 맺었는데 이를 '교토의정서(Kyoto Protocol)'라 부른다. 그런데 의정서 내용은 국가 간의 이해관계로 제대로 이행되지 않고 있는 실정이다.

2010년 한국에서 개최되었던 G20 정상회담에서도 지구온난화 문제와 대책에 관한 주제가 주요 이슈로 다루어지기도 하였다. 한국의 경우도 지구온난화에 대처하기 위한 방안으로 녹색산업 활성화를 최우선 과제로 선정하여 정부 차원은 물론 산업계, 연구기관, 그리고 대학에서 녹색성장, 녹색산업, 녹색직업과 관련된 과제들을 적극 추진 중이다.[14)15)16)17)]

바. 문화기술(CT)

원광연 KAIST 문화기술대학원장은 1993년 일본 나고야에서 열린 세계도시산업학술대회에서 문화기술 Culture Technology: CT이란 용어를 제시하고 21세기를 끌어갈 새로운 중요 산업이라고 발표하였다. 따라서 CT란 한국에서 창안된 개념으로 그 의미도 남다르다고 할 수 있다. 우리 정부에서도 CT의 중요성이 인식되어 2000년대 초부터 문화산업에 더 적극적인 관심을 가지고 발전에 노력하고 있다.

CT에 관한 개념이나 대학에서 CT 관련 전공학과 개설 및 운영 체계, 또 이런 분야를 전공한 졸업생들이 사회에 진출하였을 때 종사할 수 있는 산업 분야나 직업 세계가 체계화되어 있지 않아 총장으로서 대학을 경영하는 데 혼돈이 있기도 하였다. 따라서 여기서는 문화기술에 관하여 학술적 관점과 산업적 관점에서 살펴보고 대학생에게 문화기술에 관한 이해를 증진시키고자 한다.

학술적 관점에서 CT를 살펴보면 과학기술, 인문사회, 그리고 문화예술의 체계적 접근과 융합이라고 정의할 수 있다. 따라서 CT는 요즘 자주 회자되고 있는 학문의 통섭 또는 융합의 대표적인 예라고 할 수 있다.

과학기술은 사회의 모양을 결정하는 가장 중요한 요소이다. 산업혁명 때도 그러했고, 현대도 마찬가지이다. 게다가 기술이 사회를 변화시키는 잠복기는 더욱더 짧아지고 있다. 한국의 모바일 문화와 온라인 문화를 보자. 이제 새로운 기술은 전체적이고 장기적인 영향에 대해 고민할 시간적 여유를 주지 않고 곧바로 여과 없이 사회의 주류가 되고 있다. 따라서 과학기술도 하나의 문화현상으로 보아야 한다. 더 나아가서, 현대사회에서 과학은 문화의 핵심이라고 볼 수 있다. 그렇다면 과학이라는 문화의 핵심을 예술이 다루어야 한다는 것은 당연한 귀결이 된다. 더군다나 과학기술은 우리의 생활 구석구석, 그리고 생명에까지도 직접적인 영향력을 미치고 있다. 생활과 생명에 관한 이슈는 바로 예술과 직결되어 있다. 따라서 예술가는 이러한 과학기술의 영향과 본질에 대해 이해하고 이를 심층 분석하지 않으면 안 된다. 이제 과학이 발전하면서 보다 근본적인 문제를 다루기 시작했다. 생명의 근원, 사고의 근원, 우주의 근원, 감정의 근원이 그것인데, 이는 바로 예술의 영역이다. 이런 학문적 연계성을 지닌 CT는 21세기 문화의 시대라는 전망과 함께 과학과 예술의 소통, 접목, 융합의 당위성과 필요성을 더욱더 부각시키고 있다.

산업적 관점에서 CT를 보면, CT의 핵심을 '문화산업의 발전을 위한 기술'로 보고 목적지향적인 관점에서 접근하게 된다. [그림 5-3]에서 보듯이 문화산업과 현 학문/기술 간에는 갭(gap)이 존재한다. 즉, 현대의 문화산업은 기술 의존도가 매우 높다. 따라서 현재의 기술만 가지고는 문화산업이 필요로 하는 기술을 바로 공급하는 것이 불가능한 상황에 이르렀다.

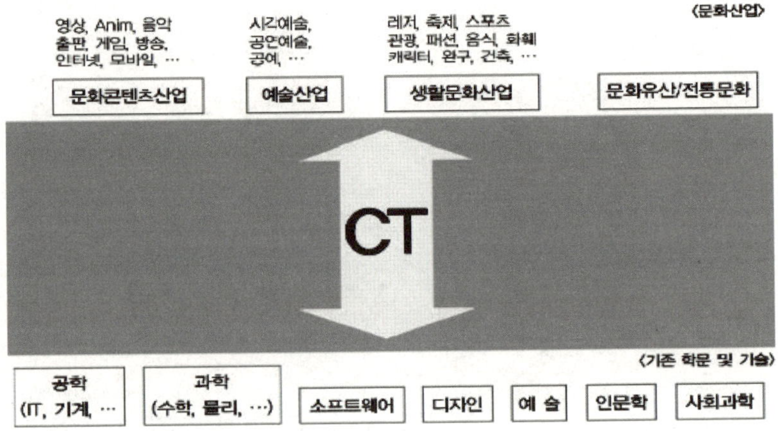

[그림 5-3] CT-Space: 문화산업과 기존 기술과의 갭

출처: 원광연. (2006). 과학기술과 문화예술의 연계와 융합. 한국과학기술한림원 제23회 한림과학기술포럼. 한국과학기술한림원. p.15.

이렇게 비어 있는 공간(CT-space)을 채우는 기술이 바로 CT이다. CT는 크게 응용기술과 기반기술로 나뉜다. 응용기술은 문화 산업의 특정 분야나 장르에 바로 활용할 수 있는, 즉 문화콘텐츠, 서비스, 제품 등의 제작이나 창작에 활용하는 기술이다. 그 예로 게임엔진 활용기술, 특수효과 기술, 캐릭터 디자인 기술 등을 들 수 있다. 반면에 기반기술은 특정 분야나 서비스에 직접 활용되지 않으나 문화산업 전반에 걸쳐 공동으로 필요로 하는 기술이다. 디지털음악, 디지털 스토리텔링, 체험기술 등이 이 범주에 속한다.

더 나아가서 CT는 [그림 5-4]와 같이 7개의 그룹으로 나눌 수 있다. 7개 그룹 가운데 4개 그룹은 각각 문화산업의 4개 장르에 직접적으로 활용되는 기술로서 정의되는 한편, 나머지 3개 그룹은 기반기술로서 정의된다. CT-Space에서 각 그룹이 차지하는 영역의 크기와 위치는 그 기술그룹의 상대적 중요도와 기술의 활용 영역 및 기술 상호 간의 연계성과 중첩성을 나타내고 있다.

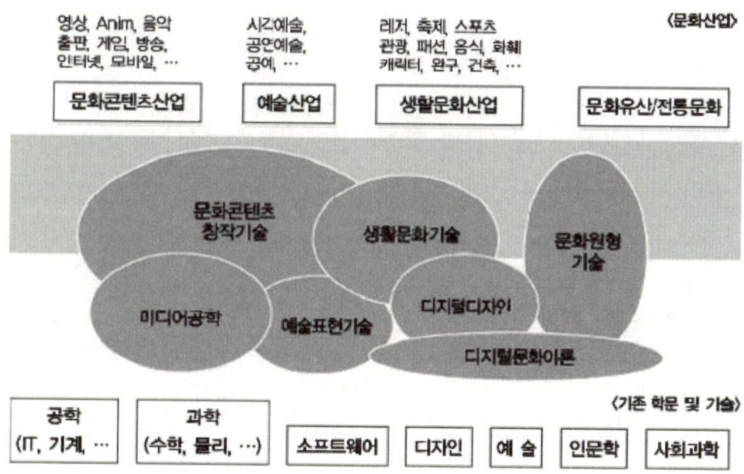

[그림 5-4] CT의 대분류

출처: 원광연. (2006). 과학기술과 문화예술의 연계와 융합. 한국과학기술한림원 제23회 한림과학기술포럼. 한국과학기술한림원. p.18.

가) 그룹 1. 문화콘텐츠 창작기술

문화콘텐츠 창작기술은 디지털 미디어를 기반으로 하는 각종 문화콘텐츠를 디자인, 제작, 유통 및 소비하는 데 필요로 하는 기술로 정의한다. 문화콘텐츠 창작기술은 CT의 7개 기술 가운데 가장 핵심이 되는 기술군으로서 영상, 인터랙티브 콘텐츠, 유비쿼터스 콘텐츠, 음악, 텍스트기반 콘텐츠 등 문화콘텐츠 장르별로 특화된 5개의 기술군과 콘텐츠 제작/경영, 콘텐츠 유통/보급 등 2개의 공통 기술군으로 세분화된다.

나) 그룹 2. 생활문화기술

생활문화기술은 일상의 삶(의·식·주)에 밀접하게 관련된 문화적 행위나 상품, 혹은 서비스를 촉진시키는 노하우 기술을 지칭한다. 디지털건축, 디지털 캐릭터 및 디지털완구 디자인, 전시기술 및 문화기획으로 구성된다.

다) 그룹 3. 문화원형기술

문화 공간 내에 존재하는 유형의 문화재와 문화주체의 경험과 기억 속에 존재하는 무형의 문화재를 디지털 기술을 통해 가시화된 원형으로 복원하는 기술로서 디지털화된 문화원형을 이용한 디지털 콘텐츠의 원천 생성과 그것을 이용하여 문화상품을 개발할 수 있도록 하는 기술로 구성된다.

라) 그룹 4. 예술표현기술

각종 예술 장르에서 예술가의 표현력을 극대화하거나 작품 제작의 효율성을 높이는 데 기여하는 기술로서, 음악, 공연 및 시각 예술을 위한 기술군으로 구성된다. 이공학의 기초과학에 해당된다고 할 수 있다

마) 그룹 5. 미디어공학

문화산업 전반에 적용되는 이공학적인 기반 기술을 미디어공학이라고 포괄적으로 정의할 수 있다. 미디어공학은 전자, 컴퓨터, 소프트웨어, 기계, 산업공학 등, 이공학 영역과의 인터페이스로 볼 수 있다. 미디어 공학은 미디어 생산기술 디지털 콘텐츠 자체를 생성하고 제어하는 기술과 미디어 제어 기술 미디어와 사람의 인터랙션을 위한 기술로 구성된다.

바) 그룹 6. 디지털디자인

디지털 미디어의 등장 및 보급으로 부상하게 된 새로운 형식의 디자인 기술로서 디지털 디자인 기술의 범위는 크게 세 가지, 즉 미디어 인터랙션 디자인 기술, 디지털 커뮤니케이션, 디자인 기술, 디지털 디자인 프로세스 및 방법론으로 나뉜다.

사) 그룹 7. 디지털문화이론

디지털 매체 및 문화산업에 대한 비판적 탐구를 통해서 변화하는 매체 환경을 올바르게 이해하고 그런 변화 문화에 주는 영향을 탐색하는 분야로서, 디지털 매체를 통하여 운영되는 예술행위에 대한 미학적 고찰 및 예술행위 창조를 촉진한다.

미래의 상품가치는 물질적 가치나 기능적 가치보다 감성적, 문화적 가치에 의해 정해지는 추세이다. 이러한 추세는 기술이 발전하면서 더욱 가속화될 것이다. 이렇듯 재화의 교환가치가 줄어들면서 문화적인 요소가 더욱 중요해진다면 문화산업이 타 산업의 인프라 역할을 할 것으로 예견된다. 이렇게 중요시되고 기대되는 미래의 문화산업의 특성은 글로벌화, 탈물질화, 유비쿼터스화, 첨단화, convergence/divergence화 5가지로 요약된다.

글로벌화란 IT 기술의 발달로 전 세계가 동일한 문화를 소비하고 있으며 그 추세는 더욱 가속화될 것을 의미한다. 탈물질화는 IT 기술의 발달로 과거의 '하드웨어' 중심의 문화산업에서 무형의 '콘텐츠' 중심의 문화산업으로 변환하고 있음을 뜻한다. 심지어 문화콘텐츠산업을 문화산업과 동일시하는 경향으로까지 발전하고 있는 추세다. 유비쿼터스화는 IT 기술이 유비쿼터스화되는 것과 마찬가지로 '문화', '문화상품' 또한 언제, 어디서나, 어떤 상황에서도, 다양한 형태로 우리 삶 깊숙이 스며드는 '문화의 유비쿼터스화'가 진척되고 있다는 것을 의미한다. 첨단화의 관점에서 보면 오늘날의 문화상품은 첨단과학기술, 특히 IT 기술의 결정체라고 볼 수 있다. 부가가치가 높은 문화상품 -영화, 방송, 게임 등-에 관한 한 IT 기술순위가 세계 시장에서의 순위임이 이를 대변해주고 있다. 또한 문화산업은 기술발전, 특히 IT 기술발전의 견인차 역할을 할 것이다. 20세기에서는 국방산업이 과학기술 발전을 주도해왔었는데 반해 21세기에는 문화산업이 그 역할의 상당부분을 떠맡을 것으로 예견된다. Convergence/Divergence화란 디지털기술의 발달로 문화콘텐츠가 디지털화됨에 따라 종래에는 이질적이었던 문화콘텐츠 장르 간에 컨버전스가 진행되는 것을 의미한다.

이에 따라 새로운 형태의 문화콘텐츠나 비즈니스 모델이 생겨나고 있다. 이와 동시에 하나의 소스로부터 다양한 콘텐츠가 제작되는 OSMU(one source multi use)의 경향도 증가하고 있고, 향후 문화산업에서 이러한 추세가 매우 중요한 산업적 의미를 지닐 것으로 예상된다.

이렇게 CT의 발전과 함께 한국에도 문화산업이 발전되고 있는데 일본, 중국, 태국을 비롯한 동남아는 물론 미국과 유럽에서도 일기 시작하고 있는 한류 열풍이 앞으로의 문화산업의 발전을 희망적으로 예견할 수 있게 하고 있다. 따라서 이런 분야에 적성과 소질이 있는 젊은이들은 어느 분야보다도 개척 정신을 가지고 도전해볼 수 있는 영역이라고 할 수 있다.[18)]

사. 우주항공기술(ST)

우주항공기술 space technology: ST은 기술의 종합 예술이라고 할 만큼 다양한 분야의 기술이 요구되는 분야이다. 우주항공기술은 미국 럼스필드보고서에서 '21세기는 우주를 지배하는 자가 세계를 지배한다.'고 하였고 일본의 과학기술학술심의회는 '일본을 먹여 살릴 꿈의 10대 기술 중 3개가 우주기술'이라고 강조할 만큼 중요한 기술 분야이다.

항공 우주 개발은 먹고 살기 위해, 삶의 질을 향상시키기 위해, 그리고 국제 경쟁에서 살아남기 위해 절대적으로 필요하고 미래의 발전 전망이 밝은 분야의 하나이다. 먹고 살기 위해 필요하다는 말은 우주항공기술이 극한 우주환경을 이용한 신소재, 신약품 개발 등 신산업을 육성하고 초정밀 가공/조립의 첨단기술을 확보하며, 고급두뇌 및 숙련인력 고용창출을 하게 하는 고부가가치 미래 산업이라는 뜻이다. 삶의 질 향상을 위해서라는 말은 위성통신, 지구관측, GPS 등을 공공 활용하여 대국민 공공서비스에 기여할 수 있다는 것이다. 살아남기 위해서라는 말은 우주항공기술을 개발함으로써 '미래는 우주항공전'이라는 전쟁에 경쟁력 있게 대비할 수 있고 국가 신뢰도를 높일 수 있다는 뜻이다.

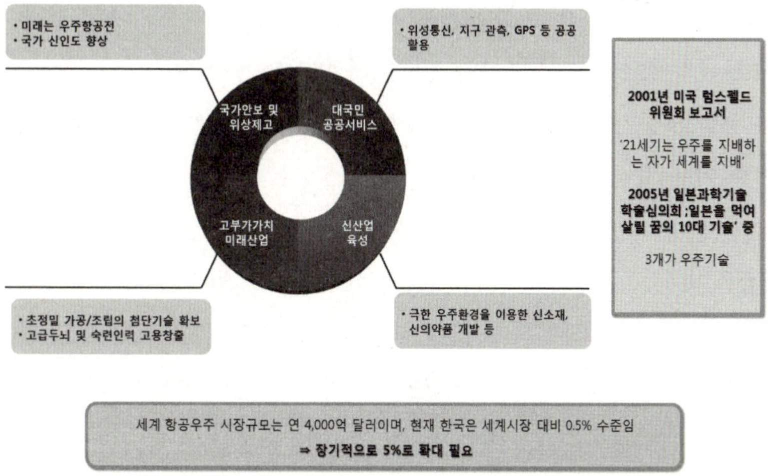

[그림 5-5] 우주항공기술 개발의 중요성

출처: 백홍열. (2007). 한국 항공우주개발의 현주소와 앞으로의 전망. 한림과학기술원 제33회 한림과학기술포럼. 한국과학기술한림원. p.14.

우주 산업은 '황금알을 낳는 거위'와 같이 중요하다. 주요 제품의 톤당 가격을 비교해보면 통신위성 874만 달러, 항공기용 엔진 176만 달러, 휴대용 퍼스컴 147만 달러, 고급카메라 129만 달러, 여객기 81만 달러, 비디오 테크 18만 달러, 컬러 TV 5만 달러, 승용차 3만 달러이다. 상식적으로 생각해서 같은 1톤의 제품을 생산하면서도 값이 비싼 제품을 생산해야만 부가가치가 높다는 것을 쉽게 이해할 수 있다. 따라서 단위 중량당 가격이 높은 통신위성 및 항공기용 엔진 산업의 발전이 절실하다. 이를 발전시키기 위해서는 우주항공기술 개발이 절대적으로 요청되고 있다.[19]

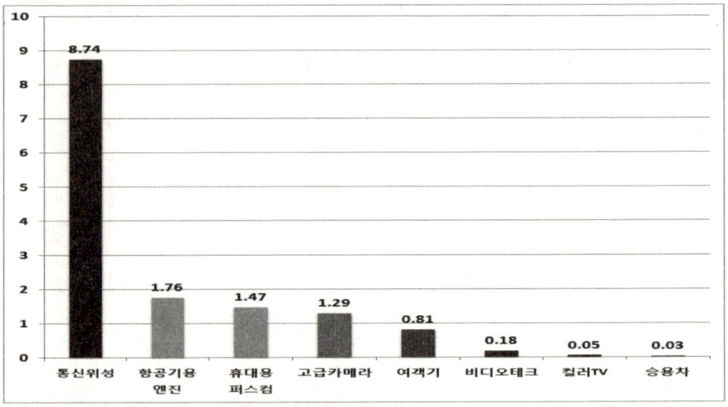

[그림 5-6] 주요 제품의 단위 중량당 가격(백만 달러/톤)비교

출처: 백홍열. (2007). 한국 항공우주개발의 현주소와 앞으로의 전망. 한림과학기술원 제33회 한림과학기술포럼. 한국과학기술한림원. p.14.

뿐만 아니라 〈표 5-3〉에서 보는 바와 같이 우주개발사업의 경제적 파급효과는 대단히 높다고 할 수 있다.

〈표 5-3〉 주요 우주개발사업의 경제적 파급효과

사업	경제적 파급효과
한국형 헬기사업(1조 3천억)	14조
통신해양기상위성사업(2,800억)	15조
KSLV - I 발사체사업(5,000억)	3조

출처: 백홍열. (2007). 한국 항공우주개발의 현주소와 앞으로의 전망. 한림과학기술원 제33회 한림과학기술포럼. 한국과학기술한림원. p.14.

아. 융·복합기술

융합이란 퓨전의 의미가 아니라 각개 기술의 독특한 부분이 합쳐져 시너지효과를 나타내는 것을 뜻한다. 미국과학재단(NSF)이 NT, BT, IT, CS Cognitive Science: 인지과학의 4가지 첨단 기술 간에 이루어지는 상승적 결합을 하나의 기술 영역으로 분류한 후 융합기술(converging technology)로 명명하기 시작하였다. 융합기술은 비단 위의 네 가지 기술의 융합뿐만 아니라 인공지능과 나노기술, 인공지능과 인지과학, 인공지능과 재료공학 등 많은 기술 또는 지식 간의 융합도 얼마든지 있을 수 있다. 그리하여 융·복합기술은 각 분야에서 화두가 되고 있다.

제롬 글렌 유엔미래포럼 회장은 2011년 융·복합국제컨퍼런스 기조 강연에서 융·복합 기술은 현재 인류의 지속가능한 발전을 의미한다면서 현재 지구에 일어나고 있는 기후변화에 대처하기 위해서는 기술, 민주화, 리더십, 교육 등이 모두 융합돼야 한다고 하였다. 따라서 융합은 단순히 기술 간의 융합뿐만 아니라 학제 간의 융합, 산업 간의 융합 등 매우 포괄적인 의미를 내포하고 있다.

제롬 글렌 회장은 지금 지구는 에너지, 환경, 인종분쟁, 빈곤, 테러 등으로 위험한 상황에 처했다면서 이를 해결하기 위해서는 집단지성이 필요하다고 밝혔다. 집단지성은 개인, 국가, 기업 모두가 가진 지식을 모아 해결책을 찾는 것이다.

정부는 융합산업으로 신성장동력산업 3대 분야 및 17개 산업을 선정하면서 첨단융합산업을 3대 분야 가운데 하나로 선정하였다. 그리고 그 분야에 방송통신융합, IT 융합시스템, 로봇응용, 신소재·나노융합, 바이오제약의료기기, 식품산업 등 6개 산업을 첨단융합산업으로 선정하였다.

이상과 같은 융합지식, 융합기술, 융합산업이 미래를 주도하게 되기 때문에 앞으로 고등교육도 융·복합 첨단 과학기술분야의 창조적 인재를 양성해야 한다. 다행히 한국교육개발원의 유현숙 연구팀의 고등교육 미래비전 2040 수립을 위한 정책연구 보고서에 의하면 한국 고등교육 미래모습 4가지 가운데 하나를 '창조적인 사회를 주도하는 고등교육'으로 설정하여 제시하였다. 이를 위한 추진 목표로는 변화하는 산업구조에 부응하는 창의적 융합지식 창출 활성화, 창의적 교육의 활성화를 위한 인프라 선진화, 창조적 융합 사회에 기여하는 제도 확충 등을 설정하였다. 이상과 같이 고등교육이 융복합기술시대를 맞아 창조적 사회를 주도할 융합형 인재 양성을 교육의 방향으로 제시한 것은 융합산업의 미래와 연계된 바람직한 방향이라고 할 수 있다.[20][21][22][23]

4 미래 핵심 산업 분야

미래 핵심 산업 분야는 앞에서 이제까지 논의한 IT, BT, NT, ET, CT, ST 관련 산업, 로봇 산업, 이들 6T와 로봇 기술의 융복합 산업, 그리고 녹색성장 산업이라고 할 수 있다. 여기서는 앞에서 논하지 않은 녹색성장 산업을 소개하고자 한다.

가. 녹색성장 산업

제2장에서 자원, 에너지, 기후 환경 등을 논하면서 대부분의 국가가 자원과 에너지 부족으로 어려움을 겪고 있고, 화석 에너지 사용으로 인한 온실가스 배출로 지구온난화가 점점 더 심각해지고 있음을 알 수 있었다. 지구온난화는 앞으로도 계속 높아져 기후 변화에 막대한 영향을 줄 것으로 전망하고 있기 때문에 전 세계가 관심을 가지고 문제 해결을 위해 노력하고 있다.

지구온난화에 따른 환경파괴와 자원고갈에 대한 위기의식은 세계 각국을 국제환경협약의 테이블로 이끌었다. 국제적 노력의 결과는 1989년 오존층 파괴물질의 규제에 관한 국제협약인 '몬트리올 의정서(Montreal Protocol)'를 시작으로 1992년 지구온난화 규제·방지에 대한 국제협약인 '기후변화에 관한 유엔 기본협약 리우환경협약: United Nations Framework Convention on Climate Change'으로 발전하였다. 1997년 '교토의정서(Kyoto protocol)'에서는 온실가스 배출권거래(Emission Trading) 제도를 포함한 온실가스 감축을 위한 실질적 로드맵을 마련하였다. 2008년 기후변화정상회의에서 채택한 '코펜하겐협정'에서 세계 각국은 온실가스 배출량의 삭감 목표치를 내놓았고 선진국들은 개도국들에게 재정과 기술을 지속적으로 지원하기로 하였다.

온실가스 감축을 위한 전 세계의 노력은 '녹색경제(green economy)'라는 글로벌 경제의 패러다임을 변화시키고 있다. 한국도 '고용 없는 성장'의 시대를 벗어날 돌파구로서 녹색경제에 주목하고 있으며, 녹색경제를 통해 새로운 경제

성장 동력을 확보하고 일자리를 창출하고자 하고 있다. 이는 저탄소(low-carbon)를 지향하는 국제환경협약을 이행하는 것인 동시에 글로벌 녹색경제의 큰 흐름에 편승하는 것이기도 하다. 선진 각국은 기후변화에 대응하여 각종 규제정책을 내놓는 한편, 새로운 시장을 선점하기 위한 녹색기술(green technology) 및 녹색인력(green human resource)의 개발을 위해 치열한 경쟁을 벌이고 있다.[24)]

한국은 녹색경제라는 패러다임의 큰 변화 속에서 국가경쟁력을 확보하기 위한 방안을 모색하여 적극 추진해오고 있다. 이명박 대통령이 2008년 8.15 광복절 경축사에서 21세기 선진 일류국가 건설을 위한 새로운 국가 비전 패러다임으로 '저탄소 녹색성장'의 국가 비전을 선포한 이후 2009년 2월 '저탄소 녹색성장기본법' 제정을 필두로 녹색성장을 위한 정책을 지속적으로 추진하고 있다.

녹색성장은 환경보존과 국가 경제 발전 두 가지 모두를 염두에 두는 새로운 국가 발전 패러다임이다. 녹색성장은 단순히 무분별한 난개발로 인한 자연환경의 파괴 저지, 천연자원의 고갈에 대비한 새로운 자원의 개발, 온실가스 배출 증가로 인한 지구온난화와 같은 기후 변화에 대응하는 환경보존의 입장에만 머무르는 소극적인 개념이 아니다. 녹색성장은 파괴된 환경을 재생하는 동시에 그러한 활동이 국가발전의 새로운 성장 동력으로 육성되도록 하는 긍정적인 논의라고 볼 수 있으며, 이러한 분야와 관련되어 새롭게 각광받는 산업을 녹색산업이라고 한다.

[그림 5-7] 녹색성장 개념

출처: 녹색성장위원회. http://www.greengrowth.go.kr/www/green/is/is.cms

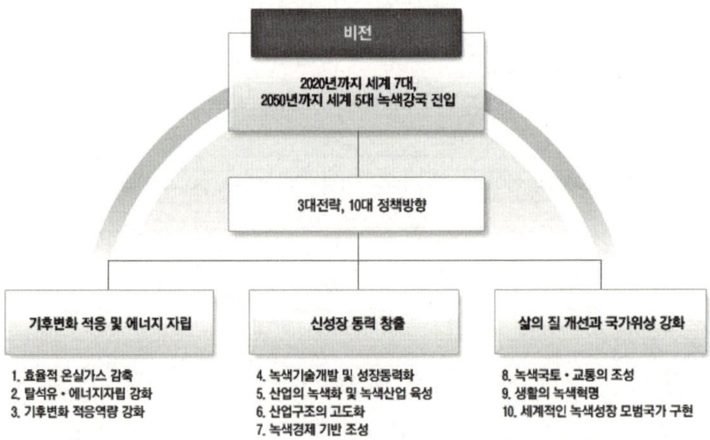

[그림 5-8] 녹색성장 국가 전략

출처: 녹색성장위원회. http://www.greengrowth.go.kr/www/green/is/is.cms

정부는 현재 3개 산업분야, 17개 신성장동력 분야, 그리고 각 신성장동력별 주요 분야와 직업을 선정하여 녹색성장 산업개발, 기술개발, 인재개발에 관한 장·단기 계획을 수립하여 정책을 추진하고 있다.

〈표 5-4〉 주요 산업별, 신성장동력별, 주요 분야

산업	신성장동력	주요 분야
녹색기술산업	1. 신재생에너지 2. 탄소저감에너지 3. 고도물처리 4. LED이용 5. 그린수송시스템 6. 첨단그린도시	태양광발전, 지열에너지, 풍력발전, 해양바이오, 바이오에너지, 연료전지, 친환경 녹색
첨단융합산업	7. 방송통신융합 8. IT 융합 시스템 9. 로봇응용 10. 신소재·나노융합 11. 바이오제약(자원)·의료기기 12. 고부가식품산업	
고부가서비스산업	13. 글로벌 헬스케어 14. 글로벌 교육서비스 15. 녹색금융 16. 콘텐츠·소프트웨어 17. MICE·관광	

출처: 한국고용정보원. (2009). 신성장동력: 미래의 직업세계를 가다. pp.22-312.

나. 그 외 산업

그 외에도 미래에는 사회가 더욱더 네트워크화 되어가기 때문에 이를 활용한 산업, 관계를 사고파는 산업, 다양하고 새로운 경험을 사고파는 산업, 관심을 사고파는 산업, 물건을 사는 것보다 접속할 수 있도록 서비스해주는 산업, 다양한 치유 상담 산업, 노인증가로 인한 돌봄 산업, 증가하는 젊어지려는 욕구를 해소시켜주는 산업, 보안 산업, 이미 앞에서 CT를 논할 때 제시한 현실보다 더 현실 같은 판타지와 이야기를 사고파는 산업, 다양한 디자인과 캐릭터를 소비하는 산업, 각종 감성적 자극을 사고파는 산업, 좀 더 재미있게 시간을 보내도록 도와주는 산업, 세계화를 맞아 지구촌을 여행하는 관광문화산업 등이 새롭게 등장하거나 호황을 누릴 것으로 예측하고 있다.[25][26]

5 과학기술의 발달과 산업 변화가 주는 시사

21세기 지식기반사회에 접어들면서 부가가치 창출이 노동과 자본에서 지식과 정보로 전환된 경제체제로 바뀌었다. 한국의 기술 혁신이 경제 성장에 미치는 영향이 1970년대에는 17.6퍼센트에서 2000년대에는 45.1퍼센트로 크게 증가하였다. 반면에 노동은 35.3퍼센트에서 23.2퍼센트로, 자본은 47.1퍼센트에서 31.7퍼센트로 감소하였다. 따라서 지식기반사회에서 경제 발전을 위해서는 지식과 정보를 수집, 가공, 창출, 활용, 관리할 수 있는 우수한 전문인력을 양성하기 위한 인재교육을 강화해야 할 것이다.

우리는 지금 지식과 기술이 폭발하는 시대에 살고 있다. 2000년대에 접어든 후 지식과 기술은 2~3년을 주기로 2배씩 늘어나고 있다. 이로 인해 실용 지식과 기술의 수명도 빠르게 단축되고 있다. 따라서 우리는 어떤 지식과 기술의 변화에도 적응할 수 있는 튼튼한 기초 실력과 새로운 지식과 기술을 창조해낼 수 있는 창의력과 문제 해결력을 함양해야 한다.

과학기술의 발전은 패러다임의 변화를 가져오게 하는 중요한 동력으로 작용해오고 있다. 지금까지 인류 역사에 3개의 커다란 패러다임이 있었다. 첫 번째는 농경사회의 곡물 경작 기술 개발을 시작으로 곡물 대량생산 능력과 문화 창조 능력을 이룬 농업 혁명이다. 두 번째는 말 50마리가 할 수 있는 일을 증기기관 하나로 가능하게 하는 혁명적 기술 개발을 효시로 기계적 로봇과 인간 노동력의 효과적인 조화를 통한 상품의 대량생산 능력과 기계적 로봇을 작동하게 만드는 산업기술 혁명이다. 세 번째는 컴퓨터의 발명으로 연산적 컴퓨터 기술을 활용한 인간 근력의 자동화와 정보화를 통한 정보기반 사회의 구축을 이룬 정보통신 기술혁명이라 할 수 있다. 정보통신기술사회라는 새로운 패러다임에서는 점점 빠르게 발전하는 정보처리 기술과 정보연산 기술을 극대화해서 지식을 창출, 관리, 거래하는 능력을 효과적으로 잘 사용하는 것이 중요하다.

농경사회, 산업사회, 정보통신기술사회의 세 단계의 패러다임을 거쳐 앞으로 미래사회가 맞이할 새로운 패러다임은 후기정보화사회(드림 소사이어티: dream society)를 시작으로, 환상사회(fantastic society)를 거쳐, 영성사회(spiritual society)를 순차적으로 맞이할 것으로 예측한다. 이렇게 패러다임이 변화하면서 미래 과학기술과 산업은 현재의 지식정보사회와 미래의 후기정보화사회, 환상사회, 영성사회에 필요한 지식과 기술, 그리고 이와 관련된 산업이 발전될 것이다. 대표적인 과학기술 분야로는 정보기술(IT), 바이오기술(BT), 나노기술(NT), 로봇(Robot), 환경 및 에너지 기술(ET), 문화기술(CT), 우주항공기술(ST) 그리고 이들 IT·BT·NT·ET·CT·ST와 인지과학(Cognitive Science) 등의 융복합기술 학문이다.

지구온난화로 인한 기후 및 환경 변화의 영향을 줄이고 이런 분야의 기술개발과 산업 발전을 통하여 일자리도 늘리고 경제 발전에도 기여하며, 친환경 조성을 통하여 삶의 질도 높이는 녹색성장 산업이 활발히 전개되고 있다. 정부는 녹색기술 분야, 첨단 융합 산업분야, 고부가서비스산업 등 세 개 분야에 17개 신성장동력 분야를 선정하여 과학기술과 산업발전에 역점을 두고 있다.

따라서 대학생들은 자신의 전공분야가 미래 패러다임 변화나 녹색성장 산업분야와 관련하여 어디에 해당되며 앞으로의 발전 전망과 자신이 졸업 후 진출할 수 있는 직업 분야와 필요한 역량 등에 관하여 정보를 파악하고 가급적 직접 체험해볼 수 있는 기회를 갖는 것이 바람직하다. 특히 이런 분야에 핵심을 이루는 학문은 STEM Science, Technology, Engineering, Mathematics: 과학, 기술, 공학, 수학과 CS Cognitive Science, 인지과학이다. 따라서 이공분야를 전공하고 있거나 졸업 후 녹색성장 분야에 종사할 계획을 가지고 있는 학생은 과학, 기술, 공학, 수학과 인지과학에 관한 튼튼한 실력을 쌓아두어야 한다.

탐구활동 5-1

자신의 전공 관련 학과의 학문과 산업의 발전 전망 및 희망 분야 탐색

지식과 기술은 2~3년을 주기로 2배씩 빠른 속도로 변화하고 있다. 내가 소속하고 있는 학부(과, 전공)와 관련된 학문과 산업의 발전과정을 고찰하고, 앞으로 전공 학문은 어떻게 발전될 것이며, 관련 산업은 어떤 분야가 어떻게 발전할 것이고, 전망이 밝은 분야는 어떤 분야인지를 조사하여 졸업 후 내가 진출할 수 있는 분야는 어디인가를 탐색해보자.

탐구활동 5-2

패러다임 변화에 따른 나의 생활 모습 구상과 필요한 능력 개발 계획

미래사회는 후기정보화사회, 환상사회, 영성사회로 발전할 것이라고 전망하고 있다. 패러다임이 이렇게 변화한다는 것을 전제로 패러다임 변화에 따라 나는 언제 어디서 무엇을 하면서 어떻게 생활하고 있을 것인가를 구상해보자. 변화된 패러다임에 적합한 생활을 하기 위해서는 어떤 역량을 키워야만 하는가를 구상하고 실천 계획을 수립해보자.

탐구활동 5-3

관심 기술분야의 미래 전망과 희망 직업 탐색 및 필요 역량 개발 계획

미래를 주도할 기술과 산업분야를 여러 관점에서 소개하였다. 그중에서 자신이 가장 관심 있는 분야를 하나 선정하여 현재와 미래 전망을 분석하고 나에게 적합한 직업 분야는 어떤 직종이 있는지 조사해보자. 그리고 그런 직업에 취업하기 위해 필요한 역량은 어떤 것이며 그 역량을 어떻게 키울 것인가를 계획해보자.

탐구활동 5-4

자신의 전공학과와 관련된 융·복합 학문 및 산업 분야의 미래 발전 전망

앞으로는 계속 융·복합지식, 기술 그리고 산업이 크게 발전될 전망이다. 내가 전공하고 있는 학과는 어떤 융합지식, 융합기술, 융합산업과 연계되어 있는지 조사하고 미래의 발전 전망에 대해 조사해보자.

주

1) Meister, J. C. (1998). Cooperative Universities. NY: McGraw-Hill Com. p.13.
2) 최윤식, 배동철. (2009). 2030년 부의 미래지도. 서울: (주) 지식노마드. pp.123-133, 144-189.
3) 상게서. pp.123-136, 162-173.
4) 상게서. pp.134-156.
5) 상게서. pp.166-177.
6) 박영숙, 제롬 글렌, 테드 고든. (2009) 유엔보고서 2: 2020년 위기와 기회의 미래. 서울: 교보문고. pp.161-163.
7) 최윤식, 정우석. (2011). 10년 전쟁: 누가 비즈니스 패권을 차지할 것인가. 알키. pp.25~30.
8) 최윤식, 배동철. 전게서. pp.164-165, 186-188.
9) 한국식량안보연구재단. (2011). 식량자급실천국민운동: 왜 해야 하며, 어떻게 할 것인가. 식량자급실천국민운동본부. pp.28-29.
10) 이창용. (2011). 세계 식량 안보와 유전자 재조합 식품. 한국과학기술한림원 한림원 소식, 81, 한국과학기술한람원. pp.12-13.
11) 최윤식, 배동철. 전게서. pp.171-172.
12) 최윤식, 정우석. (2011). 전게서. pp.79~185.
13) 최윤식, 배동철. 전게서. pp.167-171.
14) 김도연. (2010). 기후, 에너지 그리고 녹색이야기. 서울: 생각의 나무. pp.125-213.
15) 최윤식, 배동철. 전게서. pp.159-164.
16) 권대봉. (2009). 녹색성장 녹색직업 녹색인재. 서울: 박영사. pp.3-50.
17) 박영숙, 제롬 글렌, 테드 고든. (2009) 유엔보고서 2: 2020년 위기와 기회의 미래. 서울: 교보문고.
18) 원광연. (2006). 과학기술과 문화예술의 연계와 융합. 한국과학기술한림원 제23회 한림과학기술포럼. 한국과학기술한림원. pp.5-19.
19) 백홍열 (2007). '한국 항공우주 개발의 현주소와 앞으로의 전망' 제33회 한림과학기술 포럼. 2007.4.23. 한국과학기술한림원.
20) 교육과학기술부. (2011). 2011 미래융합기술포럼. 한국연구재단. pp.49-123.
21) 유현숙. (2011). 고등교육 미래비전 2040 수립을 위한 정책 연구. 한국교육개발원.
22) 이인식. (2011). 과학기술과 인문학의 창조적 융합. 창조경제 패러다임과 지식, 기술, 산업의 융합. 제 334회 과학기술정책포럼. 과학기술정책 연구원. pp.35-49.
23) Glenn, J. (2011). Convergence, Competitiveness & Innovations: Mega Trend and Visions for Industrial convergence. International Conference on Industry Convergence 2011. 지식경제부 한국산업융합협회. pp.3-18.
24) 권대봉. (2009). 녹색성장 녹색직업 녹색인재. 서울: 박영사. p.5.
25) 최윤식, 배동철. 전게서. pp.173-174.
26) 이용환. (2010). 서비스 산업 선진화를 위한 인재 정책과 과제. 한국직업능력개발원.

제6장 노동시장 변화

1 인력 수급 전망

정부가 지난 수십 년 동안 각종 장·단기 발전 계획을 수립하는 과정에 인력 수급 전망도 수립하였지만 예측 결과는 기대한 만큼 일치하지 않았다. 미래는 모든 것이 너무 빠르게 변화하고 있기 때문에 노동시장의 인력 수급을 전망한다는 것은 더욱 어렵다. 그러나 노동시장의 인력 수급 전망은 정부가 정책을 수립하고 기업이 산업별 인력수급 계획을 수립하는 데 필요하다. 또한 대학이 학과를 신설하거나 정원을 조정할 때도 필요하다. 특히 산업 분야별 인력 수급 전망은 대학생이 직업을 선택하고 취업 준비를 할 때 고려해야 할 중요한 요인의 하나이기도 하다. 때문에 고용노동부를 위시한 전문기관에서 제시한 한국의 중장기 인력 수급 전망(2008-2018년) 결과를 요약 제시하고 시사점을 모색해보고자 한다.

가. 노동 공급 전망

가) 총량 전망

앞으로 인구 증가율은 둔화하나 생산가능인구(15세 이상)는 2008년 39,598천 명에서 2018년 42,605천 명으로 0.7퍼센트 증가할 전망이다. 경제활동인구(15세 이상)는 여성의 경제활동 참여 증가 등으로 인해 2008년 24,303천 명에서 2018년 26,475천 명으로 0.9퍼센트 증가할 전망이다. 경제활동참가율은 2008년 61.4퍼센트에서 2018년 62.1퍼센트로 0.7퍼센트로 증가할 전망이다.

〈표 6-1〉 생산가능인구·경제활동인구·경제활동참가율 전망(15세 이상 기준)

구분	2008	2013	2018	증감1)		
				'08~'13 (%)	'13~'18 (%)	'08~'18 (%)
생산가능인구(천 명)	39,598	41,518	42,605	1.0%	0.5%	0.7%
경제활동인구(천 명)	24,303	25,323	26,475	0.8%	0.9%	0.9%
경제활동참가율	61.4%	61.0%	62.1%	-0.4%p	1.1%p	0.7%p

주 1: 경제활동인구는 연평균 증감률, 경제활동참가율은 증가분을 의미
출처: 박명수, 이대상, 윤정혜, 박세정. (2010). 중장기인력수급전망(2008-2018), 서울: 고용노동부 한국고용정보원. p.요약 iii.

나) 노동력의 고령화

저출산 고령화의 영향으로 경제활동인구에서 청년층(15~29세)·중년층(30~44세)은 감소하고, 고령층(55세 이상)은 2008년 18.3퍼센트에서 2018년 27.4퍼센트로 증가하여 노동력의 고령화가 심화될 전망이다.

다) 노동력의 고학력화

대학 진학률의 급속한 증가로 전문대학 졸업 이상 고학력자 비중이 2008년 36.8퍼센트에서 2018년 44.0퍼센트로 증가할 것이다. 그리하여 연평균 경제활동인구 증가분 217천 명 중에서 대학 졸업 이상은 270천 명, 고등학교 졸업자는 32천 명 증가하는 반면, 중학교 졸업자는 85천 명 감소할 전망이다.

라) 여성의 경제활동 참여 증가

여성의 노동시장 참여는 지속적으로 늘어나 여성 경제활동참가율은 2008년 49.9퍼센트에서 2018년 51.7퍼센트로 1.8퍼센트 증가할 전망이다. 특히 30~34세 여성의 경력 단절이 점차 감소하여 경제활동참가율이 2008년 53.2퍼센트에서 2018년 60.3퍼센트로 7.1퍼센트 증가할 전망이다. 연평균 여성 경제

활동인구 증가율도 1.1퍼센트로 남성 경제활동인구 증가율 0.7퍼센트보다 높을 전망이다.

나. 노동 수요 전망

가) 총량 전망

취업자 수는 2008년 23,577천 명에서 2018년 25,659천 명으로 연평균 0.8퍼센트씩 증가할 전망이다. 고용률(15세 이상 기준)은 2008년 58.6퍼센트에서 2018년 60.2퍼센트로 0.7퍼센트 상승할 전망이다. 산업고용구조는 2008년에서 2018년까지 농림어업은 7.2퍼센트에서 4.8퍼센트, 제조업은 16.8퍼센트에서 14.7퍼센트, 건설업은 7.7퍼센트에서 7.5퍼센트로 감소할 전망이다. 서비스업은 67.7퍼센트에서 72.5퍼센트로 비중이 증가할 전망이다. 서비스업 내에서도 사업시설관리 및 사업지원 서비스업(4.1퍼센트→6.9퍼센트), 보건업 및 사회복지 서비스업(3.6퍼센트→5.4퍼센트)은 취업자 비중이 증가할 전망이다. 반면에 숙박 및 음식점업(8.7퍼센트→7.7퍼센트), 도소매업(15.4퍼센트→12.9퍼센트)은 취업자 비중이 감소할 전망이다.

나) 산업별 취업자 전망 (중분류 75개 업종 대상)

기업의 아웃소싱 확산, 사회서비스 수요 증가 등에 따라 사업지원 서비스업, 보건업, 사회복지 서비스업 등은 취업자가 큰 폭으로 증가할 전망이다. 반면에 유통업 대형화, 농업인구 감소, 전통제조업 퇴조 등의 추세가 지속되어 소매업, 농업, 의복관련 제조업 등에서는 취업자가 큰 폭으로 감소할 전망이다.

다) 직업별 취업자 전망(소분류 138개 직업 대상)

사업체 지원서비스, 가사·의료·복지 비즈니스에 대한 수요가 지속적으로 증가함에 따라 경영지원 및 행정관련 사무원, 청소원, 가사도우미, 보육교육사,

육아도우미 등이 크게 증가할 전망이다. 반면에 산업고도화, 인터넷 쇼핑 증가, 경제의 서비스화 현상이 심화되면서 작물재배종사자, 판매원 및 상품 대여원, 재단·재봉 기능공 등이 크게 감소할 전망이다.

다. 미스매치 전망

가) 학력 수준별 신규 수요·공급 전망

전문계 고등학교 및 대학원 졸업자는 전반적으로 수급 균형을 유지할 전망이다. 그러나 전문대학과 대학 졸업자는 연간 약 45천 명(전문대 28천 명, 대학 17천 명) 수준의 초과 공급이 발생하여 인력 수급의 불일치를 심화시킬 전망이다.

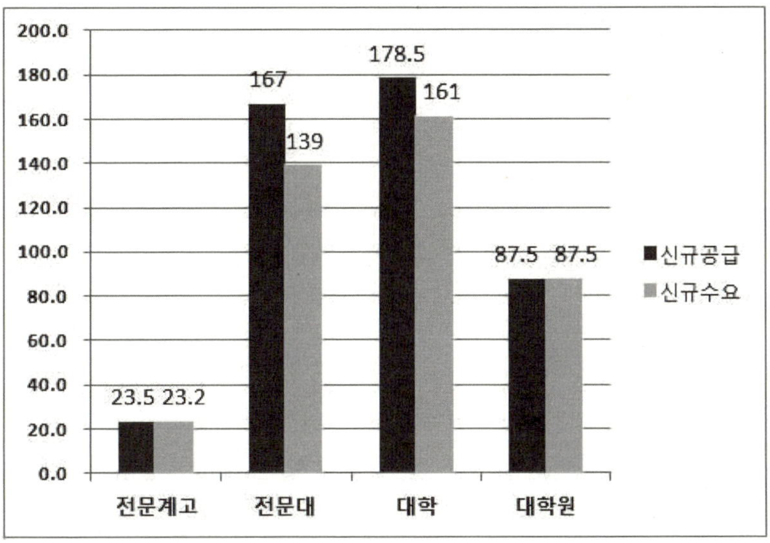

[그림 6-1] 2008~2018년 학력수준별 연평균 신규 수요공급 규모

출처: 박명수, 이대상, 윤정혜, 박세정. (2010). 중장기인력수급전망(2008-2018). 서울: 고용노동부 한국고용정보원. p.요약 ix.

나) 학령인구 전망

2차 베이비붐 영향으로 2016년까지는 학령인구가 대학 입학정원보다 높은 상태를 유지할 전망이다. 그러나 한국의 대학 진학률이 과도하게 높아 하향 취업 등 청년고용 악화원인을 제공하고 있다. 특히 2016년 이후 학령인구가 급감하여 대학정원이 현재 수준을 유지할 경우 앞으로 10년 후인 2023년경에는 고교 졸업자가 대학 입학정원보다 20만 명가량 부족할 전망이다.

〈표 6-2〉 학력 및 전공별 신규인력 초과수요 및 초과공급 분야

구분	초과수요		초과공급	
과학기술	전문대	농림수산(19.7%)	전문대	의약계열(16.9%)
	대학	의약계열(15.2%)		
	대학원	의약계열(17.5%)		
방송통신	대학원	전자공학(15.0%)	전문대	정보·통신(18.3%) 응용소프트웨어(19.6%)
			대학	정보·통신(18.0%) 언론·방송·매체학(16.3%)
문화콘텐츠	대학원	전산·컴퓨터(15.4%)	전문대	예체능계열(16.5%) 정보·통신(18.3%) 언론·방송(17.9%)
	대학원	콘텐츠창작(49.0%)	대학	언론·방송·매체학(16.3%)
관광	-	-	전문대	일본어(16.3%) 경영·경제(15.2%) 관광(17.1%)
			대학	중국어·문학(15.4%) 관광학(15.3%)
환경	-	-	전문대	생물(18.8%) 자원(19.8%)
			대학	생명과학(18.9%) 환경학(16.0%) 화학(19.1%)
금융	대학원	전산·컴퓨터(15.4%)	전문대	경영·경제(15.2%)
보건의료	대학	치료·보건(21.0%)	-	-
	대학원	간호(46.7%), 약학(38.7%), 치료·보건(21.2%)		
	전체	의료(22.8%)		

출처: 박명수, 이대상, 윤정혜, 박세정. (2010). 중장기인력수급전망(2008-2018). 서울: 고용노동부 한국고용정보원. p.요약 xi.

다) 부문별 신규 인력수급 전망(과학기술, 문화콘텐츠, 보건의료, 금융, 산업기술, 방송통신, 관광, 환경 등 8개 분야 중심)

전문대학 졸업 및 대학 졸업 수준의 인력은 전체적으로 초과 공급이 나타나는 가운데, 정보·통신, 언론·방송 등의 계열에서 15퍼센트 이상의 초과 공급이 발생할 전망이다. 대학원 인력은 의약계열, 전산·컴퓨터 등을 비롯한 여러 분야 전자공학, 전산컴퓨터, 콘텐츠창작, 간호학, 약학, 치료보건 등에서 15퍼센트 이상의 초과 수요가 발생할 전망이다.

라. 분야별 인력수급 전망

과학기술인력 관련 전공분야 중에는 전문대학의 자연·공학·의학계열, 대학의 자연·공학계열에서 초과 공급이 발생하고 있다. 초과 수요는 전문대학의 농림수산학, 대학의 의약·농림수산학, 대학원의 자연·공학·의약·농림수산학에서 발생할 것으로 전망하고 있다.

산업기술 인력 관련 전공분야 중에는 전문대학 및 대학의 공학·자연계열에서 초과 공급이 발생하고 대학원 이상의 고급 인력에 대해서는 초과 수요가 나타날 전망이다.

방송통신 관련 전공분야 중에는 전문대학 및 대학에서 초과 공급이 나타날 것으로 전망하고 있다.

문화부문 관련 전공분야 중에서는 전문대학의 예체능, 정보·통신, 언론·방송계열, 대학의 예체능, 전산·컴퓨터, 언론·방송·매체학 계열, 대학원의 언론·방송·매체학 계열에서 초과 공급이 발생할 전망이다.

관광산업 종사원 전공분야는 관광학 이외에 일본어, 중국어, 경영학 전공자로 구성되어 있으며 전 분야에서 초과 공급이 발생될 전망이다.

환경부문 관련 전공분야 중에는 전문대학의 환경·생물·자원, 대학의 생명과학, 환경학, 화학, 대학원의 환경학, 생명공학에서 초과 공급이 발생할 전망이다. 전체적으로 초과 공급으로 전망되나 대졸 이상은 초과 수요로 전망된다(생산성 고정 가정, 2007년 기준).

금융부문 관련 전공분야 중에서 초과 수요 부분은 전문대학의 경우 전산·컴퓨터공학, 대학원의 경우 전산·컴퓨터공학이고, 그 외 부문은 초과 공급될 전망이다.[1)]

2 노동시장 구조 변화와 청년 고용시장 특성

가. 노동시장 구조 변화

한국의 노동시장은 급변하는 글로벌 환경과 인구 및 산업구조의 변화 등에 따라 일자리의 창출에 어려움을 겪고 있다.

이들 요인을 노동 수요 측면과 노동 공급 측면에서 좀 더 구체적으로 살펴보기로 하자. 수요 측면을 외적 요인과 내적 요인으로 구분해서 보면, 외적 요인으로는 급속한 기술변화로 인한 인력수요의 구성 변화, 자유무역의 확대로 인한 세계화와 중국의 급격한 부상 등을 들 수 있다. 내적 요인으로는 한국 경제가 고성장 경제에서 저성장 경제구조로 변화하는 성장 패러다임을 맞이하고 있는 것이다.

반면 노동공급 측면에서 변화를 보면 비단 한국만이 겪고 있는 현상은 아니지만 지속적인 저출산과 베이비붐세대가 본격적인 고령인구에 진입하기 시작하면서 향후 노동시장의 인력공급 구조에 큰 영향을 미칠 것으로 예상된다. 뿐만 아니라 저출산으로 인하여 청·장년층의 노동공급이 크게 줄어들고 있다. 또한 노동의 질적인 측면에서는 최근 청년층의 고용부진에서 보듯이 급속하게 이루어진 고학력화가 노동시장의 교란 요인으로 작용하고 있다. 양적으로 줄어든 노동공급을 질적으로 보완하는 데는 고학력화가 유리하지만, 고학력화가 단시간에 너무 급속하게 이루어지면서 부문별 노동 수급 불일치(job mismatch)가 심화되는 양상을 보인다. 한편 한국은 1990년대 말 외환 위기와 최근 글로벌 금융 위기를 겪으면서 심각한 경제 침체를 경험했다. 그 후 경기가 빠르게 회복되었음에도 불구하고 일자리가 기대한 만큼 늘지 않아 경기에 의한 실업 해소에 구조적인 한계점을 보이고 있다. 이러한 경향은 실업과 비경제활동의 중간영역에 해당하는 불완전 취업자가 포함된 잠재실업군이 광범위하게 존재하고 있는 것으로 판단되어 앞으로 사회위기로 전이될 가능성도 커지고 있다.

위와 같은 점이 고려된 한국 노동시장의 특성을 살펴보면 다음과 같다.

가) 고용 창출 능력이 둔화되는 노동수요

외환 위기를 겪은 이후 경제 성장에 따른 고용 창출 효과가 둔화되어 일자리 창출이 한계에 부딪힘으로써 노동수요가 둔화될 것이다. 경제 성장률이 둔화되는 가운데 기술집약적 산업과 제조업, 대기업의 비중이 확대되면서 고용 창출력이 약화됨으로써 노동수요 측면에서 일자리 만들기가 점차 어려워지고 있기 때문이다.

한편, 동일한 경제 성장률이라도 고용이 증가하는 비율이 과거보다 낮아진 것도 일자리 창출에 어려운 이유 중의 하나다. 경제 성장 1퍼센트에 따른 고용증가율을 뜻하는 고용탄력성 통계를 보면 이를 확인할 수 있다. 고용탄성치가 2005년 0.33퍼센트에서 2008년 0.27퍼센트로 하락하였고, 2010년 0.23퍼센트로 하락하고 있음을 알 수 있다.

〈표 6-3〉 경제 성장과 고용관련 지표

구분	2003	2004	2005	2006	2007	2008	2009	2010
경제성장률(%)	2.8	4.6	4.0	5.2	5.1	2.3	0.3	6.2
일자리 증감(천 명)	-30	418	299	295	282	145	-72	323
취업계수(명)[1]	27.83	27.10	26.42	25.44	24.50	24.10	23.98	22.9
고용탄성치(%)	-0.05	0.41	0.33	0.25	0.24	0.27	-1.51	0.23

주 1: 취업계수=취업자수/실질 GDP(10억 원), 고용탄성치 = 취업자 증가율/ GDP 증가율

출처: 어수봉. (2011). 미래의 HRD와 HRD Korea의 미래. HRD Conference 2011. 서울: 고용노동부 한국 산업인력공단. pp.191-202.

산업별로 보아도 경제성장 주력 부문인 제조업의 일자리 창출 능력이 빠르게 떨어지고 있다. 한국의 산업별 고용 창출 능력을 알려주는 취업유발계수 1억 원 어치의 국내총생산(GDP)을 생산할 때, 창출되는 일자리 수를 보면, 2000년에서 2005년 사이에 농림어업은 62.9명→51.1명, 제조업은 13.2명→10.1명, 건설업은 17.0명 →16.6명, 서비스업은 21.5명→18.4명, 전산업 평균은 18.1명→14.7명으로 해가 거듭될수록 계속 하락하고 있다.

또한 한국 제조업체를 기준으로 볼 때 2007 통계청 기업활동조사 결과에 의하면 대기업의 고용 창출력은 중소기업의 3분의 1 수준에 불과하고, 제조업체의 생산액(10억 원) 대비 종사자 수는 중소기업이 4.7명인 반면에 대기업은 1.3명으로 조사되었다.

한편 기술이 진보할수록 전문 기술인력의 수요는 증가하는 데 비해 미숙련인력 수요는 줄어드는 현상이 나타나고 있다. 이로 인해 노동시장에서는 고학력에 대한 비중이 점차 늘어나고 있다.

저학력 일자리 중에서는 주로 기계로 대체가 되는 중간 직업(middle level job)의 일거리가 줄어드는 반면, 기계로 대체가 어려운 경비직, 청소직과 같은 단순 서비스업에 대한 일자리는 지속적으로 유지되고 있다. 중간 계층의 일자리가 사라지게 되기 때문에 오히려 노동시장의 불평등 현상은 더 심해질 수 있다.[2)]

나) 기업의 글로벌화에 따른 국내 수요 인력 감소

기업이 글로벌화 됨에 따라 노동 수요도 달라질 전망이다. 한국의 기존 산업구조는 거의 성숙기에 들어서서 기존의 경제나 비즈니스 시스템으로는 지금보다 더 많은 고용을 창출하기 힘든 상태에 와 있다. 물론 더 이상의 폭발적인 성장도 기대하기 어렵다. 더욱이 세계는 지금 글로벌 금융 전쟁, 글로벌 비즈니스 전쟁의 시대에 접어들었기 때문에 한국의 대기업들이나 중소기업들은 이러한 환경 변화에 맞추어 자사의 구조를 바꾸고 있다. 즉, 대기업들은 점점 다국적 기업화되면서 자국 내의 인력을 감축하거나 혹은 더 이상 늘리지 않으면서 기업을 세계화시켜야 하는 환경에 놓여 있다. 특히 한국 경제의 대외의존도 GDP(국내총생산) 중 수입과 수출 등 교역규모가 차지하는 비중가 90퍼센트 내외를 오르내리고, 수출 비중 GDP(국내총생산) 중 수출규모가 차지하는 비중이 43.4퍼센트인 상황에서 글로벌 비즈니스의 확대는 불가피하다. 그런데 대기업들이 글로벌화되면서 기업의 몸집도 커지고 매출도 늘었지만 국내에서의 고용은 오히려 줄었다. 중소형 기업들도 글로벌 경쟁으로 인해 인건비 절감과 생산단가 인하의 압력을 심하게 받게 되면서, 점점 정규직원을 줄이거나 아예 하나도 두지 않는 조직이 많아지고 있는 추세다. 혹은 생산라인을 해외로 이전하거나 아웃소싱을 하거나 애드호크 ad hoc: 특수한 과업을 가지는 유기적, 기능적, 임시적인 일회용 조직체를 활용하는 빈도를 높이고 작은 본사 규모만 유지하면서 성공적인 비즈니스를 하는 조직도 늘어나고 있다. 미국의 기업들은 향후 10년 동안 300만 명이 넘는 일자리를 외국으로 옮길 것이라고 한다.

환경이 이렇게 변하다 보니, 노동시장은 점점 더 악화되어가고 있다. 지금도 고학력 청년 실업자는 꾸준히 증가하고 있는 데다가 앞으로 5~10년 이내에 대기업들은 1990년대에 비해 경영진을 절반 이하로 줄이고, 부장 등 중간 간부는 3분의 1로 축소하려는 내부계획을 가지고 있다. 점점 빠르게 진행되는 세계화, 지구촌을 하나로 묶는 통합시스템의 획기적인 발전, 생존을 위한 다국적기업화가 빠르게 전개되면서 이런 현상은 더욱더 가속화되고 있다. 기업들은 향후 20년 이내에 더욱더 다국적 기업화될 것이며, 생존을 위해 저개발국가에서 저렴한 노동력을 사용하고, 선진국에서는 고급지식, 금융서비스, 전문기술인력을 사용하는 확실한 이분구조를 갖추게 될 것이다.[3)]

이런 다국적 글로벌 기업 시대를 맞아 대학생들은 자신의 삶과 일터를 한국에 국한하지 말고 세계 어느 나라 어느 민족과도 더불어 생활하며 직업 생활을 할 수 있는 역량 개발과 취업 준비를 해야 할 것이다.

다) 저출산·고령화로 줄어든 노동 공급 여력과 고학력의 공급 과잉

노동 공급 변화의 주된 요인의 하나로 인구 변화를 꼽을 수 있다. 제1장의 인구 변화를 다루면서 저출산과 고령화 문제가 노동시장에 미치는 영향이 얼마나 심각한가를 제시하였기 때문에 여기에서는 재론하지 않는다.

고학력 공급 과잉 문제는 청년층의 고용 현황과 전망에서 좀 더 상세하게 다루고자 한다.

나. 고용시장의 특징

가) 고용률 저하

한국은 주 40시간제 도입에도 불구하고, OECD 국가 중 연간 2,000시간을 유일하게 초과하는 최장시간 노동을 하고 있다. 이렇게 초과 노동시간이 길어짐에 따라 고용률은 자동적으로 감소하게 된다. 2008년 현재 한국의 고용률은 63.8퍼센트로 OECD 평균 65.5퍼센트에 미치지 못하고 있다. 따라서 고용률이 상대적으로 저조한 청년층과 기혼 여성의 고용증가를 통한 고용률의 제고가 대단히 중요한 정책과제가 되고 있다.

〈표 6-4〉 OECD 국가의 근로시간-고용률 Matrix(2009년)

근로시간 \ 고용률	75% 이상	65~75% 미만	65% 미만
1,800 시간 이상	-	체코	한국, 그리스, 헝가리, 폴란드, 터키, 멕시코
1,600~1,800 시간 미만	아이슬란드, 스위스	스웨덴, 뉴질랜드, 포르투갈, 일본, 캐나다, 호주, 핀란드, 영국, 미국, 오스트리아, 룩셈부르크	이탈리아, 슬로바키아, 스페인
1,600 시간 미만	덴마크, 노르웨이, 네덜란드	독일	프랑스, 벨기에, 아일랜드

출처: 어수봉. (2011). 상게서. p.195.

그러나 고용률을 높이는 과제는 성장률의 지속적인 하락과 성장의 고용 창출 능력의 하락, 고학력화와 노동시장의 이중구조화에 따른 인력의 불일치 문제, 직업훈련투자의 미흡과 취약한 고용서비스, 광범위한 사회안전망 사각지대와 비효율적 복지제도의 존재로 쉽지 않은 상황이다.

한국의 고용탄력성 취업자 증가율/실질 GDP 증가율은 외환위기 이후 감소 추이를 보이고 있으며, 이는 제조업 고용탄력성의 하락에 기인하고 있다. 정규직에 대한 과도한 고용보호와 연공급 임금체제는 제조업 대기업의 고용절약적 생산방식의 채택과 해외생산 촉진으로 고용감소와 청년실업 증가의 원인으로 작용하고 있다.

한편 2004년 고용허가제의 도입과 2007년 해외동포의 특례 허용에 따라 저숙련 외국인 근로자 50만 명이 대거 유입되어(불법체류자 미포함) 일부 업종(건설업과 서비스업)에서의 국내 고용대체 현상이 발생하고 있으나 외국인 통계의 미비로 정확한 실태가 파악되고 있지 못하다.

나) 고용시장의 이중구조화

외환위기 이후 기업은 경쟁의 강화를 위해 최소 필요 인력만을 정규직으로 유지하고 나머지는 비정규직화하여 노동시장의 이중구조화가 심화되고 있다. 이에 따라 대기업·중소기업과 정규직·비정규직의 임금 및 근로조건 격차가 확대되고, 서비스업 구조조정으로 자영업자의 상대 소득이 하락하는 양상이다.

다) 인력 수급 불일치 심화

높은 대학 진학률과 학교 교육의 취업과의 괴리는 노동시장 이중구조화와 함께 대졸 청년층의 광범위한 인력 수급 불일치 현상을 초래하고 있다. 또한 일과 유리된 지나친 고학력화는 숙련대비 기대임금 수준을 높여 인력 수급 불일치의 원인으로 작용하고 있다.

라) 복지·고용 연계성 미흡

고용노동부는 고용보험가입자로부터 비가입자 근로빈곤층 대책까지 아래로 이동하고, 보건복지부는 국민기초생활보장법 상의 빈곤층에서 위로 이동하여 근로빈곤대책을 확장 중이나 연계 내지 통합이 미흡하다.[4)]

다. 청년 고용시장 특성

글로벌 금융위기 이후에도 인구 구조 변화와 경제 구조 개편, 고용 불안정성 심화, 계층별 분화 등으로 청년층을 중심으로 고용사정이 좀처럼 개선되지 않고 있다고 앞에서 이미 몇 차례 지적하였다. 특히 최근에는 고용사정이 전반적으로 나아지고 있고, 20대 청년층 생산가능인구도 줄어들고 있는데도 취업자 수 감소율이 더 크게 나타나 청년층 고용률이 하락하고 있다. 이로 인해 청년 실업률은 2007년 7.1퍼센트에서 2011년 9.3퍼센트로 증가하고 있는 추세다. 청년층의 고용문제는 낮은 고용률, 구직활동 포기에 따른 높은 유휴화율, 잦은 노동이동, 하향 취업 누적, 청년 일자리의 질 저하 등이 지적되고 있다.

그런데 청년 실업의 심각성은 실업률 자체보다 평균 학력이 높아지면서 젊은이들의 '좋은 일자리(decent jobs)'에 대한 기대수준이 높아지고, 그 결과 구직을 하지 않으면서 취업을 준비하는 취업준비생 및 젊은 비경제활동 인구가 늘어나는 데 있다. 게다가 대졸 취업의 전문직·기술직 진출 비중이 감소하고 있으며, 초혼 연령이 높아지고, 부모로부터 독립하지 않는 청년층이 늘어나고 있다.

청년고용 악화의 문제는 세대 간 일자리 배분의 불균형과 국가의 발전을 가로막는 등 사회 전체의 활력을 떨어뜨리는 요인이 되고 있다. 나아가 높은 청년층 실업률은 개인 간 과도한 경쟁을 유발하여 지식(교육)의 공공성을 훼손하고, 사회적 연대를 도모하는 데도 어려움을 낳고 있다.[5)]

청년 취업 현황 및 전망은 청년 전체보다는 앞으로 대학을 졸업하고 취업을 준비해야 할 재학생들에게 좀 더 실감나도록 하기 위해 대학을 막 졸업한 신규 대학 졸업자를 중심으로 논하고자 한다.

가) 신규 대학 졸업자의 경제 활동

신규 대졸자 경제 활동 현황을 보면, 고용률은 2003년에서 2011년 사이에 58.0퍼센트 → 42.3퍼센트(남자 59.7퍼센트 → 40.9퍼센트, 여자 56.1퍼센트 → 44.2퍼센트)로 하락하였다.

반면에 실업률은 2003년에서 2011사이에 25.8퍼센트에서 35.0퍼센트(남자 28.7퍼센트 → 37.1퍼센트, 여자 22.3퍼센트 → 32.6퍼센트)로 높아졌다. 청년층 전체의 실업률은 10퍼센트 미만인데 신규 대학 졸업자의 실업률이 35퍼센트에 달하는 것은 대학을 갓 졸업하는 사회 초년생들에게 심각한 문제가 아닐 수 없다.

비경제활동률은 2003년에서 2011년 사이에 21.8퍼센트에서 34.8퍼센트(남자 16.2퍼센트 → 35.0퍼센트, 여자 27.8퍼센트 → 34.4퍼센트)로 상승하였다. 비경제활동률이 35퍼센트까지 높게 상승된 것은 프리터(Freeter)와 니트 NEET: Not in Employment, Education or Training 수가 많아지고 있기 때문이라고 할 수 있다. 한국의 대학 졸업생 중 5년 내에 취업·교육·훈련을 받지 않고 있는 니트 청년층이 36.8퍼센트로 영국(19.8퍼센트), 독일(19.6퍼센트) 등에 비해 매우 높다.

청년 노동시장 문제는 높은 대학 진학률 못지않게 대학 배출 인력이 산업 수요 인력과 얼마나 일치하느냐의 노동력 구성의 문제이다. 그래서 신규 대학 졸업자들의 고용률, 실업률, 비경제활동률을 그들이 졸업한 전공 계열별로 살펴보았다.

고용률은 의학계열과 사범계열은 54퍼센트, 자연계열은 34퍼센트, 그 외 다른 계열은 40퍼센트대였다. 고용률의 연도별 변화를 보면 2003년부터 2011년 사이에 특히 자연계열, 사범계열, 예체능계열, 의약계열이 큰 폭으로 하락하였다.

〈표 6-5〉 신규 대졸자 경제활동 현황

	2003			2007			2011		
	전체	남	여	전체	남	여	전체	남	여
신규 대졸자 수	228	117	111	194	100	94	262	144	118
취업자	132	70	62	98	50	47	111	59	52
실업자	46	28	18	29	16	14	60	35	25
비경제활동인구	50	19	31	67	34	33	91	50	41
고용률	58.0	59.7	56.1	50.2	50.2	50.3	42.4	40.9	44.2
실업률	25.8	28.7	22.3	23.2	23.8	22.6	35.0	37.1	32.6
비경제활동률	21.8	16.2	27.8	34.6	34.2	35.0	34.8	35.0	34.4

출처: 남재량. (2011). 신규 대졸자의 주요 집단별 고용 특성. 월간 노동리뷰 5월호. 한국노동연구원. pp.9-10.

〈표 6-6〉 신규 대졸자 계열별 고용률, 실업률, 비경제활동률

(단위: %)

계열	고용률			실업률			비경제활동률		
	2003	2007	2011	2003	2007	2011	2003	2007	2011
인문사회	53.9	45.6	43.6	27.4	28.8	33.4	25.8	36.0	34.5
예체능	69.1	69.7	42.3	20.1	12.6	31.4	13.5	20.2	38.4
사범	87.3	45.9	53.8	4.6	20.3	12.3	8.5	42.4	38.7
자연	70.9	52.3	33.7	13.9	27.2	37.3	17.6	28.1	46.2
공학	51.0	54.0	41.0	34.4	19.6	41.4	22.2	32.8	29.9
의약	76.9	48.4	54.4	5.9	-	35.5	18.2	51.6	15.7

출처: 남재량. (2011). 상게서. pp.11-13.

반면에 실업률은 의약계열, 자연계열, 사범계열이 크게 상승하였다. 그런데 특이할 점 하나는 공학계열이 지속적으로 높은 실업률을 보이고 있는데,

2011년의 경우는 실업률이 41.4퍼센트에 달한다는 것이다. 그 외 계열도 사범계열을 제외하면 30퍼센트 이상의 실업률을 나타내고 있다. 비경제활동률은 사범계열, 자연계열, 예체능계열 등에서 크게 상승하였다.

이상과 같은 신규 대학 졸업자의 경제활동을 종합해볼 때 상승해야 할 고용률은 하락하고 있고, 하락해야 할 실업률과 비경제활동률은 상승 추세를 보이고 있어 신규 대학 졸업자의 노동시장은 바람직하지 않은 방향으로 움직이고 있다.

나) 신규 대학 졸업 취업자의 종사상 지위 및 사업체상 특성

신규 대학 졸업자의 종사상의 지위를 보면 2003년에서 2011년 사이에 임금 근로자 비율이 90.9퍼센트에서 93.1퍼센트로 다소 늘었고 비임금 근로자 비율이 9.1퍼센트에서 6.9퍼센트로 감소하였다. 임금 근로자 중에서는 상용직 근로자 비율이 52.0퍼센트에서 60.8퍼센트로 상승하였고 임시직 근로자와 일용직 근로자 비율은 35.2퍼센트에서 30.5퍼센트, 3.7퍼센트에서 1.7퍼센트로 각각 감소하여 긍정적인 변화가 있었다.

〈표 6-7〉 신규 대졸 취업자의 종사상 지위

(단위: %)

	2003	2007	2011
임금 근로	90.9	93.8	93.1
상용직	52.0	59.1	60.8
임시직	35.2	31.8	30.5
일용직	3.7	2.9	1.7
비임금 근로	9.1	6.2	6.9
전체 (천 명)	100.0 (132)	100.0 (98)	100.0 (111)

출처: 남재량. (2011). 상게서. p.13.

신규 대졸자의 취업 상황을 사업체 규모별로 보면 대부분 300명 미만의 중소기업에 취업하고 있고 대기업 취업률은 2005년에서 2011년 사이에 20.4퍼센트에서 15.4퍼센트로 낮아져 대기업의 신규 대학 졸업자에 대한 노동수요가 한계에 이르렀음을 알 수 있다.

〈표 6-8〉 신규 대졸 취업자의 사업체 규모

(단위: %)

사업체 규모	2005	2007	2011
1-4인	19.7	10.7	17.4
5-9인	10.8	13.4	18.2
10-29인	20.7	17.4	17.5
30-99인	15.1	26.1	18.5
100-299인	13.3	16.3	12.9
300인 이상	20.4	16.0	15.4
전체 (천 명)	100.0 (111)	100.0 (98)	100.0 (111)

출처: 남재량. (2011). 상게서. p.14.

다) 대학 졸업자의 임금

학력별·연령별 임금 격차를 보면 사람들이 그 많은 고생을 하면서도 왜 대학에 진학하려고 하는가를 이해할 수 있다. 대학 4년간 더 투자해서 고졸자보다 평생 동안 1.5~2배 이상의 임금을 더 받을 수 있다면 누구든지 대학 진학을 하려고 할 것이다. 20~24세에는 고졸, 전문대졸, 대졸자가 큰 차이 없이 연봉 1,500만 원 전후로 출발하나, 35~39세가 되면 2,393만 원, 2,752만 원, 3,816만 원으로 차이가 나고, 50~54세가 되면 2,530만 원, 3,419만 원, 5,014만 원으로 더 차이가 나며, 60세 이후가 되면 1,683만 원, 2,034만 원, 4,092만 원으로 각각 차이가 난다.

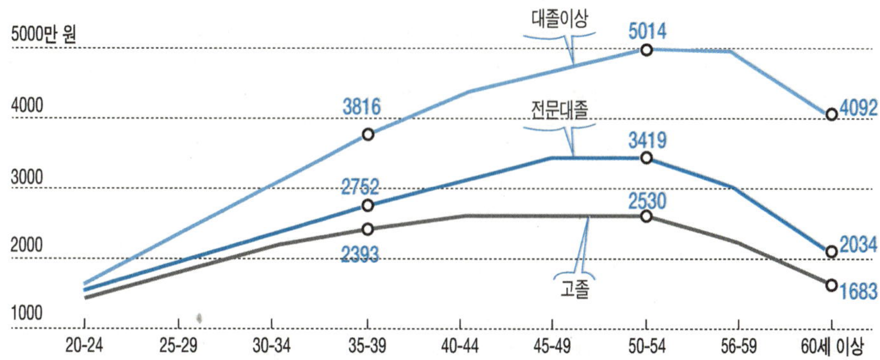

[그림 6-2] 학력·연령계층별 평균 임금

출처: 고용노동부.
김혜림, 김연주. (2011. 6. 15.). 대학 등록금 1000만 원 시대: 대졸·고졸 임금差 50代(50~54세)엔 두 배, 등록금 비싸도 대학 갈 수밖에. 조선일보. p.A5.

학력에 따른 임금 격차가 어느 정도 있는 것은 당연하다. 그러나 문제의 핵심은 학력에 따른 임금 격차가 적정 수준이어야 하고, 학력이 객관적인 절차에 의해 질적으로 평가되어 인증되는 것이 전제되어야 한다는 것이다. 이런 문제가 해결되지 않으면 대학 졸업자의 과잉 공급과 대학 출신의 실업 해소는 어려울 것이다.

국가별로 학력에 따른 임금 격차를 수치만 가지고 논하기는 어렵지만 주요국의 학력별 임금 격차를 비교해볼 때 한국은 다른 주요국에 비해 전문대학 졸업생과 대학 졸업생 간에 임금 격차가 너무 크다. 반면에 고졸자와 전문대학 졸업자 간에 임금 격차는 매우 적다. 한국 전문대학의 교육 목적, 역할과 기능, 정체성을 재검토하고 발전 방향을 확실하게 재정립할 필요가 있다.

〈표 6-9〉 주요 OECD 국가 학력별 임금 격차 비교

구분	한국 (2005년)	독일 (2005년)	미국 (2005년)	영국 (2005년)	프랑스 (2005년)	핀란드 (2004년)
중졸 이하	85.5	85	67	69	86	94
고졸	100	100	100	100	100	100
전문대졸	103.5	132	117	123	125	123
대학교졸	154.9	164	183	169	157	171

출처: 한국직업능력개발원. (2011). 전문기술인력 양성 및 활용의 선진화 방안. e-HRD Review, 14(4), p.12.

임금 격차 문제는 비단 학력에 따른 문제뿐만 아니라 근로 형태별에 따라서도 큰 차이가 나고 교육 훈련 참여 기회와 같은 면에서도 불이익이 있다.

임금 근로자를 근로 형태별로 보면, 2011년 5월 현재 정규직은 66.2퍼센트이고, 비정규직은 33.8퍼센트이다. 비정규직의 월평균 임금(135.6만원)은 정규직(236.8만원)의 57.3퍼센트 수준이다.

지난 1년간 교육훈련 경험은 정규직은 39.1퍼센트인데 비해 비정규직은 28.1퍼센트로 고용 형태별로 차이가 난다.

〈표 6-10〉 근로 형태별 평균 임금 및 교육훈련 경험

근로 형태별 규모 및 임금						근로 형태별 교육훈련 경험 및 시간					
임금근로자		정규직		비정규직		임금근로자		정규직		비정규직	
규모 (천 명)	임금 (만 원)	규모 (천 명)	임금 (만 원)	규모 (천 명)	임금 (만 원)	경험 (%)	시간 (시간)	경험 (%)	시간 (시간)	경험 (%)	시간 (시간)
17,065 (100%)	202.6 (100%)	11,294 (66.2%)	236.8 (116.9%)	5,771 (33.8%)	135.6 (66.9%)	35.4	37	39.1	39	28.1	31

출처: 어수봉(2011). 전게서 p.196.

라) 신규 대학 졸업자의 직업 선택 기준

2010년 20~29세 신규 대학 졸업자 중 임금 근로자들이 일자리를 선택하게 된 이유를 조사한 결과를 보면, 근로조건 만족 24.5퍼센트, 직장 이동을 위해 21.6퍼센트, 안정적인 일자리 20.7퍼센트, 전공·경력에 맞는 일자리가 없어서 8.5퍼센트 등이 주된 요인이었다. 그런데 여기서 직업 선택 동기로 그렇게 바람직하지 않은 것은 현재 직업에 종사하고 있으면서도 다른 직장으로 옮기기 위해 취업 준비를 하고 있다는 점과 대학을 졸업하고 취업 준비를 하면서도 자신의 적성과 소질에 맞는 정말 하고 싶은 일을 찾지 못한 상태에서 할 수 없이 직장에 근무하고 있다는 점이다. 이는 대학 재학 시절에 좀 더 치밀하고 체계적인 진로 설계가 필요함을 시사하고 있다.

마) 취업 애로 계층

2011년 3월 현재 20~29세 신규 대학 졸업자 38만 4천 명 가운데 구직활동을 하고 있지만 현재 일자리를 구하지 못한 실업자는 8만 2천 명에 달해 실업률이 30.9퍼센트에 이르고 있다. 학력별로는 초대졸 15.2퍼센트, 대졸 24.5퍼센트, 대학원졸 37.1퍼센트가 실업상태에 놓여 있다. 이들 실업자를 포함해서 20~29세 신규 대학 졸업자의 47.5퍼센트에 이르는 17만 5천 명이 일자리를 얻는 데 어려움을 겪고 있는 취업 애로 계층인 것으로 나타났다.

따라서 이제 막 사회의 발을 내딛는 신규 대학 졸업자의 노동시장 활성화를 위해서 청년층 취업준비생들은 노동시장 진입을 위해 다각적인 노력을 해야 한다.[6)7)8)]

3 직업 생활과 근무 환경 변화 전망

가. 생애 경로(career path) 변화

국가는 모든 사람에게 일할 수 있는 기회를 제공해야 하는 의무가 있다. 그러나 1997년 IMF 외환위기 이후 우리 국민들의 생애 경로(career path)는 대학 졸업 기간의 연장, 늦은 취업, 잦은 이·전직, 때 이른 은퇴 등 고용불안으로 특징지어지고 있다. 그러나 21세기 초의 지식정보화사회를 거쳐 앞으로 10년 내에 맞이하게 될 후기정보화사회에 접어들게 되는 현재의 대학 재학생은 그동안의 급격한 변화로 인하여 새로운 경력 이력(career history)을 필요로 하고 있다.

1997년 IMF 체제하에 4년제 대학을 졸업한 남자를 대상으로 생애에 걸쳐 일어나는 직업생활의 이력(career history)을 보면 대학교에 입학하여 졸업하기까지 6.4년이 소요되어 25.2세에 대학을 졸업하였다. 군에 입대하는 기간을 고려하더라도 입학에서 졸업까지 기간이 길다는 것을 확인할 수 있다. 대학교를 졸업하고 첫 직장에 취업하기까지 걸리는 구직기간은 11개월이다. 그러나 11개월을 준비하여 들어간 첫 직장에 근무하는 기간은 평균적으로 21개월에 불과하다. 특히 청년취업자(15~29세)들은 첫 직장에서 '1년 이상~2년 미만' 근무(24.3퍼센트)하는 경우가 가장 많았다. 그러나 다른 한 연구 결과에 의하면 첫 직장 취업자의 약 50퍼센트가 1년 이내에 첫 직장을 이직하는 것으로 나타났다.[9)]

한국의 임금 근로자 가운데 46퍼센트는 계약기간이 1년 미만인 임시 일용 근로자이며, 생애 동안 주된 일자리를 이직하는 나이는 55세이다. 그리고 한국의 남성 고령자들이 경제활동을 종료하는 평균 연령은 67.3세이다

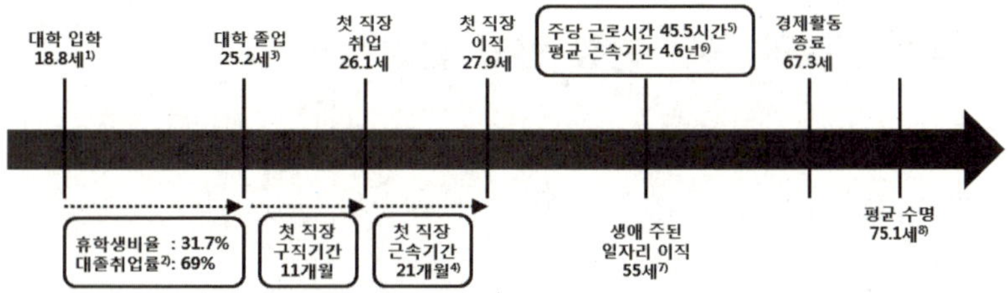

[그림 6-3] 1997년 체제에서 직업생활의 생애 이력

출처: 한상근, 최동선. (2007). '생애 직업안정 시대를 열자.' 이원덕 (편.) 21세기 국가전략–일자리창출·인적자원개발. 한국직업능력개발원. p.105.

이상과 같은 생애 이력이 후기정보화사회에 맞는 모형으로 바뀌기 위해서는 다음과 같은 계획이 추진된다는 것을 전제로 하여 [그림 6-4]와 같이 제안되었다.

새로운 생애 근로모형은 기본적으로 직업안정이 보장된다. 학교에서 직업세계로의 이행 시 발생하는 공백 기간을 최소화하여 개인과 사회가 불필요한 낭비를 하지 않도록 한다. 개인의 적성과 흥미를 충분히 고려하여 첫 직장을 선택하게 한다. 이·전직이 필요한 경우 새로운 직업이나 직장으로 찾는 기간을 최소화하고 임시 일용직보다는 상용근로자의 일자리를 확대하는 정책을 수립하고 시행한다. 그리고 평균 수명과 건강 수명이 연장되고 있는 현실을 고려하여 정년 제도를 획기적으로 개정하여 초고령 사회에 대비한 노동력을 확보한다.

현재의 학제와 평균 수명을 전제할 때 남자의 경우 군 복무기간을 포함해서 대학 졸업을 하는 데까지 현재 25.2세인 것을 24.5세까지 줄인다. 그리고 첫 직장을 갖는 데 걸리는 시간도 현재의 11개월에서 6개월로 단축하여 25세이면 첫 직장을 갖도록 개인의 직업능력을 향상시키고 제도적인 지원을 한다. 임금근로자 가운데 상용근로자가 차지하는 비율을 현재의 56퍼센트에서 65퍼센트까지 확대하여 고용의 질을 높이는 데 주력한다. 직장에서의 근속기간은 현재 4.6년에서 7~8년으로 늘린다. 그리고 기업체의 정년을 70세로 높이도록 유도하여 생애 주된 일자리를 실제로 이직하는 나이를 평균 60세로 상향시킨다.

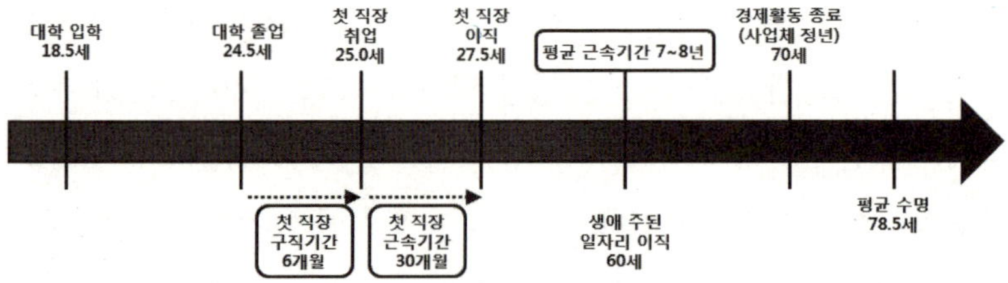

[그림 6-4] 새로운 직업생활의 생애 이력(2020년)

출처: 한상근, 최동선. (2007). '생애 직업안정 시대를 열자.' 이원덕 (편.) 21세기 국가전략-일자리창출·인적자원개발. 한국직업능력개발원. p.118.

나. 은퇴가 사라지고 1인 다직종 근무

1900년 이전에는 인간은 늙지 않았다. 인간의 평균 수명이 10만 년 전에는 18세, 1,000년 전에는 25세, 19세기에는 47세로 늘어났다. 그러나 1850년까지도 50세를 넘기지 못했기 때문에 인간은 죽을 때까지 일을 해 은퇴라는 단어가 없었다. 그러던 것이 20세기에 들어와 페니실린이 개발되어 콜레라, 페스트, 성홍열 등 급성 질병의 치료가 가능해지면서 평균 수명이 급속히 늘어났다. 그러면서 노인이라는 말이 새로운 개념으로 나타났고, 늙는다는 것도 새롭게 경험하면서 일정한 나이가 되면 오랜 기간 동안 일하던 직장을 떠나 은퇴를 하게 되었다. 그러나 현재 대부분의 사람들은 은퇴 후에도 일정한 활동을 원하고 있어 삶과 일의 개념에 변화가 오고 있다. 지금은 60~70세가 되어도 다양한 봉사활동과 취미생활을 하기를 원하며, 여유롭고 조용하며 정원적인 활동을 하면서 일생 동안 세상과 연결되어 있기를 원한다.

어떤 사회학자는 2020년경이 되면 로봇과 인공지능 등의 기술이 발달하면서 현재 노동력의 95퍼센트가 필요 없는 시대가 된다고 예측한다. 이 말의 의미는 인류 역사에서 노동의 95퍼센트가 사라진다는 말이 아니다. 현재 우리가 생각하는 노동의 95퍼센트는 그 개념과 형태가 완전히 바뀐다는 말이다. 노동환경에 대해 미국 정부도 비슷한 예측을 했다. 미국 정부는 앞으로 10~20년 후가 되면 현재 존재하는 직업들 중에서 80퍼센트가 소멸되거나 현재와는 아주 다른 형태로 진화한다고 발표했다. 호주 정부 역시 10~15년 후가 되면 한 사람이 은퇴할 때까지 평균 29~40여 개의 직장(직업)을 옮겨 다니게 된다고 예측했다. 벌써 미국은 한 사람이 은퇴할 때까지 평균 8.7개의 직장(직업)을 돌다가 은퇴하고 있으며 현재 고등학교 재학생들은 일생 동안 직업을 10~15번 바꿔야 한다고 전망하였다. 그래서 미국 대학생의 60퍼센트가 전공을 2개 이상 이수하고 있다. 미래는 모든 직업에서 서너 분야의 전문지식을 원한다. 그러므로 전공 하나로 그 분야에서 평생 일자리를 갖는 것은 쉽지 않을 것이다. 왜냐하면 산업 자체가 빠르게 바뀌고 있기 때문이다.

농경사회는 6,000~7,000년 지속되었고, 산업사회는 200년, 정보화사회는 50년, 그리고 5년 후에 다가올 후기정보화사회는 10년 만에 지나간다고 한다. 그 뒤에는 마침내 인간의 능력을 초월하는 인공지능 개발로 특이점이 올 것으로 예측하고 있다. 그때가 되면 앞으로 세상이 어떻게 변해갈지 상상하기가 어렵다. 그러므로 20대에 대학을 졸업하였다 하더라도 자신의 분야는 물론 다른 분야의 공부를 계속해 멀티플레이어가 되어야 한다.[10][11][12]

다. 재택근무 및 가상공간 활용 증가, 노조기능 변화

정보 기술의 발달로 서비스업 분야에 가정이나 가상공간을 이용한 직무가 늘어나면서 직장을 출근하지 않더라도 집이나 집 가까운 일정한 곳에서 근무하게 되는 경향이 늘어나고 있다.

제조업은 전체 산업에서 차지하는 비중이 줄어들고 있는데 미국의 경우 현재 전체 산업의 10퍼센트 정도를 차지하고 있다. 2020년경이 되면 2퍼센트 정도로 줄어들 것이라고 한다. 이렇게 되면 노동력이 대규모 공장에 집중되는 경우가 줄어들 것으로 전망하고 있다. 또한 노동시장은 하도급, 아웃소싱, 파트타임, 비정규직이 늘어나 저임금 노동시장의 변화가 심해지면서 정규직 중심의 노조의 역할은 과거와는 달라질 것으로 전망하고 있다. 특히 한국은 빠른 경제 성장에 비례해서 노사문화가 건전하게 발전하지 못해 많은 아쉬움이 있다. 다행히 2011년부터는 복수 노조 허용으로 기업 단위뿐만 아니라 전국 단위에서도 노동조합 간의 서비스·정책 ·타협 등이 확대될 전망이다. 따라서 한국노총과 민주노총은 투쟁사업 본부가 아니라 연구와 정책개발, 홍보, 교육을 위한 전문가 조직으로 더 강화되어야 할 것으로 기대된다. 왜냐하면 20세기는 노조의 '하드 파워' 시대였다면, 21세기는 '소프트 파워' 또는 '스마트 파워'의 시대이기 때문이다.[13)]

4 노동시장 변화의 시사

한국의 인력수급(2008~2018년) 전망은 산업과 전공 분야에 따라 부분적으로 수요 부족 분야가 있으나 대부분의 경우 15퍼센트 내외의 대학졸업자의 공급 과잉, 교육과 노동시장의 미스매치가 지속적으로 나타날 것으로 전망하였다. 따라서 대학의 과감한 구조 조정이 절실히 요청되고 있다.

노동시장은 국제금융위기, 기업의 글로벌화, 경제 성장 둔화, 산업 구조 변화, 저출산, 고령화, 과도한 고학력화 등으로 고용 창출이 둔화되고 있다. 이로 인해 청년층의 고용률은 저하되고 있고, 고용은 이중 구조화되고 있으며, 고령화로 노동생산성은 떨어질 전망이다. 이에 따라 앞으로도 대학 졸업생들의 고용 기회가 확대될 전망은 밝지 않다.

그러나 희망적인 것은 대학 졸업자의 대기업 취업 기회는 전체 취업자의 15퍼센트 내외이고 나머지 대부분은 중소기업 취업자라는 점이다. 현재도 중소기업 구인자 수와 대졸 실업자 수가 비슷하다고 한다. 그렇다면 대졸자들이 중소기업에 취업할 수 있는 지원 및 유인 체제를 적극적으로 모색하여 중소기업 취업률을 더 높이고, 중소기업에 일정 기간 근무한 후 창업도 하며, 더 나아가 국제무대에서 활동할 역량을 키울 수 있도록 진로계획을 수립한다면 대학 졸업생들의 진로도 희망적일 수 있다.

그런데 문제는 지금과 같이 취업 경쟁이 치열한 상황에서는 기업이 요구한 역량을 대학생들이 대학 재학기간 중 얼마나 함양하느냐에 달려 있다. 이런 조건을 충족시키기 위해서 대학은 산업사회의 요구, 학생들의 요구와 능력 등을 고려하여 교육과정을 편성 운영하고 교수-학습을 개선하는 등 과감한 혁신과 개혁이 요구된다.

정부의 2010년 국가고용전략에서 제시된 청년층 고용정책의 주된 내용을 보면, 청년층 고용기회의 확대를 위한 훈련과 고용의 연계, 청년인턴제의 확대, 학교로부터 노동시장으로의 이행 촉진, 대학의 자율적 구조조정 촉진지원 및 대학의 취업지원 강화 등 청년층 구급구조의 개선, 취업 청소년 대상 취업지원 강화 등을 추진 중이나 결과는 그렇게 만족스럽지 못하다. 대학 졸업생들이 더 많이 취업할 수 있는 성과를 거둘 수 있도록 장·단기 정책방안이 다각적으로 모색되어야 할 것이다.

예컨대 IT 분야의 성장 기여도가 높아지면서 성장의 고용탄력성이 크게 떨어지고 있다. 따라서 지금의 고용문제는 노동시장 개혁만으로는 해결될 수 없고 고용친화적인 경제·산업정책이 병행되어야 한다. 구체적인 예로 정부가 추진하고 있는 녹색성장산업, 신성장동력산업, 문화관광산업 등을 통한 새로운 일자리 창출과 청년 창업 등이 이루어질 수 있도록 적극 지원해야 할 것이다. 아울러 대학은 이와 관련된 학과 편성 운영과 우수 인재 양성을 위해서 배전의 노력이 필요하다. 또한 고학력 여성의 고용을 촉진하기 위한 양질의 보육 서비스와 기혼여성 친화적인 근무 제도를 확산시켜야 하며, 다양한 일자리 수요와 일-가정 양립 등 근로자의 다양한 욕구를 충족시키기 위한 시간제 근무를 비롯한 유연근로제의 고급화와 정규직화가 필요하다.

청년층의 고용문제와 일자리 창출 확대를 위해서는 정부, 산업체, 대학, 그리고 대학생 당사자 모두가 각자의 입장에서 문제점을 파악하고 원인을 규명하여 해결 방안을 모색해야 한다. 아울러 유기적인 협조체제 아래 각자 맡은 일을 실현할 수 있는 장·단기 계획이 수립되어 추진되어야 한다.

대학을 졸업하고 취업하기까지의 준비기간이 더 길어지고, 첫 직장을 가진 후에 다른 직장으로 옮기는 기간도 단축되고 있다. 이렇게 잦은 직장 이동과 직업 소멸 주기 단축으로 1인 다직종 근무 시대가 오고 있다. 2020년대에 대학을 졸업하고 취업을 하게 될 대학 신입생은 앞으로 자신의 생애를 어떻게 설계하여 살아갈 것인지 최소한 2020~2030년을 향한 생애 경로(career path)를 설계할 필요가 있다.

탐구활동 6-1

자신이 전공하고 있는 분야의 인력 수급 전망

내가 전공하고 있는 분야나 나의 진로와 관련하여 관심 있는 분야를 하나 선정하여 10년 후의 인력 수급을 전망해보고 미래를 구상해보자.

탐구활동 6-2

자신이 전공하고 있는 분야의 노동 구조 변화 전망, 문제, 대책

내가 전공하고 있는 분야의 노동시장 구조 변화를 전망하고 나의 진로는 어떤 쪽으로 할 것인지 생각해보자.

탐구활동 6-3

자신이 전공하고 있는 분야의 고용시장 분석과 대학 생활에의 시사점

내가 전공하고 있는 분야의 고용시장을 분석하고 취업을 하려고 할 경우 지금부터 준비해야 할 사항을 계획해보자.

탐구활동 6-4

전공 분야와 관련된 대기업체와 중소기업체에 취업하기 위한 준비 계획

평균적으로 얘기할 때 대학 졸업자 중 300명 이상의 근로자가 근무하고 있는 대기업에 취업할 수 있는 사람은 15퍼센트 정도이다. 구체적으로 내가 취업할 수 있는 대기업과 중소기업 중 특정 직업을 구체적으로 탐색하여 취업 준비 계획을 수립해보자.

탐구활동 6-5

생애 경로 작성

1인 다직종 시대를 맞아 직업생활과 근무환경이 바뀔 것을 전제로 나는 10~20년 후 어떤 직업과 근무환경 속에서 직업생활을 하고 있을 것인가에 대한 생애 경로(career path)를 작성하여보자.

주

1) 박명수, 이대상, 윤정혜, 박세정. (2010). 중장기인력수급전망(2008-2018), 서울: 고용노동부 한국고용정보원. p.요약 I~xxi.

2) NEAR재단. (2011). 양극화 고령화 속의 한국, 제2의 일본 되나. 매일경제신문사. pp.147-175.

3) 최윤식, 배동철. (2009). 2030년 부의 미래지도. 서울: (주) 지식노마드. pp.116-122.

4) NEAR재단. 전게서. pp.162-167.

5) 상게서. pp.176-189.

6) 박명수, 이대상, 윤정혜, 박세정. (2010). 전게서. p.요약 I~xxi.

7) 김복순. (2011). 신규 학졸자의 취업자와 취업애로계층의 특성 분석. 월간 노동 리뷰. 74호. p.25.

8) 김미란, 민주홍. (2011). 졸업생의 노동시장 안착과정과 전공별 차이. 직업능력개발연구. 14(1), pp.1-19.

9) 김미란. (2006). '청년층 첫 직장 이행.' 임언, 김안국 (편.) KRIVET 연구총서 5: 진로지도와 노동시장의 이행. 한국직업능력개발원. pp.307-340.

10) 최윤식, 배동철. (2009). 2030년 부의 미래지도. 서울: (주) 지식노마드. pp.173-174.

11) 박영숙, 제롬 글렌, 테드 고든. (2010). 유엔보고서 3: 기후와 에너지로 재편되는 세계. 서울: 교보문고. pp.169-173.

12) Farr, M. (2011). Getting the job you really want(6th ed.). MN: JIST Works. pp.2-9.

13) 박영숙, 제롬 글렌, 테드 고든. 전게서. pp.161-164.

제 7 장 교육 변화

1 미래 변화가 대학생에게 요구하는 인재상

앞에서 미래 변화를 고찰하면서 미래는 대단히 빠른 속도로 바뀌고 있다는 것을 알 수 있었다. 이런 변화 속에 살아가야 하고 또 미래사회를 이끌어갈 젊은이들이 지녀야 할 바람직한 인재상은 어떤 것인가를 살펴보고자 한다.

미래의 젊은 한국인에게 요구하는 기대 역량을 미래 변화의 주제별 관점, 이론적/학술적 관점, 국가의 관점, 산업계의 관점에서 고찰하고, 끝으로 저자의 입장에서 여러 관점을 종합하여 젊은이, 특히 대학생에게 요구하는 기대 역량을 제시하고자 한다.

가. 미래 변화의 주제별 관점

가) 인구 변화의 관점

(가) 모든 국민 특히 청장년층은 각자가 처한 입장에서 나름대로 저출산율로 인한 인구 감소를 줄이고 출산율을 높이기 위해 노력해야 한다.

(나) 인구 감소에 따른 노동력을 보완하기 위해 노동 생산성을 높일 수 있어야 한다.

(다) 저출산·고령화가 미치는 다각적인 영향에도 대처할 수 있어야 한다. 예를 들면 저출산으로 인한 경제적 충격을 완화하고, 고령화로 인한 사회적 부담이 가중되는 것에 대한 경제적 부담을 감당할 수 있는 능력도 있어야 한다.

(라) 특히 가정 및 가족 관계 변화에 대응한 바람직한 가정 및 가족 관계를 유지할 수 있는 지혜가 필요하다.

(마) 고령자가 되었을 때 인생 제2막의 행복한 삶을 영위할 수 있는 준비 능력이 있어야 한다.

나) 자원, 에너지, 기후 환경의 변화 관점

(가) 한국은 식량, 물, 금속자원, 에너지원 등이 모두 부족하기 때문에 자원을 절약하며, 생활하려는 생활 습관을 유지하고, 개선할 수 있는 능력이 있어야 한다.

(나) 부족한 자원을 개발하고 증진할 수 있는 전문직업인으로서 필요한 고도의 전문적인 지식과 기술을 지닌 사람도 있어야 한다.

(다) 기후 변화에 절대적 영향을 미치는 지구온난화를 억제하고, 지속 가능한 발전을 하려는 태도와 역량이 있어야 한다.

(라) 녹색성장 산업에 전문직업인으로 적극 참여하여 활동할 수 있는 전문적인 지식과 기술을 지닌 사람도 있어야 한다.

다) 글로컬라이제이션(glocalization)의 관점

(가) 세계화가 미치는 긍정적인 면과 부정적인 면을 이해하고 대처할 수 있어야 한다.

(나) 국제 시장에 글로벌 교역 전문가(미들맨)로 활동할 수 있는 역량이 있어야 한다.

(다) 네트워크 시대를 맞아 네트워크를 효율적으로 조직하고 관리할 수 있는 능력이 있어야 한다.

(라) 다문화 지구촌 사회에서 어느 민족과도 더불어 살 수 있는 기본 소양과 삶의 지혜, 소통 능력이 있어야 한다.

라) 사회·문화 변화의 관점

(가) 사회 변화의 흐름을 이해하고 적응할 수 있어야 한다.

(나) 다변화되어가고 있는 가정과 가족 관계에서 자신의 가정과 가족 관계를 바람직하게 유지하고 관리할 수 있어야 한다.

(다) 다문화 가족·사회를 이해하고, 적응하며, 생활할 수 있어야 한다.

(라) 급변하고 있는 생활양식에 주체의식을 가지고 적응하며, 생활할 수 있어야 한다.

마) 과학기술 발전과 산업 변화의 관점

(가) 과학기술이 급속하게 발전하고 변화하고 있기 때문에 지식과 기술을 수집, 가공, 창출, 활용, 관리할 수 있는 문제해결력과 창의력이 있어야 한다.

(나) 이런 역량을 개발하기 위해서는 과학, 기술, 공학, 수학 STEM: Science, Technology, Engineering, Mathematics과 인문사회과학에 관한 탄탄한 기초 능력이 있어야 한다.

(다) 과학기술 분야는 융·복합학문과 기술이 새롭게 태동되고 관련 산업이 계속 분화·발전되고 있어 대학 재학 중 2개 이상의 전공과정을 이수할 수 있어야 한다.

(라) 과학기술의 발달로 새로운 산업 분야가 창출되고 있다. 젊은이들은 새롭게 나타나고 있는 산업 분야 틈새시장의 직업을 개척하고 도전할 수 있는 역량이 있어야 한다.

(마) 특히 후기정보화사회는 하이 텍(high tech)은 물론이고, 예술적이고 감성적인 미를 창조하는 하이 컨셉(high concept)과 인간의 감성을 개발하고 디자인하는 감성 능력 즉, 하이 터치(high touch)도 중요하기 때문에 이에 대한 역량 개발에도 깊은 관심을 가져야 한다.

바) 노동시장 변화의 관점

(가) 자신의 전공 분야와 관련된 노동시장의 인력 수급과 노동시장 구조 변화를 전망할 수 있어야 한다.

(나) 특히 중소기업 분야에서 직업을 선택하여 자신의 역량을 발휘하고, 창업도 할 수 있는 기회를 포착할 수 있어야 한다.

(다) 취업 준비와 행복한 직업생활을 위한 자신의 생애 경로(career path)를 합리적으로 설정할 수도 있어야 한다.

사) 교육 변화의 관점

(가) 미래사회가 요구하는 인간으로서 갖추어야 할 기본 역량을 지녀야 한다.

(나) 직업인으로서 지녀야 할 전문적인 능력이 있어야 한다.

(다) 평생학습사회와 스마트(SMART) 교육에 의한 교수-학습 방법의 혁신 시대를 맞아 일생 동안 자기 주도적 학습을 생활화할 수 있어야 한다.

(라) 미래 변화에 따라 새롭게 부각되고 있는 교육산업 분야에 종사하기 위한 직업 창출 능력과 이에 종사할 수 있은 전문적인 역량이 있어야 한다.

(마) 고령자가 되었을 때 인생 제2막의 행복한 삶을 영위할 수 있는 준비 능력도 있어야 한다.

나. 이론적/학술적 관점

가) 정범모의 내일의 한국인이 지녀야 할 인간상

정범모는 그의 저서 『내일의 한국인』에서 '내일은 어떤 사람들이 한국을 이어가야 하는가?', '그들에게는 어떤 자질이 필요한가?'에 대하여 다음과 같이 여덟 가지 인간상을 제시하였다.

(가) 전인(全人)

내일의 한국인은 기본적인 지·정·의·체를 고루 그리고 높게 갖춘 전인이기를 바란다. 내일은 좁고 단순한 지식·기술만으로는 지탱하기 어렵기 때문이다.

(나) 공인(公人)

내일의 한국인은 남과 공공을 깊이 생각하는 공인이기를 바란다. 빈곤의 시대에 부득이 '나'부터 생각했던 심성으로는 내일을 감당하기 힘들기 때문이다.

공인은 국력(國力), 국격(國格), 국혼(國魂)을 지녀야 한다. 즉, 공인은 각자의 직업을 통해 국력을 신장시키고, 나라를 위해 국격을 높일 수 있으며, 애국심과 충성심을 바탕으로 국혼을 가져야만 한다.

(다) 생산인

내일의 한국인은 장인정신과 창의력을 지닌 유능한 생산인이기를 바란다. 내일의 세계는 범상하고 진부한 생산력으로는 이겨내지 못하기 때문이다.

(라) 자율인

내일의 한국인은 지적·사회적·도덕적 생활에서 자발적이고, 자율적이며, 책임 있는 자유를 행사하는 역량을 지닌 자율인이기를 바란다. 내일은 타율의 풍토로는 경영하기 힘들기 때문이다.

(마) 내재 가치

내일의 한국인은 일의 수단적 가치보다 일 자체에 보람을 느끼는 내재적 가치를 만끽하는 사람이 되기를 바란다. 내일은 사물의 쓸모만 생각하는 수단주의적 풍토만으로는 번영할 수가 없기 때문이다.

(바) 역사적 현재

내일의 한국인은 과거와 미래를 함축하는 역사적 현재를 사는 사람이기를 바란다. 내일에는 바로 눈앞만 보는 단기적인 안목으로는 온갖 차질을 빚을 것이기 때문이다.

(사) 보편과 특수

내일의 한국인은 지적·사회적·도덕적 생활에서 보편과 특수를 슬기롭게 오가는 사람이 되기를 바란다. 세상은 보편과 특수의 합작품이기 때문이다.

(아) 자연과의 조화

내일의 한국인은 자연과의 조화 속에서 자연과 더불어 살아가는 사람이 되기를 바란다. 인간의 삶을 지탱하는 자연의 파괴와 착취에는 한계가 있기 때문이다.[1)]

나) 미래학적 관점에서 본 인간상

(가) 제롬 글렌의 인재상

세계 미래연구기구협의회 회장인 제롬 글렌(Jerome Glenn)은 미래학적 관점에서 본 인재상을 멀티플레이어이자 리더십이 강하고 경험이 많으며, 문제해결력, 창의적·분석적 사고, 팀워크, 의사소통능력, 의사결정능력이 뛰어난 사람이라고 하였다.

과학기술이 급진적으로 발전되면서 학문 고유 영역의 발전은 물론 학문과 학문 간의 융·복합으로 인하여 또 다른 과학기술 분야가 태동하고 있다. 이들 이론과 기술을 바탕으로 새로운 산업이 발전되고 있고, 그 산업이 어떤 형태로 나타나게 될지 예측이 어려운 경우도 있다. 이런 융·복합 사회에 리더가 되기 위해서는 SMART Sense: 통찰력, Method: 사고기술, 일하는 기술, Art: 예술성, 예술적 수준의 지식, Relationship: 관계력, 집단지성능력, Technology: 기술 활용 능력 능력이 필요하다.[2][3]

(나) 핑크의 인재상

핑크는 21세기에는 하이 테크(high-tech)만으로는 부족하며, 이에 더해 하이 컨셉(high-concept)과 하이 터치(high-touch)가 가미되어야 한다고 하였다. 하이 컨셉은 예술적이고 감성적인 미를 창조하는 능력, 패턴과 기회를 포착하는 능력, 이야기를 구성지게 표현하는 능력, 관련이 없는 것 같은 아이디어를 참신한 발명으로 연결할 수 있는 능력이다. 하이 터치는 감정 이입 능력, 인간의 미묘한 상호작용을 이해하는 능력, 일상적인 무료함에서 벗어나 재미를 찾고, 이를 타인에게 유도하는 능력이다.

(다) 와그너의 미국 교육이 키워야 할 핵심 역량

와그너는 미국 교육이 키워야 할 21세기 사회에서 요구하는 일곱 가지 핵심 능력을 비판적 사고력 및 문제해결력, 협동심 및 영향력 있는 리더십, 적응력, 이니셔티브 및 기업가 정신, 효과적인 정보 탐색 및 분석능력, 호기심과 상상력 등으로 제시하였다.[4]

다. 국가적 관점

노무현 대통령 정부 당시, 대통령 소속 교육혁신위원회는 '학습사회 실현을 위한 미래교육 비전과 전략'에서 다가오는 2030년을 향한 교육 비전과 인재상을 다음과 같이 제시하였다.

가) 비전: 희망과 학습사회 실현

모든 국민이 적시 맞춤형 학습을 통해 일생 동안 자기의 소질과 능력을 개발함으로써, 개인의 행복과 사회의 번영을 동반하는 학습사회를 실현한다.

학습사회로 가기 위한 교육 패러다임은 교육 공급주의에서 학습 지원주의로, 가르침 중심에서 배우기 중심으로, 경직된 교육에서 유연한 교육으로, 지식 중심에서 학생 역량 중심으로 전환되어야 한다.

나) 인간상: 자율, 창조, 상생의 인간

(가) 자율적으로 행동하며 학습하는 인간

사회 변화에 능동적으로 대처하고 인생을 주체적으로 살아가기 위해서 모든 개인은 나이와 직업에 관계없이 항상 학습하는 사람이 되어야 한다. 미래의 학습사회에서는 모든 사회활동 영역에서 교육과 학습 기능이 강화되므로 누구나 원하는 분야에서 학습기회를 누릴 수 있어야 한다. 또한 자기 주도적인 학습을 생활화함으로써 어떤 환경에서도 스스로 헤쳐 나가는 지혜와 능력이 필요하다.

(나) 새로운 가치를 창조하는 인간

기존 자원을 독창적으로 활용하여 새로운 가치를 창조하는 능력과 이성이 요구된다. 또한 변화가 일상화되는 유동적 미래 환경에서 진취적으로 상황을 주도해나가는 능력이 필요하다. 특히 세계적인 이동성의 증가로 국가 간·집단 간 문화교류가 빈번해지는 상황에서 문화적 창조성을 발휘하는 능력이 필요하다.

(다) 더불어 살아가며 소통하는 인간

사람들 간의 교류와 협력이 지구촌으로 점차 확대되므로 인류의 평화를 유지하기 위한 노력이 요구된다. 이질적인 집단과 상호 소통하고, 개인적·집단적 자유의 충돌로 야기될 수 있는 갈등을 조정하고 해소할 수 있는 능력도 필요하다. 또한 공동체 의식을 가지고 타인과 더불어 살아가려는 태도를 함양할 필요가 있다.5)

한국직업능력개발원에서는 모든 직업인에게 필요로 하는 직업기초 능력으로 〈표 7-1〉과 같이 3개 영역, 8개 요소, 20개 세부 요소를 제시하고 있다.

〈표 7-1〉 KRIVET 직업기초 능력

영역(3)	요소(8)	세부 요소(20)
1. 사고 지향적 영역	1. 문제 해결력	1. 분석적 사고 2. 평가적 사고 3. 창의적 사고
	2. 수리 능력	4. 기초연산 활용 5. 수치 및 도표해석
	3. 자원·정보 활용 능력	6. 자원 활용 7. 정보기술 활용
2. 관계 지향적 영역	4. 대인관계 능력	8. 협업 9. 네트워크관리 10. 갈등관리
	5. 의사소통 능력	11. 말하기와 듣기 12. 읽기와 쓰기 13. 비언어적 의사소통
	6. 조직·문화 이해 능력	14. 조직 이해 15. 글로벌 문화 이해
3. 자기 개발 지향 영역	7. 자기관리 능력	16. 자기 조절 및 관리 17. 자기 주도적 학습
	8. 진로개발 능력	18. 직업윤리 19. 진로 설계 및 실천 20. 변화 대응

출처: 박동열. (2011. 4). NCS에 기반한 직업기초 능력 교육과정 운영 및 인증제 운영 방향과 과제. 한국직업능력개발원 국가직무능력표준(NCS)에 기반한 교육과정 개발·운영 방안. 인재개발 정책포럼. pp.71-94.

라. 산업계의 관점

가) 산업계의 관점에서 본 미래 인재상 (1)

미래사회가 변화됨에 따라 노동의 개념도 변화될 것이다. 최소한의 의식주 확보를 위한 노동이 아니라, 자신이 가고자 하는 길과 자기가 추구하는 목적을 따라갈 수 있는 자유의 탐색과정으로서의 노동을 추구할 가능성이 크다. 원하는 시간에, 원하는 장소에서, 원하는 만큼, 원하는 조건으로, 원하는 사람을 위해 일하는 자유를 의미한다. 사람들은 시간이 갈수록 회사나 조직에서 생존하기 위해 가면을 쓰거나 계산된 표정을 지으며 정체성을 잃어버리는 지금의 노동 행위 대신, 자기를 마음껏 표현하며 자신의 본래 모습대로 살 수 있는 진실성을 되찾을 수 있는 노동을 원하게 될 것이다.

이런 맥락에서 노동의 형태도 지금과는 다르게 나타날 것이다. 미래사회에서도 물론 회사의 사무실, 상품을 생산해내는 공장, 물건을 파는 상점들은 존재할 것이다. 그러나 미래의 사람들은 상품을 만들어 파는 것보다는 지식과 네트워크를 기획하고 만들고 판매하는 새로운 형태의 노동, 새로운 형태의 비즈니스를 경험하게 될 것이다. 기술이 진보하고 다양한 상품이 빠르게 생산되는 사회에서는 사람들이 상품 자체보다 상품을 통해 얻을 수 있는 새로운 지식과 네트워크를 더욱더 소비하게 될 것이다. 때문에 노동의 형태 역시 겉으로는 상품의 교류처럼 보이겠지만, 진짜 가치 있게 교류되는 것은 지식과 네트워크가 된다. 상품은 새로운 지식과 네트워크의 경험을 가능케 하는 매체에 불과할 뿐이다.

이상과 같은 사회에서 성공하고, 인재로 인정받으며, 혁신적인 부를 만들어 내는 데 필요한 능력은 두 가지이다. 하나는 지식을 지속적으로 생산하는 능력이며, 다른 하나는 네트워크를 지속적으로 생산해내는 능력이다. 과학과 기술의 급진적인 발전으로 아무리 획기적인 아이디어나 상품을 만들어낸다고 해도 그 수명이 오래가지는 않는다. 그러나 회사는 계속해서 수익을 내야 하고, 개인 역시 계속해서 소득을 올려야 한다. 이를 위해서는 한 두 개의 반짝이는 아이디어나 지식이 중요한 것이 아니다. 획기적인 지식을 계속해서 생산해낼 수 있는 능력을 가졌느냐가 성패를 결정짓는다. 그래서 미래사회에서는 계속적인 지식생산 능력이 중요하다.

(가) 지식을 생산하는 능력

지식생산 능력을 가지려면 인식기술 능력, 숙련된 지식, 온라인과 오프라인의 집단지성 활용을 통한 지식경영 능력 등 세 가지 요소가 필요하다.

(ㄱ) 인식기술 능력

미래사회에서는 원하는 지식에 언제 어디서든 접속할 수 있기 때문에, 후기정보화사회에서는 정보에 관한 인식기술 능력이 중요하다. 그리하여 산업주의 사회나 기술 사회에서 소외되었던 철학, 경영학, 심리학, 사회학, 경제학, 미래학 등을 활용한 인식기술 능력이 재평가를 받는 시기가 될 것이다. 그렇기 때문에 학생들은 시와 소설을 즐겨 읽어 사람들의 감성을 이해하는 능력을 길러야 하고, 삼국지와 같은 역사책을 읽어 사람과 사회를 이해하는 능력을 키워야 하며, 심리학을 공부하여 사람들의 심층욕구와 겉으로 드러나지 않는 세상을 이해할 수 있어야 한다. 또한, 미래학을 공부하여 정보를 다루는 기법과 정보의 가치사슬을 만드는 방법을 배움으로써 사고의 폭을 넓히는 것도 중요하다. 창의력은 공상에서 오는 것이 아니라 사고의 폭을 넓게 만드는 데서 시작되기 때문이다.

(ㄴ) 숙련된 지식

숙련된 지식이란 어느 특정 분야에 있어서의 장인 수준의 지식 혹은 달인 수준의 지식을 의미한다. 숙련된 지식에는 두 가지가 있다. 첫째는 학문적 전문성을 가진 지식을 들 수 있다. 이는 특정 주제나 분야에 대한 높은 전문성을 갖춘 지식을 의미한다. 한편 미래사회는 단지 학문적인 지식뿐만 아니라, 거의 모든 분야에서의 다양한 취미, 교양적 지식들도 장인이나 달인의 수준에 올라가기만 하면 부를 만들어낼 수 있는 시대이다. 이것이 바로 개인에게 후기정보화사회가 가져다 준 최고의 선물 중의 하나이다.

(ㄷ) 온라인, 오프라인 집단지성을 활용하는 지식경영 능력

지식이 중요한 사회에서 대기업들은 엄청난 자본력을 활용해 사내에 이미 거대한 집단지성을 구성하고 있다. 개인도 이 흐름에 뒤떨어지면 생존을 보장받을 수 없다. 그런데 개인이 혼자 지속적으로 지식을 생산하는 데에는 한계가 있을 수 있다. 1인 지식의 한계를 극복하려면 온라인과 오프라인의 집단지성 활용을 통한 지식경영 능력이 그 어느 때보다 중요하다. 그리고 단순히 집단을 통해 지식을 생산해내는 것뿐만 아니라, 지식을 체계적으로 경영하는 것도 중요하다. 지식경영이란 조직 구성원의 지식이나 노하우를 체계적으로 발굴, 공유해 조직 전체의 의사결정 능력을 향상시키는 경영기법이다. 개인이 집단지성을 만드는 가장 좋은 방법은 인터넷 커뮤니티를 활용하는 것이다.

(나) 최고의 네트워크를 생산하는 능력

미래사회는 개인, 기업, 국가 누구든 간에 어떤 형식으로 어떤 결과를 만들어내는 네트워크를 가졌느냐가 생존의 아주 중요한 포인트다. 특히 글로벌 비즈니스 전쟁이 본격적으로 시작되는 시기인 향후 20년 동안은 더욱더 이런 능력이 중요하다.

네트워크 생산 능력을 가지려면 지능적 네트워크 활용 능력, 커뮤니케이션 능력, 인성이 중요하다.

(ㄱ) 지능적 네트워크 활용 능력

최고의 네트워크를 끊임없이 생산해내는 노동이 가능하려면 먼저 지능적 네트워크를 구축하는 능력을 길러야 한다. 지능적 네트워크란 단지 사람들이 알고 지내는 느슨한 형식의 네트워크를 뛰어넘어서 네트워크 자체가 새로운 부와 새로운 가치를 향해 지능적으로 함께 움직이는 것을 말한다. 만약 개인이라도 이를 잘 활용하면 다국적 가상기업까지 설립할 수 있다.

(ㄴ) 커뮤니케이션 능력

좋은 네트워크는 기계나 컴퓨터가 만들어주는 것이 아니다. 탁월한 커뮤니케이션 능력을 가진 사람에 의해서 만들어진다. 그렇기 때문에 끊임없이 양질의 네트워크를 생산해내는 노동을 하려면 커뮤니케이션 능력은 필수적이다. 특히 감성적 커뮤니케이션 능력을 향상시켜야 한다. 왜냐하면 미래의 부를 가져다주는 지식은 단순한 정보 수준이 아니라 창의적인 지식이어야 하기 때문이다. 그런데 이런 창의적 지식은 감성적 능력과 밀접한 관계가 있다는 연구 보고가 있다. 창의적 지식을 다른 사람에게 판매해서 새로운 소득을 창출할 때에도 감성적 능력을 활용해야 한다. 즉, 미래사회에 필요한 커뮤니케이션 기술은 감성 디자인 능력을 활용한 커뮤니케이션 능력이다.

감성 디자인 능력이란 사람들의 감정을 조작하는 것과는 다르다. 감성 디자인 능력이란 사람들(고객들)이 자신 안에 존재하지만 미처 인식하지 못한 행복의 느낌들을 새롭게 디자인하거나 향상시켜 전달하는 능력과 이를 지속가능하도록 경영해주는 능력을 의미한다. 그중에서도 미래사회는 스토리를 활용한 감성 커뮤니케이션 기술이 가장 강력한 효과를 발휘할 것으로 보인다. 즉 소리 스토리, 영상 스토리, 음악 스토리, 텍스트 스토리 중 하나를 사용하거나 이 가운데 몇 개를 혼합하여 멀티미디어적으로 커뮤니케이션을 하는 것이 부를 생성하는 데 절대적으로 필요하다.

더불어 외국어 활용 능력도 필수적 커뮤니케이션 능력이 될 것이다. 미래사회는 더욱더 글로벌화되는 시대이기 때문에 남녀노소를 구분하지 않고 최소 1개 이상의 외국어를 활용할 줄 알아야 한다. 아주 간단한 예로 당신이 한국말밖에 할 수 없으면 고작 5,000만 명의 시장밖에는 창출할 수 없지만, 중국어를 사용하는 순간 25배로 시장을 넓힐 수 있게 되고, 영어를 사용하는 순간 당신의 시장을 40배로 넓힐 수 있게 된다.

미래사회에서는 현실세계의 리더십뿐만 아니라, 온라인 online: 가상세계 리더십도 키워야 한다. 가상세계의 리더십은 현실세계와는 다르게 융화, PM (Project Management)능력, 신뢰성 등이 아주 중요한 요소가 될 것이다. 따라서 이런 역량을 갖추어야 지속적으로 양질의 네트워크를 생산하고 유지할 수 있게 된다.

(ㄷ) 인성

최고의 네트워크를 생산해내는 일이 가능하려면, 좋은 인성이 필요하다. 지식사회에서는 지식과 네트워크만 있으면 부자가 될 수 있지만, 그 지식과 네트워크 때문에 실패할 수도 있다. 내가 가진 지식보다 더 나은 지식이 다른 사람에 의해서 생산되거나 혹은 내 지식을 누군가가 빼돌려서 다른 사람에게 팔아버리면 끝장이 난다. 또한 네트워크를 만들기는 쉽지만 네트워크에서 한번 찍히면 무너지는 것도 한순간이다. 물론 나를 배신하는 일도 나의 네트워크 안에서 일어난다. 그렇기 때문에 한두 가지의 반짝하는 지식을 가지려고 애쓰기보다는 그런 지식을 계속해서 생산해낼 수 있는 능력을 기르는 것이 중요하다. 그렇게 하면 내 지식이 복제되더라도 그것을 넘어서는 또 다른 지식을 계속해서 만들어낼 수 있기 때문이다. 그래서 창의성이 더욱더 중요해지는 것이다.

지식과 기술 유출에 대한 위험을 막는 방법도 있다. 그것은 바로 인성이 좋은 사람들과 거래를 하고, 네트워크를 만드는 것이다. 근래에도 심심치 않게 국내의 기술을 외국으로 빼돌려 파는 파렴치한 인성을 가진 사람들의 사례가 언론에 보도되곤 한다. 앞으로는 이런 일들이 더욱더 많이 일어날 것이다. 음악이나 영화만 불법으로 유통되고 복제되는 것이 아니라 산업기밀이나 창조적인 아이디어도 순식간에 불법 유통되는 일이 비일비재해질 것이다. 그것도 나의 네트워크 안에 있는 구성원 가운데 한 사람이 배신을 해서 발생하기 쉽다.

그렇기 때문에 앞으로 기업은 똑똑한 사람 못지않게 인성이 좋은 사람을 뽑을 것이다. 또한 미래사회에서는 가상공간 안에서 실제 얼굴을 보지 않거나 아바타만으로 소통하고 프로젝트를 하는 경우가 많이 생길 것이다. 이런 환경에서는 능력도 중요하지만 원만한 협업을 위한 좋은 태도, 시간과 업무 약속을 잘 지키는 신뢰성 등이 점점 더 중요해진다. 미래사회는 수직적 충성보다는 수평적 충성심이 강조되는데, 이것 역시 인성이 바탕이 되어야 가능하다. 따라서 대학 재학시절 봉사 활동, 독서, 명상, 종교 활동, 동아리 활동, 현장실습 등을 통하여 훌륭한 인성을 함양하도록 최선의 노력을 다해야 한다.[6)]

나) 산업계 관점에서 본 미래 인재상 (2)

(가) I형 인재(specialist)

산업계 관점에서 본 대학생에게 요구되는 역량은 시대변화에 따라 달라지고 있다. 1980년대만 해도 기업에서는 한 가지만 잘해도 먹고 사는 것은 문제가 없었다. 변호사, 세무사, 변리사 등 한 분야의 전문가들이 각광을 받았다. 소위 말하는 'specialist'의 시대로서 'I'형 인재를 원했다.

(나) T형 인재(general specialist)

그러나 기업 환경이 복잡해지면서 한 분야의 전문가이면서 다른 분야에 대해서도 일반적인 이해를 하고 있는 사람이 필요하게 되었다. 변호사이면서 환경에 대한 지식을 가지고 있거나 회계사이면서 마케팅 이론을 알고 있는 사람이 대우를 받았다. 즉 'General- Specialist'라 불리는 'T'형 인간이 유행하게 되었다. 미국에서 1990년대 중반 이후 Techno MBA가 유행하게 된 것도 실리콘 벨리의 기술 인력들이 창업하면서 마케팅이나 인사관리 등에 대한 지식적 수요가 늘어났기 때문이다.

(다) 'π'형 인재(multi specialist)

새로운 밀레니엄을 맞이한 21세기의 기업 환경은 더욱 복잡해졌고 이해관계자도 늘어나게 되었다. 최소한 2가지 분야 이상의 전문지식과 다른 분야에 대한 일반적인 이해를 가진 슈퍼맨형 인재에 대한 수요가 급격히 높아졌다. 회계사와 변호사 자격증을 가지고, 마케팅에 대한 지식을 가진 최상급 인재가 필요하게 된 것이다. 기업이 수십 개국에 지사와 공장을 소유하고 수십 개국의 직원을 채용하면서 영어를 포함한 여러 언어를 구사할 수 있고, 글로벌 마인드, 창의적 사고를 가진 인재를 요구하고 있다. 이런 인재를 'Multi-Specialist'라고 하며 'π'형 인간이라고 부른다.

특히 21세기 글로벌 선도 기업이 원하는 인재상은 합리적인 인재, 전문적인 인재, 미래지향적인 인재이다. 합리적인 인재는 일과 조직에 헌신하기 위해서 올바른 애사심, 사회적 책임감, 공동 목표 달성에 헌신적이고 적극적인 태도, 개인보다는 조직을 우선시하려는 자세를 가진 인재를 의미한다. 전문적인 인재는 책임감과 전문지식을 가진 사람으로 'T'형, 또는 'π'형 인재를 의미한다. 미래지향적 인재는 도전정신과 리더십이 있는 인재를 의미한다.7)

다) 산업계 관점에서 본 미래 인재상 (3)

산업계 관점에서 본 대학생에게 요구되는 역량은 현 시점에서 학생이 그 기대 수준에 어느 정도 도달하고 있느냐를 이해하는 것도 중요하다. 왜냐하면 과거 없는 현재가 없고, 현재 없는 미래가 없기 때문이다. 산업계를 대표하는 전문가들이 대학 교육 평가를 하면서 대학생에게 요구하였던 역량은 일반 직무 역량과 전문 직무 역량이었다.

(가) 일반 직무 역량

일반 직무 역량은 외국어 능력, 정보화 능력, 프레젠테이션 능력, 리더십으로 구분하여 제시하였다.

(나) 전문 직무 역량

전문 직무 역량으로는 업무 관련지식과 지식 적용 능력으로 구분하여 제시하였다.

한국의 상위 그룹에 해당되는 13개 대학을 대상으로 평가한 결과였는데 산업계 관점의 대학 졸업생에 대한 직무 역량 만족도는 5점 만점에 3.6점이었다. 상위 그룹 대학 졸업생의 역량이 전공 관련 산업 현장으로부터 이 정도로 밖에 인정받지 못한다면 현재 한국 대학 졸업생의 역량은 산업계로부터 기대 수준에 미치지 못하는 평가를 받고 있다고 할 수 있다.[8)]

라) 산업계 관점에서 본 미래 인재상 (4)

한 인간이 지니고 있는 역량은 무수히 많고 다양한데 Michael Farr는 이를 크게 3가지 행동 특성으로 분류하였다. 즉 적응력 및 인성(adaptive skills/personal traits), 전이력(transferable skills), 그리고 직무 관련 전문 능력(job-related skills)으로 구분하였다. 고용주가 가장 중요하다고 생각하고 있는 3영역의 10가지 행동 특성은 〈표 7-2〉와 같다.[9)]

〈표 7-2〉 고용주가 가장 중요시하는 역량

역량	행동 특성
적응력 및 인성	정직 및 도덕성, 유연성, 열성, 책임감, 충성심, 긍정적 태도, 전문성, 자신감, 자립성, 학습 의욕
전이 능력	소통능력, 분석력, 컴퓨터 및 기술의 이해, 관리능력, 인간관계, 리더십, 다문화 이해, 기획 및 조직력, 문제해결력/사고력/창의성, 팀워크
직업 전문 능력	각 직업마다 요구하는 전문분야 능력

출처: Farr, M.. (2011). 상게서 pp.16-30.

마. 미래사회가 대학생에게 요구하는 인재상의 종합

이제까지 미래 변화가 대학생에게 요구하는 역량을 여러 관점에서 살펴보았다. 관점은 다양하였지만 대학생에게 요구하는 기대 역량에는 공통점이 많았다. 저자는 이들 관점과 역량을 종합하고, 또한 저자 나름대로 미래 변화에 대하여 한국인 특히 젊은 세대들이 지녀야 한다고 생각했던 인간상을 교양인, 직업인, 국제인, 봉사인, 학습인으로 구분하여 제시하고자 한다.

가) 교양인

(가) 일상생활에 필요한 지식과 기술을 지니고 건강한 생활을 하는 사람
(나) 훌륭한 품성과 건전한 가치관으로 행복한 가정과 사회생활을 하는 사람
(다) 정서적으로 안정되고 풍부한 감성으로 미를 창조하며 디자인할 수 있는 사람

나) 직업인

(가) 모든 직업인이 공통적으로 지녀야 할 직업 기초 능력을 지닌 사람
(나) 적성에 맞고 좋아하는 직업을 택하여 장인 수준의 최고에 달하는 사람
(다) 직무에 필요한 문제해결력과 창의력, 직업 변화에 도전할 전이력이 있는 사람

다) 국제인

(가) 다문화를 이해하고 다른 민족과도 더불어 살아가며 소통하는 사람
(나) 뚜렷한 국가관과 애국심을 가지고 국제적인 품격을 지닌 사람
(다) 지구촌 어느 곳에서나 일할 수 있는 역량을 지닌 사람

라) 봉사인

(가) 자연과 생명을 아끼고 자원을 절약하며 생활하는 사람
(나) 가정과 사회, 국가와 세계를 위해 도움을 주며 생활하는 사람

마) 학습인

(가) 생애 단계별로 진로를 잘 설계하여 끊임없이 자기 개발을 하는 사람
(나) 언제 어디서나 일하면서 배우고 배우면서 일하는 평생학습이 생활화된 사람

2 평생학습 체제하의 대학 역할 변화와 미래 대학의 모습

현재 지식과 기술은 2~3년을 주기로 2배씩 늘어나고 있기 때문에 지금도 그렇지만 미래의 모든 교육은 평생학습 체제하에 이루어져야 한다. 따라서 학교 교육 못지않게 성인교육도 중요하다. 수업 연한으로 보면 대학을 졸업할 때까지 16년이 걸리지만 현대 대학생들이 수명을 다할 때의 평균 수명을 85세로 전망한다 하더라도 대학을 졸업한 후 60년 가까이를 일하면서 배우고, 배우면서 일하는 평생학습이 생활화되어야 한다. 그렇기 때문에 미래사회에서의 행복과 성공은 학교에서 우수한 실력을 쌓는 것 못지않게 대학 졸업 후 일생 동안 끊임없이 필요한 능력을 개발하려고 얼마나 노력하는 생활을 하느냐에 달려 있다고 할 수 있다. 이런 평생학습사회 아래서 대학의 역할은 어떻게 변화될 것인가를 전망해보고자 한다.

가. 대학의 역할 변화

2040년을 향한 한국 고등교육이 지향해야 할 대학의 역할을 한국교육개발원 유형숙 연구팀은 창조적인 사회를 주도하는 고등교육, 행복한 사회를 꿈꾸는 고등교육, 지속가능한 사회를 이끄는 고등교육, 조화로운 사회를 실현하는 고등교육 등 4가지로 제시하였다.

가) 창조적인 사회를 주도하는 고등교육

21세기 경제사회와 학계의 핵심 화두는 '융합(Convergence)'이다. 융합은 이질적인 요인들이 결합되어 강력한 에너지로 기존의 특성들과 다른 새로운 것을 창조하는 것이다. 지식융합과 학문융합은 21세기의 '새로운 가치창조의 원동력'으로 주목받고 있으며, 지식융합시대의 지향점은 창의성(creativity)으로 규정된다.

또한 첨단 과학기술을 기반으로 창조, 혁신, 감성을 키워드로 하는 스마트 사회가 등장하여, 이로 인해 대학은 그 어느 때보다도 새로운 가치창조 활동의 중심에 위치할 것이다. 따라서 미래사회의 고등교육은 융합형 인재 양성 및 배출을 통해 스마트 사회를 주도하게 될 것이다. 이러한 사회에서 대학은 산업과 기술의 발전을 주도하는 창의적 지식 생산을 통해 경제 발전에 더욱 중요한 주체로 부상할 것이다.

나) 행복한 사회를 꿈꾸는 고등교육

저출산·고령화로 인하여 국가적으로는 생산성 감소, 개인적으로는 긴 노후 대책 문제가 미래사회의 주요 이슈가 될 전망이다. 우리 사회의 웰빙(well-being)을 위하여 미래 고등교육은 기존의 교육 목적과 기능을 재정의, 재설정하여 성인 재직자 및 노령층의 직업 역량 및 생산 가능성을 높이는 데 기여해야 할 것이다.

'행복한 사회'를 꿈꾸는 고등교육은 무엇보다도 성인, 특히 40대에서 60대 성인들이 고등교육을 통해 고도화된 지식기반사회의 핵심인력으로 거듭나는 데 기여할 수 있어야 한다. 성인이 쉽게 고등교육에 접근할 수 있고, 성인의 고등교육을 지원하며, 성인의 지속적인 자기 계발 및 행복한 삶을 지원하는 고등교육 체제가 되어야 할 것이다.

다) 지속가능한 사회를 이끄는 고등교육

미래사회는 인류의 지속가능발전을 위해 필수적인 에너지, 식량, 물 등의 환경 자원의 가치가 더욱 중시되고, 환경의 보전이 경제의 성장, 사회의 안정 및 통합과 균형을 추구하는 이른바 지속가능한 사회를 지향할 것이다. 대학은 교육과 연구, 정책 개발을 중심으로 경제성장, 사회 안정 및 통합, 환경보전 문제에 대한 혁신적인 해결방안을 개발·제시할 수 있는 풍부한 자원과 인력을 갖고 있기 때문에 지속가능 사회를 이끄는 핵심 역할을 담당하게 될 것이다.

라) 조화로운 사회를 실현하는 고등교육

미래사회에서는 동아시아 국가 중심의 신흥시장경제권 영향력 확대, 남북한 통합, 경제적 격차에 기인한 삶의 질 양극화 심화 등의 정치적 격변과 경제적 변화가 있을 것으로 전망된다. 이러한 변화는 사회 구성원들 간 갈등을 증폭시킬 수 있는 요소를 내포하고 있다. 이에 대한 적절한 대비책이 마련되지 못할 경우, 대내외적으로 사회 구성원들 간 갈등과 반목의 골이 깊어져 사회 전체의 지속적 발전을 도모하는 데 부정적 영향을 줄 것이다.

조화로운 사회를 실현하는 고등교육이란 이러한 국내외 정치경제적 변화에 기인한 국내외적 갈등을 해결하는 데 고등교육이 주도적인 역할을 수행함으로써 한국 사회의 구성원들, 더 나아가 지구촌 구성원들이 조화롭게 살아가도록 하는 것을 말한다.10)

나. 미래 고등교육 추진 목표

이상과 같은 고등교육의 미래 비전을 실현하기 위한 고등교육 추진목표를 요약하면 〈표 7-3〉과 같다.

〈표 7-3〉 고등교육 미래비전 2040 실현을 위한 추진목표

미래 고등교육의 4가지 모습	추진목표
창조적인 사회를 주도하는 고등교육	변화하는 산업구조에 부응하는 창의적 융합지식 창출 활성화
	창의적 교육의 활성화를 위한 인프라 선진화
조화로운 사회를 실현하는 고등교육	역내 국가들의 조화로운 경제발전을 이끄는 아·태 지역 통합 글로벌 인재양성체제 구축 주도
	통일 한국의 새로운 도약을 이끄는 고등교육 체제 개혁
	고등교육 형평성 제고를 통한 사회구성원 삶의 질 양극화 해소
	창조적 융합 사회에 기여하는 제도 확충
행복한 사회를 꿈꾸는 고등교육	제3기 인생 대학 체제 구축
	학습-노동-복지 통합 체제 구축
	지역기반 고등 인재의 재교육 체제 구축

지속가능한 사회를 이끄는 고등교육	지속가능발전의 글로벌 리더십 구축을 지원하는 고등교육 체제 확립
	녹색융합기술의 고도화를 주도하는 고등교육 체제 확립

출처: 유현숙. (2011). 고등교육 미래비전 2040 수립을 위한 정책 연구. 한국교육개발원. pp.87-88.

다. 고등교육의 양적 변화 전망

학령인구 및 학생 수 그리고 학교 수를 추계하여 고등교육이 양적으로 어떻게 변화될 것인가를 보면 〈표 7-4〉부터 〈표 7-6〉과 같다.

〈표 7-4〉 대학 학령인구 및 학생 수 변화 전망치

(단위: 천 명)

	구분	2011	2015	2020	2025	2030	2035	2040
학령인구[1]	대학교	2648	2677	2269	1731	1648	1518	1433
	대학원	1839	2012	1918	1539	1263	1205	1107
학생 수	대학교	2925	2956	2506	1912	1820	1676	1583

주 1: 학령인구 대학교는 18-21세, 대학원은 22-24세
출처: 유현숙. (2011). 상게서. p.89.

먼저 학령인구 변화를 보면 대학 학령인구(18~21세)는 2011년 265만 명에서 2040년이 되면 143만 명으로, 2011년 대비 54퍼센트 수준으로 감소할 전망이다. 대학원 학령인구(22~24세)는 2011년 184만 명에서 2040년 111만 명으로, 2011년 대비 60퍼센트 수준으로 감소할 전망이다.

학생 수는 2011년 292만 명에서 2040년 158만 명으로, 2011년 대비 54퍼센트 수준으로 감소할 전망이다.

학교 수 변화를 학령인구 기준으로 추계해보면, 2019년 이후 학령인구는 입학정원보다 줄어들게 되므로, 2019년에는 대학이 13개 정도 과잉 설립되는 양상으로 나타났다. 또한 2023년이 되면 100개 이상의 대학이 구조조정을 해야 할 불가피한 상황이 된다.

〈표 7-5〉 고등교육 학교 수 변화(학령인구 기준)

구분 연도	학령인구 (A)	입학정원 (B)	학교 수 (C)	학교당 평균정원(D)	적정 학교 수(E)	구조조정 학교 수(F)
2005	623,855	608,581	386	1,577	396	-10
2006	611,406	595,662	377	1,580	387	-10
2007	615,934	599,984	372	1,613	382	-10
2008	629,360	589,147	372	1,584	397	-25
2009	654,964	589,147	372	1,584	414	-42
2010	679,151	589,147	372	1,584	429	-57
2011	690,519	589,147	372	1,584	436	-64
2012	689,664	589,147	372	1,584	435	-63
2013	681,407	589,147	372	1,584	430	-58
2014	666,363	589,147	372	1,584	421	-49
2015	644,695	589,147	372	1,584	407	-35
2016	619,173	589,147	372	1,584	391	-19
2017	598,527	589,147	372	1,584	378	-6
2018	599,012	589,147	372	1,584	378	-6
2019	568,368	589,147	372	1,584	359	13
2020	508,282	589,147	372	1,584	321	51
2021	471,522	589,147	372	1,584	298	74
2022	457,261	589,147	372	1,584	289	83
2023	430,743	589,147	372	1,584	272	100
2024	420,391	589,147	372	1,584	265	107
2025	426,311	589,147	372	1,584	269	103
2026	424,172	589,147	372	1,584	268	104
2027	420,676	589,147	372	1,584	266	106
2028	416,107	589,147	372	1,584	263	109
2029	410,436	589,147	372	1,584	259	113
2030	404,098	589,147	372	1,584	255	117

출처: 유현숙. (2011). 상게서. pp.96-97.

〈표 7-6〉 고등교육 학교 수 변화(고교 졸업자 수 기준)

구분 연도	고교 졸업자 수(A)	입학정원 (B)	학교 수 (C)	학교당 평균정원(D)	적정 학교 수(E)	구조조정 학교 수(F)
2005	568,055	608,581	386	1,577	360	26
2006	571,357	595,662	377	1,580	362	15
2007	581,921	599,984	372	1,613	361	11
2008	594,606	589,147	372	1,584	375	-3
2009	618,796	589,147	372	1,584	391	-19
2010	641,647	589,147	372	1,584	405	-33
2011	652,387	589,147	372	1,584	412	-40
2012	651,579	589,147	372	1,584	411	-39
2013	643,778	589,147	372	1,584	406	-34
2014	629,594	589,147	372	1,584	398	-26
2015	609,094	589,147	372	1,584	385	-13
2016	584,981	589,147	372	1,584	369	3
2017	565,475	589,147	372	1,584	357	15
2018	565,933	589,147	372	1,584	357	15
2019	536,982	589,147	372	1,584	339	33
2020	480,2,14	589,147	372	1,584	303	69
2021	445,484	589,147	372	1,584	281	91
2022	432,010	589,147	372	1,584	273	99
2023	406,957	589,147	372	1,584	257	115
2024	397,176	589,147	372	1,584	251	121
2025	402,769	589,147	372	1,584	254	118
2026	400,748	589,147	372	1,584	253	119
2027	397,446	589,147	372	1,584	251	121
2028	393,129	589,147	372	1,584	248	124
2029	387,771	589,147	372	1,584	245	127
2030	381.783	589,147	372	1,584	241	131

출처: 유현숙. (2011). 상게서. pp.98-99.

학교 수 변화를 고교 졸업자 수를 기준으로 추계해보면, 2012년 이후 감소하기 시작하여 2016년이 되면 입학정원이 고교 졸업자 수를 초과하게 된다. 2023년에는 대학이 과잉되는 양상을 보이므로 입학정원 1600명 규모의 대학 100개 이상의 구조조정이 불가피하게 될 전망이다.

3 교수-학습 환경 변화

가. 스마트(SMART) 교육이 중심되는 교수-학습 환경

교육과학기술부는 2011년 9월 1일 인재대국으로 가는 길 스마트 교육 추진 전략 실행 계획안을 발표하였다.

스마트 교육이란 지능형 맞춤 교수-학습으로 자기 주도적(Self-directed)으로 흥미롭게(Motivated) 내 수준과 적성에 맞는(Adaptive) 풍부한 자료(Resource free)와 정보기술을 활용하여(Technology embedded) 공부하는 방법이다.

자기 주도적(Self-directed) 학습이란 학생은 지식 수용자에서 지식 생산자로 역할이 변화되며, 교사는 지식 전달자에서 학습의 조력자(멘토)로 역할하게 하는 학습을 뜻한다. 그리하여 학생들이 온라인 성취도 및 처방을 통해 스스로 학습하는 체제를 말한다.

흥미롭게(Motivated)란 정형화된 교과 지식 중심에서 체험을 기본으로 지식을 재구성할 수 있는 교수-학습 방법을 강화하고, 창의적 문제해결 과정 중심의 개별화된 평가를 지향한다는 의미이다.

내 수준과 적성에 맞는(Adaptive)이란 학교가 지식을 대량으로 전달하는 장소에서 학생 개개인의 수준과 적성에 맞는 개별화된 학습을 지원하는 장소로 진화하고, 유연한 교육체계를 구축하여 개인의 선호 및 미래의 직업과 연계된 맞춤형 학습을 구현한다는 의미이다.

풍부한 자료(Resource Enriched)란 클라우드 교육서비스를 기반으로 공공기관, 민간 및 개인이 개발한 풍부한 콘텐츠를 교육에 자유롭게 활용하도록 하고, 집단지성, 소셜 러닝 등을 활용한 국내외 학습자원의 공동 활용과 협력학습을 확대한다는 취지이다.

정보기술 활용(Technology embedded)이란 정보기술을 통해 언제, 어디서나 원하는 학습을 할 수 있고. 수업 방식이 다양해져 학습 선택권이 최대한 보장되는 교육환경을 조성한다는 것이다. 박영숙은 '2020 미래교육보고서'에서 온라인의 세계가 교육혁신을 주도한다고 하였다.

정부는 이런 스마트 교육의 실행을 위해 2012년 6개 초등학교, 2013년 8개 초등학교, 2014년 6개 중·고등학교, 2015년 6개 중·고등학교를 시범학교로 개교할 계획이다. 시범학교 운영이 끝나고 2016년부터 스마트 교육이 본격화되면 교육에 대변혁이 올 것이다.

대학의 경우 국립 울산과학기술대학교가 스마트 교육의 선구자로, 수업 혁신이 이루어지고 있다. 앞으로 모든 대학도 정도의 차이는 있겠지만 스마트 교육의 도입은 불가피한 사항이기 때문에 대학 발전과 개혁에 획기적인 기여를 할 것으로 생각된다. 대학에 스마트 교육이 도입되면 우선 먼저 교수와 학생의 역할이 바뀌어야 한다. 학생은 자기 주도적 학습 형태로 학습 양식을 바꿔야 한다. 교수는 교수법을 교수 위주에서 교수와 학생 간의 상호 통신 중심으로, 그리고 창의력과 문제해결력 개발 중심으로 전개해야 한다. 전문 지식의 고도화는 물론 교수법에 대한 역량도 지금보다는 훨씬 더 개선되어야 한다. 교수-학습 환경의 개선으로 동일 전공 교수들 간에도 경쟁이 불가피하여 역량이 부족한 교수는 설 자리를 잃게 될지도 모른다. 대학 당국은 시공간을 초월한 학습이 이루어질 수 있는 교육환경 조성을 위해 적극 노력해야 할 것이다.[11)12)]

4 교육산업의 부각

교육이 학교 교육 중심에서 평생학습 체제로 전환되고 있고, 학교 교육 못지않게 평생교육의 중요성과 역할이 증대되고 있으며, 교육지원시스템 변화, 그리고 교육의 국제화 등으로 교육 관련 산업이 확대되고 있다.

사회교육도 한 단계 더 세분화해보면 취학 전 교육, 교양교육으로서의 성인교육, 고령자를 중심으로 한 교육, 학교 교육과 버금가는 기업 내 교육과 직업교육훈련 등 그 규모가 매년 확대되고 있다.

과학기술의 발달로 교수-학습체제도 획기적으로 변화하고 있다. 사이버교육을 비롯하여 현재 추진 중인 스마트 교육의 실현을 위해서는 스마트 교육과 관련된 교육콘텐츠 산업을 비롯하여 다양한 교육산업의 발전이 불가피하다.

세계화 시대를 맞아 유학생의 증가, 외국 대학과의 학생과 교수의 교류 확대, 외국 대학 간의 공동 연구 확대, 외국 대학 유치를 통한 국제 캠퍼스 설치 등 국가 자본의 이동, 피닉스(Phoenix)와 같이 기업이 영리를 목적으로 하는 세계를 무대로 한 대학 운영, 다문화 사회를 맞아 다문화 가정을 위한 교육 등 10년 전만 하여도 생소한 분야가 교육산업으로 부각되고 있다. 그래서 대학의 미래 변화 가운데 대표적인 것 중 하나가 대학을 중심으로 한 교육이 주요 글로벌 산업으로 부각되고 있다는 것이다.

5 교육 변화의 시사

가. 학생

현재 대학생이 2020~2030년대의 사회에 진입하였을 때 필요한 역량을 교양인, 직업인, 국제인, 봉사인, 평생학습인 등으로 구분하여 세부 행동 특성을 제시하였다. 따라서 대학생들은 이들 역량을 대학 재학 기간 동안에 개발하도록 최선의 노력을 다해야 할 것이다. 그중에서도 특히 창의력과 문제해결력, 인성, 신뢰와 팀워크, 리더십, 소통, 소셜 네트워크, 하이 텍, 하이 컨셉, 하이 터치, 그리고 자기가 하는 일이 어떤 분야이든 간에 특정 분야에서는 제1인자가 되는 숙련된 지식과 기술을 개발하는 데 역점을 두어야 할 것이다. 이를 위해 학생들은 이러한 역량과 관련된 교과이수와 과외활동을 치밀하게 계획하여 학습해야 한다.

과학기술의 계속적이고 급격한 발달, 산업의 새로운 분야 등장, 특히 융·복합 학문과 학과가 계속 신설될 것으로 예측된다. 학생들은 새롭게 등장하고 있는 미개척분야를 탐색하고 틈새시장을 찾아 하고 싶은 일/직업을 선택하도록 적극 노력해야 한다. 또한 2개 이상의 전공과정을 이수하여 융·복합기술시대에 적응할 수 있는 능력도 키워 T형(general specialist), 더 나아가 'π'형 인재(multi specialist) 가 되도록 해야 한다.

세계화 시대를 맞아 지구촌 어디에서 생활하더라도 필요로 하는 기본 소양 함양은 물론, 국제무대에서 글로벌 교역 전문가(미들맨)로 활동할 수 있는 직업도 탐색하고, 필요한 역량을 개발하여 국제시장에서 활동할 수 있는 준비를 해야 한다.

대학의 변화 가운데 대표적인 특징의 하나는 스마트 교육으로의 전환이다. 교과 시간표에 따라 교수의 가르침에 의존해서만 내가 필요로 하는 역량을 개발하겠다는 시대는 지나가고 있다. 학생이 학습하고 싶은 내용을 학생에게 가장 편리한 시간과 장소에서 다양한 매체와 미디어를 통해 학습할 수 있는 자기 주도적 학습이 생활화되기 때문에 이에 적극 적응해야 한다.

아울러 한국뿐만 아니라 세계는 지구온난화를 비롯한 환경 파괴로 심각한 문제가 제기되고 있다. 또한 국가 간이나 민족 간에 테러가 빈번하게 나타나면서 많은 인명이 희생되고 있다. 뿐만 아니라 사회·문화의 변화로 전통적 가족관계가 약화되면서 혼란을 주기도 한다. 따라서 젊은 세대들은 이런 변화에 대비해서 자연과 인간에 해를 끼치지 않고, 친환경적 생활을 하고, 모든 사람과 원만한 인간관계를 지니면서 가정과 사회, 국가와 세계를 위해 무엇인가 도움을 주며 생활할 수 있어야 한다.

끝으로 평생학습시대를 맞아 대학을 졸업한 후에도 삶의 질을 향상시키고 직무 능력을 유지·개선하며, 경우에 따라 전직을 하게 될 경우 필요한 능력 개발을 위해 평생학습의 생활화가 필요하다.

이상과 같은 과제를 대학 재학 기간 중에 성공적으로 수행하기 위해서는 대학 생활을 합리적으로 설계하고 더 나아가 자신의 생애 경로(caeer path)도 잘 설정하여 변화된 커리어 관점(career view)에 맞게 추진해야 한다.

나. 대학

가) 평생학습 체제하의 대학 역할 재정립

대학의 역할은 일반적으로 교육, 연구, 봉사로 구분한다. 교육의 관점에서 보면 미래는 지식과 기술이 너무 빠른 속도로 바뀌고 있기 때문에 대학에서 배운 지식과 기술도 2~3년이 지나면 낡아서 사용할 수가 없게 된다. 따라서 초·중·고등학교는 물론 대학 교육도 교양인, 전문인, 국제인으로서 필요한 기초 능력을 튼튼히 함양하여 어떤 미래 변화에도 대처할 수 있게 하는 기초 교육이 강화되어야 한다.

특히 세계화와 사회문화 변화에 적응하고 바람직한 생활을 하기 위해서는 국제인으로서 지녀야 할 기본 품격, 소통 능력, 확고한 국가관과 애국심 등을 함양하고, 사회생활의 가장 기본 단위인 가정과 가족 관계를 화목하게 이어갈 수 있는 가치관과 인간관계를 키울 수 있도록 해야 한다.

아울러 대학을 졸업하고도 언제 어디서든지 평생학습이 생활화되어야 한다. 그런 면에서 대학에도 전문인 양성 교육 못지않게 성인을 대상으로 한 평생학습 체제의 구축과 실행이 절실히 요청되고 있다.

예를 들면, 앞으로 십 년 이내에 전체 인구의 3분의 1 정도를 차지할 심각한 문제로 부각되고 있는 고령자들이 60세 전후부터 시작해서 최소한 80세까지

20년 이상은 활동할 수 있게 즉, 제 2의 삶을 살아갈 수 있는 역량 개발을 위한 교육 프로그램이 체계적이면서도 다양하게 개설되어야 한다. 이는 특히 전문대학이 위기를 극복하고 발전할 수 있는 절호의 기회라고 생각된다. 4년제 대학 중에서도 연구 중심 대학으로의 경쟁력이 낮은 대학은 국민이 원하고 산업사회가 필요로 하는 교육중심 대학, 그중에서도 성인교육 특성화 대학으로 체제를 전환하는 방안을 고려함도 바람직하다.

전문인 양성 교육도 공급자 중심에서 수요자 중심으로 전환되어야 한다. 대학의 수요자는 학생과 졸업생들을 채용할 고용주이다. 고등학교 졸업생의 70퍼센트 이상이 대학을 진학하고 있어 대학교육도 보편화 단계에 이른 지 오래이다. 이에 따라 학습자의 대학에 대한 요구와 학습 능력도 다양하다. 대학이 이들 요구를 충족시키기 위해서는 대학 프로그램도 그 대학 재학생의 특성과 수준에 맞게 편성되고 운영되어야 한다. 왜냐하면 현재 대학에 재학 중인 학생들의 학습 능력 수준도 차이가 크기 때문이다. 아울러 이들 대학생이 졸업하면 대부분 자신의 전공 관련 분야에 전문직업인으로 취업을 희망하기 때문에 그 산업사회가 요구하는 전문인력을 양성해야 한다. 그런데 한국대학교육협의회의 '산업계 관점 대학 평가 결과 보고서'에 의하면 현재 산업현장에 근무하고 있는 대학 졸업생이 대학 재학 시 현재 맡고 있는 업무와 관련한 교육과정을 이수한 이수율이 49.1퍼센트에 불과할 정도로 대학의 교육과정이 산업현장의 요구와 미스매치 운영되고 있었다. 대학 교육이 더 이상 공급자 위주인 교수 중심의 교육과정 편성 운영이나 교수-학습으로 전개되어서는 아니 될 것이다. 아울러 학생들의 적성과 소질이 고려된 직업세계의 탐색과 진로진도가 체계화되고 강화되어야 한다.

대학의 연구 기능도 연구를 수행할 수 있는 여건이 조성된 대학인 경우는 박사과정 수준의 대학원 운영이 바람직하지만 연구 여건을 제대로 갖추지 못한 대학은 가급적 빨리 구조조정하여 대학별 특성화가 이루어져야 한다. 특히 한국은 미국이나 일본과 같은 선진국에 비해 〈표 7-7〉에서와 같이 연구 중심 대학이 정도 이상으로 많고, 교육 중심 대학은 상대적으로 적은 편이어서 대학이 산업 수요의 요구를 제대로 반영하지 못하고 있음을 시사하고 있다. 뿐만 아니라 한국의 고등교육은 양적으로는 크게 성장하여 고등학교 졸업자의 대학 진학률이 세계에서 아주 높은 편이지만, 스위스 국제경영개발원(IMD)의 보고에서 제시된 한국의 대학 경쟁력을 살펴보면, 국가 경쟁력은 58개국 중 23위이고, 교육 경쟁력은 35위이며, 대학 교육의 사회 부합도는 46위로 양적 성장에 비해 질적 수준이 매우 낮다. 이런 현상은 사회의 요구를 무시한 공급자 위주의 대학 운영에 기인한 결과라 할 수 있다.[13)]

〈표 7-7〉 대학의 연구, 연구 및 교육, 교육 중심 대학의 구성 현황

(단위 : %)

대학 유형	한국	미국	일본
연구 중심 대학: 박사학위 과정까지 개설	23	18	15
교육 및 연구 중심 대학: 석사학위 과정까지만 개설	52	42	34
교육 중심 대학: 학사학위 과정만 개설	25	40	51

주: 미국 California주: 연구 중심(UC) 10개, 교육 연구 중심(CSU) 23개, Community College 125개
출처: 이무근. (2011). 미래사회 변화와 RHRD의 역할. 한국직업능력개발원 기조 강연.

세계 인적자원개발 경쟁력에서 한국은 OECD 회원국 34개국 가운데 23위로 중하위에 머물고 있다. 좀 더 구체적으로 경쟁력 지표를 보면, 고등교육 투자는 3위인데 수요 조건에서 질적인 수준은 32위로 투자 대비 성과가 대단히 미흡한 것으로 나타났다. 따라서 한국의 대학은 문제의 원인 규명과 함께 대대적인 개혁이 요구된다.[14)]

나) 전문대학의 역할과 정체성 정립 및 교육 내실화

전문대학도 미래 변화에 경쟁력 있는 대학으로 발전하기 위해서는 사회의 요구에 부응하는 대학의 역할 재정립과 정체성 확립, 교육목적의 타당성 검토 등을 통하여 다각적인 면에서의 개혁이 요구된다.

전문대학은 지난 수십 년간 사회가 요구하는 인력 양성에 절대적으로 기여해왔다고 할 수 있다. 그러나 사회가 변하고 고등교육 기관이 다양화해지는 과정에 전문대학이 양적으로는 정도 이상으로 팽창하면서 질적 성장은 기대 수준에 못 미침으로써 여러 가지 어려움에 봉착하고 있다.

전문대학이 미래 변화에 중요한 역할을 수행하기 위해서는 다음과 같은 점이 개선되어야 한다.

(가) 성취 가능한 전문대학 교육목적의 설정과 명료화

현재 전문대학은 고등교육법 제47조에 명시된 전문대학의 교육목적인 '전문 직업인'을 제대로 양성하고 있는지 확인할 필요가 있다. 즉 전문직업인이란 어떤 역량이 있어야 하고 어떤 직업에 종사하고 있는 사람을 일컫는 말인지? 현재 전문대학의 교육목적과 4년제 대학의 교육목적이 차별화되어 설정되어 있는지? 직업 전문인을 'technical expert(2009-2010년도 한국전문대학교육협의회 영문 편람)'라고 명기하였는데 그렇다면 교사, 의사, 변호사, 공인회계사와 같은 'professionals'는 한국어로 어떻게 표현해야 할 것인지? 이상과 같은 질문에 답을 찾아 전문대학은 성취 가능한 교육목적을 설정하고 다른 고등교육 유형과는 차별화된 교육 방향을 제시해야 할 것이다.

(나) 전문대학의 역할과 기능의 재확인과 정체성의 확립

전문대학의 교육목적, 대학 명칭, 학위 간의 일관성 결여로 전문대학의 정체성이 모호하다. 전문대학의 역할과 기능은 무엇이고 우선순위는 어디에 두어야 하는가? 전문대학의 교육목적은 '중견 직업인' 양성에서 '전문 직업인' 양성으로 바뀌었고, 학위는 '전문학사' 학위를 수여한다. 그러면서 몇 개 대학을 제외하고는 대부분의 전문대학이 대학 명칭에서 '전문'을 삭제하고 '대학'으로 변경하여 대학 명칭에서부터 전문대학의 정체성이 과거에 비해 더 모호해졌다. 그러더니 2011년 11월부터는 전문대학도 '대학'을 '대학교'로 칭할 수 있게 하여 OO대학교로 전문대학명을 개칭한 대학도 상당 수 있다. 사회의 요구가 소품종 대량생산에서 다품종 소량화로 전문화되어가고 있다. 이에 따라 사회의 인력 요구도 점점 다양화·전문화되어가고 있다. 그런데 대학 명칭으로는 전문대학과 4년제 대학 간에 특성을 구별하기 어려워 대학 정체성에 혼돈을 초래하고 있다. 미국과 일본의 전문대학은 4년제 대학과 명칭부터 확실히 구분되어 대학의 특성과 정체성이 명확하다. 미국의 전문대학은 'Community College', 'Junior College', 'Technical College' 등으로 명명되고 있어 4년제 대학인 'University'와는 다르기 때문에 그 정체성이 확실하다. 일본의 경우도 한국의 전문대학에 해당되는 고등교육 기관으로는 '단기대학(短期大學)'과 5년제 '고등전문학교(高等專門學校)'가 있고, 전수학교 가운데 90퍼센트가 '전문학교(專門學校)'로 사실상 기술인 양성을 위한 전문대학의 기능을 수행하고 있는데 학교 명칭을 보고 그 대학의 특성을 쉽게 이해할 수 있다.

(다) 지역사회 평생직업교육센터로서의 기능 강화

현재뿐만 아니라 미래의 전직자, 퇴직자, 고령자 등의 직업교육 수요자를 고려해본다면 전문대학은 청소년을 대상으로 한 정규교육뿐만 아니라 성인을 위한 지역사회의 평생직업교육센터로서의 핵심적 역할을 수행하는 것이 바람직하다. 또한, 학생 자원의 관점에서 보면 이는 황금어장과도 같다. 미국 Community College는 재학생 1,160만 명 가운데 660만 명이 정규 교과를 이수하여 학점을 취득하는 학생이고, 500만 명은 비학점 취득자로서 이들의 40퍼센트는 전일제 full-time: 12학점 이상 이수자이고, 나머지 60퍼센트는 정시제 part-time 학생이다. 졸업생 중에서 486,293명은 Associate Degree 한국의 전문학사에 해당를 취득하고, 235,999명은 자격증을 취득하는 등 지역사회의 평생직업교육센터로서의 기능을 수행하고 있다. 미국 Community College 재학생의 평균 연령은 29세(http://www.aacc.nche.edu)인데, 한국은 2010학년도 전문대학생 가운데 30세 이상 인구 구성비는 9.9퍼센트에 불과하다. 따라서 전문대학은 특히 청년을 대상

을 대상으로 한 정규 교육 못지않게 일반 성인, 직장인, 은퇴자 및 노인을 중심으로 한 다양한 성인교육 프로그램의 활성화가 요망된다.[15)]

(라) 전문대학 졸업생이 학력에 상응하는 보수를 받는 방안 강구

전문대학 졸업자의 평균 임금이 고등학교 졸업자의 평균 임금과 별 차이가 없는데, 그 원인과 해결방안을 강구해야 한다. 학력별 임금수준을 미국과 비교해보면, 한국의 경우 2005년에 고졸 100퍼센트, 전문대졸 103.5퍼센트, 대졸 154.9퍼센트인데 반해, 미국은 2005년에 고졸 100퍼센트, 전문대졸 117퍼센트, 대졸 183퍼센트였다.

(마) 전문대학 교육 내실화를 위한 획기적인 교육여건 개선

전문대학은 실용학문을 바탕으로 내실 있는 교육을 통하여 산업현장의 실무능력을 키워주어야 하는데, 현재의 전임교원 확보율, 교수 1인당 학생 수, 전임교원의 산업현장 경험 정도 등의 교육여건으로 학생과 산업체의 요구를 충족시킬 수 있는 경쟁력 있는 인력을 양성할 수 있을지 의문스럽다. 2010학년도 전문대학의 전임교원 확보율은 53.8퍼센트, 전임교수 1인당 학생 수는 39.44명, 산업체 근무 경력이 없는 교수는 50.2퍼센트였다.

(바) 졸업생에 대한 추수 평가지도 체제 강화

전문대학 졸업생의 취업률이 비교적 높은 것은 자랑할 만한 일이다. 그렇지만 전문대학 교육의 진정한 성과는 취업률뿐만 아니라 현장에서의 직무능력에 대한 인정 정도, 취업 유지율, 보수, 직무만족 등이 종합적으로 평가된 결과 자료에 근거하여 논의되어야 할 것이다. 따라서 각 대학별·학과별로 졸업생에 대한 추수지도 및 평가(follow evaluation) 체제가 강화되어야 할 것이다.

다) 과감한 구조조정을 통한 변화에 대한 적극적인 대처

엘빈 토플러는 그의 저서 『부의 미래』에서 기업이나 사업체는 시속 100마일의 속도로 변화하고 있는데, 다른 조직 즉, 시민단체, NGO는 시속 90마일, 미국의 가족은 시속 60마일, 노동조합은 시속 30마일, 정부 관료 조직과 규제기관은 시속 25마일, 미국의 학교는 시속 10마일, 국제기구는 시속 5마일, 그리고 정치조직은 시속 3마일의 속도로 느리게 변화하고 있다고 하였다. 그러면서 엘빈 토플러는 시속 10마일의 속도를 달리고 있는 학교가 어떻게 시속 100마일의 속도로 달리고 있는 기업이나 사업체의 요구를 충족시킬 수 있는 인재를 양성해낼 수 있느냐고 비판하였다. 이는 결국 사회가 요구하는 인재와 대학에서 양성되고 있는 졸업생들의 역량이 미스매칭(mismatching)되고 있다는 것을 시사하고 있다. 박영숙은 그의 저서 『2020 미래교육보고서』에서 '미래 교육의 최대 과제는 사회 변화를 파악하는 것'이라고 하였다.[16)17)]

따라서 미래 변화와 산업 사회의 요구를 다각적으로 분석하여 학습자와 산업 사회가 요구하는 학과 편제 개편, 공급자 위주에서 수요자 중심으로의 교육과정 편성과 교수-학습 방법의 획기적인 혁신, 대학 구성원의 교육과 연구 및 봉사의 대학 역할에 대한 건전하고 확고한 교육관과 신념, 더 적극적인 참여와 노력 등이 각 대학에 요구된다.

특히 IMD 평가 보고서에 의하면 한국의 대학은 양적으로는 세계에서 상위권에 속하면서 질적인 면에서는 하위권에 머물고 있다. 국제 경쟁력을 높이기 위해서는 각 대학들이 교육과 연구의 질적 수월성을 추구할 수 있도록 노력해야 한다.

끝으로 각 대학은 공급자 위주가 아니라 학생과 산업체인 수요자 입장에서, 대학 적령 인구 감소와 노령 인구 증가 및 평균 수명 연장에 따른 학생모집, 학과 편제, 교수-학습 환경, 교원 구성의 다양화 등 획기적인 변화와 과감한 개혁이 요구된다.[18)]

탐구활동 7-1

미래 변화가 대학생에게 요구하는 역량 찾기

지금까지 미래 변화가 대학생에게 요구하는 역량을 미래 변화 주제별 관점, 학술적 관점, 국가/기관의 관점, 그리고 산업계가 요구하는 행동특성 등으로 구분하여 논의하였다. 이들 행동특성 중에 내가 대학 재학 기간 중 반드시 키워야 할 역량은 어떤 것인가를 선별하여 역량 개발 계획을 수립하자.

(가) 교양인으로서 반드시 갖추어야 할 역량
(나) 직업인으로서 갖추어야 할 역량
(다) 국제인으로서 갖추어야 할 역량
(라) 봉사인으로서 갖추어야 할 역량
(마) 학습인으로서 갖추어야 할 역량

탐구활동 7-2

전공 관련 산업 분야의 미개척 틈새시장 발굴과 진로 개발 계획 수립

미래 변화에 대처하기 위해서는 대학도 변해야 한다. 현재 학생이 소속하고 있는 학과의 발전 과정과 미래 발전 전망을 살펴보자. 그리하여 나의 전공과 관련된 미개척 틈새시장을 개척하여 직업 진로를 선택할 수 있는 방안을 찾고 이를 실현하기 위한 대학 생활 계획과 생애 경로를 작성하자.

탐구활동 7-3

스마트 교육 실현 방안 강구

미래의 교수–학습 체제는 스마트(SMART) 교육 시스템으로 전환되어가고 있다. 자신이 재학하고 있는 대학과 한국에서 스마트 교육을 선도하고 있는 대학을 비교하여, 대학 재학 기간 중 자기 주도적 학습을 하기 위한 교수–학습 방법을 구상하여 실행하자.

탐구활동 7-4

교육산업 관련 취업 가능 직종 발굴

미래 교육변화는 교육산업을 발전시킬 전망이다. 나의 전공을 살려 교육산업 분야에 종사한다면 어떤 직업을 가질 수 있는지 탐색하고 전망을 조사하자.

탐구활동 7-5

평생학습의 생활화 계획

미래 변화는 어떤 학력이나 능력의 소유자 그리고 남녀노소를 불문하고 평생 학습을 요구하고 있다. 나는 어떻게 평생학습을 생활화할 것인가를 계획하자.

주

1) 정범모.(2011). 내일의 한국인. 서울: 학지사. pp.21-286.

2) Glenn, J. (2011). Convergence, Competitiveness & Innovations: Mega Trend and Visions for Industrial convergence. International Conference on Industry Convergence 2011. 지식경제부 한국산업융합협회. pp.3-15.

3) 성장모. (2011). 따뜻한 산업융합기술과 미래 신성장동력 전략. pp.19-43.

4) 박영숙. (2011). 2020 미래교육보고서. 서울: 경향 미디어. pp.65-69.

5) 교육혁신위원회. (2007). 학습사회 실현을 위한 미래교육 비전과 전략-교육비전 2030- pp.34-40

6) 최윤식, 배동철. (2009). 부의 미래 지도. (주) 지식노마드. pp.175-198.

7) 민진규. (2011). 직업이 인생을 결정한다. 서울: 글로세움. pp.70-72, 306-308.

8) 한국대학교육협의회. (2009). 2008년도 산업계관점 대학평가 결과. p.12.

9) Farr, M. (2011). Getting the job you really want(6th ed.). MN: JIST Works. pp.10-30.

10) 유현숙. (2011). 고등교육 미래비전 2040 수립을 위한 정책 연구. 한국교육개발원. pp.69-88

11) 교육과학기술부. (2011.9.11). 인재대국으로 가는 길-스마트교육 추진 전략 실행 계획(안)

12) 박영숙. 전게서. pp.136-139.

13) 한국대학교육협회. 전게서. P.9.

14) Hunseok Oh. (2011). Global HRD Competitiveness Report 2011. Global HR Forum 2011. Smart Education. November 1~3, 2011. 교육과학기술부, 한국경제, 한국직업능력개발원

15) 이무근. (2008.8.11). 직업교육과 전문대학. 전국 전문대학 기획실장 협의회 연찬회. 기조강연.
16) Alvin, T., & Heidi, T. (2006). 부의 미래(김중웅 역). 서울: 청림 출판. (원저 2006 출판).
17) 박영숙. 전게서. pp.140-143.
18) 정범모. (2009). 교육의 향방. 서울: 교육과학사.

제 II 부

대학생의 진로 계획

제 8 장 자기 탐색

1 자기 탐색 (1) - 자아 정체감과 자아 존중감

가. 자아 정체감의 의미와 자아 정체감 찾기

가) 자아 정체감의 의미

나는 누구인가? 이 질문은 우리가 이제까지 성장하고 생활해오는 과정에서 누구나 한 번쯤은 심각하게 질문하고 고민해본 것이다. 나는 어디서 태어나서 어떻게 성장 발달하면서 자라온 사람인가? 나는 행복할 때에 즐거워하고, 슬플 때에 울고, 좋은 사람을 보면 접근하고 싶고, 흥미를 느끼는 일을 해보고 싶어 하는 바로 '그 사람'이 누구인지를 알고 싶어 한다. 여기서 "나는 누구인가?"라는 질문에 '나'는 바로 자아를 가리킨다. 즉 '나'를 다른 말로 표현한 말이 자아 自我, self이다.

'나'란 키·나이·가족관계·학교 및 학년 등과 같은 눈에 보이는 나와, 성격·능력·가치관·적성 등과 같은 눈에 보이지 않는 나의 생각을 함께 아우르는 말이다. 자아는 눈에 보이지 않는 나, 즉 나의 경험이나 인식, 생각의 주체가 되는 존재를 일컫는다.

스스로 자신은 어떤 사람인지에 대하여 일관성 있게 의식하는 일을 자아 개념 自我概念, self-concept이라고 한다. 자아 개념은 아동기부터 형성되며 일생 동안 변화를 겪는다. 청소년기에는 어느 정도 정체성을 형성하며 그 이후에는 대체로 큰 변화를 겪지 않는다. 자아 개념은 아동 후기나 청소년기 동안에 자신의 학업능력, 사회적 수용도, 운동능력, 외모, 가족 관계 등 다양한 측면으로 분화된다.

자아 개념은 여러 영역별로 분화되어 형성되지만 다시 하나로 통합되는 과정을 거친다. 여러 영역의 자아개념 간에 일관성이 느껴질 때에 자아 개념이 통합되었다고 하는데, 자아의 이런 특성을 자아 정체성 自我 正體性, self identity이라고 한다. 즉, 자아 정체성이란 자신은 어떤 사람인가에 대해 스스로 여러 영역에 걸쳐 일관성 있게 가지는 생각을 뜻한다.

그렇기 때문에 자아 정체성이 형성되었다는 것은 자신의 성격, 취향, 가치관, 능력, 관심, 인간관, 세계관, 미래관 등에 대해 비교적 명료한 이해를 하고 있으며, 그런 이해가 지속성과 통합성을 가지고 있는 상태를 말한다. 이것은 개인의 이상과 행동 및 사회적 역할을 통합하는 자아의 기능에 의해서 이루어진 결과이기도 하다. 특히 흥미, 성격, 가치관, 학습능력, 신체적 특성은 전공 학과나 직업 선택에 큰 영향을 미치기 때문에 청소년기의 자아 정체성 확립은 대단히 중요하다고 할 수 있다

에릭슨은 자아 발달의 최종 단계를 자아 정체성의 발견으로 표현하였다. 에릭슨이 말하는 이 시기는 12~18세의 청소년들로 급격한 생리적·신체적·지적 변화를 경험한다. 이로 인해 그들은 수많은 충동과 무한한 동경심과 호기심을 갖게 되나 경험 미숙으로 좌절과 회의, 불신을 자주 경험하게 된다.

이 시기의 중심 문제는 자아 정체성을 확립하는 일이다. 청소년들은 자신이 누구이며 가정과 사회에서의 역할이 무엇인지에 대해 알고자 한다. 또한 타인의 눈에 비친 자기는 누구인가에 심각한 관심을 보인다. 자아 정체성의 결여는 역할 혼란을 초래한다. 이 위기를 극복하지 못하면 준비되지 않은 상태에서 성인의 역할을 수행해야만 하는 불행을 경험하게 된다.

자아 정체성은 반드시 정체성 탐색과 혼미를 경험한 후에 이루게 된다. 청소년기는 이 혼미를 겪는 시기이며 그것을 극복한 결과로서 자아 정체감을 경험한다. 에릭슨은 이 과정을 '정체성 위기의 극복 과정'이라고 하면서 크게 다음의 네 단계로 구분하여 제시하고 있다.

첫째, 정체성 혼미의 상태이다. 아직 자아 정체성에 관한 위기도 경험하지 못하였고 따라서 정체성 극복은 당연히 경험하지 못한 상태이다.

둘째, 정체성 조기 완료 상태이다. 정체성 위기를 제대로 경험하지도 못한 채 정체성을 확립한 것처럼 느끼는 상태를 말한다. 이런 사람은 대개 부모로부터 강한 영향을 받아, 부모가 원하는 대로 성격 및 직업 발달 과정을 거친다.

셋째, 정체성 유예 상태이다. 현재 자기 정체성 혼미를 경험하면서 회의와 불안전을 경험하고 있으나, 적극적으로 자아를 탐색하고 자기 역할을 실험하며, 정체성 확립을 위해 노력하는 과정을 말한다.

넷째, 정체성 성취 상태이다. 앞의 정체성 유예 기간을 거쳐서 비로소 안정된 정체감을 형성한 단계이다. 이런 사람은 인간관계, 인생의 목표, 가치관, 진학 및 직업 선택 등 진로 설계 등에서도 안정되어 있다.

이상과 같은 과정을 통해서 형성된 자아 정체성의 의미를 에릭슨은 다음과 같이 설명하고 있다.

첫째, '~로서의 나' 사이의 통합 의식이다. 사회적 존재인 개인이 다양한 사회 집단에서 차지하고 있는 지위에 따른 역할들 간에 통합된 의식을 가지는 것이다.

둘째, 과거, 현재, 미래의 나 사이의 연속 의식이다. 이는 자신의 행동에 대해 신뢰감과 안정감을 가지는 것이며 일관성을 느끼는 것이다.

셋째, 주체적 자아와 객체적 자아 사이의 조화 의식이다. 주체적 자아가 지나치게 발달하면 자아도취적인 태도를 지니게 되고, 객체적 자아가 지나치게 발달하면 다른 사람들의 눈만을 의식한 나머지 자아를 상실한 모습을 보이게 된다. 이 두 자아가 조화를 이룰 때 '너와 나'의 관계가 정립될 수 있다.

넷째, '나는 나다'라는 실존 의식이다. '나'라는 존재는 생물학적으로는 부모로부터 생겨난 존재이지만 실존적 의미로는 '누구로부터의 존재가 아닌 오직 나'인 존재이다. 이러한 실존의식은 절대적 자유, 자기 선택, 자기 책임과 관련된다.

나) 자아 정체감 찾기

인간은 과거와 미래 사이에서 끊임없이 성장해가는 존재이다. 과거의 나를 이해하는 것은 현재의 나를 이해하는 좋은 방법이 된다. 과거의 나의 경험을 통하여 오늘의 나를 알 수 있을 뿐만 아니라 미래의 나를 예측할 수 있기 때문이다. 과거에 내가 좋아했던 일, 싫어했던 일, 그리고 나에게 영향을 준 인물들을 생각해보면 오늘을 보다 더 분명히 알 수 있고, 이를 바탕으로 나의 가치 있는 미래를 설계할 수 있다.

탐구활동 8-1

자아 정체감 찾기

내가 이제까지 생활하면서 겪었던 일 중에서 다음 사항에 대하여 구체적으로 정리하면서 '나'라는 사람이 어떤 사람인가를 객관적으로 이해하여 자아 정체성을 확립해보자.

(1) 이제까지 살아오는 과정에서 가장 기억에 남는 추억은?
(2) 이제까지 살아오는 과정에서 가장 인정받고 칭찬받았던 일은?
(3) 이제까지 내가 한 일 중에서 가장 자랑하고 싶은 것은?
(4) 이제까지의 생활 중에 내가 가장 좋아하는 것은?
(5) 다른 사람이 나에 대해 좋아하거나 좋아해야 한다고 생각하는 것은?
(6) 부모, 형제, 선생님, 친구들이 나는 어떤 사람이라고 생각하는지?
(7) 부모, 형제, 선생님, 친구들의 나에 대한 기대는 무엇인지?
(8) 이제까지의 생활 중에서 내가 가장 싫어하는 것은 무엇인지?
(9) 나에게 즐거움, 슬픔, 두려움, 화냄 등을 느끼게 한 일은?
(10) 지금까지의 생활에서 나에게 가장 큰 영향을 준 사람과 그 내용은?

나. 자아 존중감

가) 자아 존중감의 의미

자아 존중감은 스스로를 얼마나 존중하는가를 나타내는 말이다. 자아 존중감은 여러 가지 면에서 교육적으로 중요한데, 이는 자아 존중감이 심리적 건강, 자신감, 사회참여, 리더십, 학교생활 적응, 직업적 적응 등과 관계되기 때문이다.

자아 존중감은 크고 작은 일에서 겪게 되는 자기 평가를 통해서 형성된다. 특히, 자신의 역할을 얼마나 성공적으로 수행했는지에 대한 평가가 자아 존중감의 발달에 큰 영향을 끼친다. 여기서 말하는 자기 평가에는 스스로 자기에게 내린 평가도 있지만, 자기 주변의 중요한 타인들이 평가한 것도 포함한다. 일반적으로 부모나 교사가 칭찬을 하면 대체로 긍정적인 자아 존중감이 형성된다.

청소년기에는 아동기에 비하여 또래 집단과 급우의 평가에 크게 영향을 받는다. 이 시기에 가장 민감하게 영향을 받는 자아 개념의 영역은 외모와 또래 집단으로부터의 인기이다. 청소년은 또래로부터 외모를 인정받기 위해 특이하게 꾸미거나 독특한 옷을 입어 주목을 끌고자 하기도 한다. 학업성적도 청소년기에 민감한 자아 개념 영역이다. 그렇기 때문에 청소년기에 가급적이면 여러 관점에서 자아 존중감을 갖도록 하는 것이 중요하다.

나) 자아 존중감 찾기

대학생 가운데는 자신의 장점을 많이 찾아내지 못하고 자기의 단점에 지나치게 집착하여 고민하는 경우가 있다. 자신의 장점을 많이 찾아내는 것이 곧 자아 존중감을 높이는 계기가 된다. 또한 자신을 긍정적으로 보는 것이 긍정적 사고와 밀접한 관련이 있기 때문에 가급적 긍정적 사고를 갖도록 하는 것이 바람직하다.

거창한 무엇에서 자신의 자랑거리를 찾아내는 것도 중요하지만 아주 작은 것에서도 자신의 장점을 찾아 기뻐하며, 그 장점을 살려낼 수 있도록 촉진하는 것이 중요하다.

우리는 자기의 단점에 대하여 불만을 갖고 고통스러워하지만 정작 어떻게 그 단점을 합리적으로 해결할 것인가에 대한 노력이나 지식이 부족하다. 단점은 극복될 수 없는 것이 아니라 나의 노력과 인내를 통하여 극복할 수 있다는 신념과 실천이 필요하다. 또한, 단점을 완전히 뿌리 뽑기보다는 그 단점을 인정하고, 조심하며, 예방하는 방법도 단점을 극복하는 좋은 방법이 된다.

탐구활동 8-2

자아 존중감 찾기

이제까지 생활하면서 겪었던 다음 사항들을 종합 정리하면서 자아 존중감을 확립해보자.

(1) 자신의 장점, 특기, 신체적 특징, 인간관계, 능력 등에서 자랑거리나 자아 존중감을 각 항목별로 3개 이상 적어보자.

(2) 나의 성품, 능력, 인간관계, 습관, 신체적 특성, 일 등에서 자신의 단점이라고 생각되는 것을 각 항목별로 하나씩 적어보자.

(3) 위의 단점들이 실생활에서 자신의 정서나 행동에 미치는 영향을 각 항목별로 적어보자.

(4) 친구들은 나의 단점이 무엇이라고 생각하고 있는지 알아보자.

(5) 나의 대학 생활에 대해 소극적인 면과 적극적인 면을 다음 표를 통해 조사하고 정리해보자. A, B 중에서 해당 항에 v표를 해보자.

1) 내가 대학에 진학한 이유는?
A. 남들이 다 진학하니까
B. 장래를 위해 전문 지식이나 기술을 익히기 위해서

2) 대학에 입학하면서 기대한 것은?
A. 기분 좋게 자유로운 생활을 하는 것
B. 지식이나 경험을 가능한 한 많이 넓히는 것

3) 나의 대학 생활은?
A. 어떻게 되든 기대하지 않음
B. 장래 나의 인생에 영향을 주는 유익한 곳

4) 만약 다시 대학에 입학한다면?
A. 절대로 지금 다니는 대학을 선택하지 않을 것임
B. 현재 다니고 있는 대학을 선택하고 싶음

5) 내가 현재 대학에서 공부하고 있는 많은 부분은?
   A. 졸업에 필요한 의무를 충족시키기 위한 것임
   B. 나의 삶에 꼭 필요한 것임
6) 나에게 교수님은?
   A. 단지 지식을 전달하는 사람임
   B. 인생의 좋은 선배임
7) 나의 많은 친구들은?
   A. 졸업 후에는 만나리라고 생각하지 않음
   B. 졸업 후에도 지금과 같이 친구로 가깝게 지낼 것임
8) 나는 친구와?
   A. 수업과 놀이 이외는 전혀 만나고 싶지 않음
   B. 사적인 문제나 고민 등도 심각하게 얘기 나누고 싶음
9) 나의 지적 호기심은?
   A. 흥미 있는 분야만 집중적으로 하고 있음
   B. 흥미 있는 분야뿐만 아니라 다른 분야에도 관심이 있음
10) 나의 대학에서의 공부나 경험은?
   A. 앞으로 살아가는 데 별로 영향을 주지 않을 것임
   B. 앞으로 살아가는 데 많은 영향을 줄 것임

A는 대학 생활에 소극적인 면을 보여주고, B는 대학 생활에 적극적인 면을 보여주고 있다. A로 표시된 항목에 대하여 그 이유를 찾아 개선 방안을 모색해보자.

(6) 나의 장점과 단점을 종합해볼 때 나의 자존감은 어떤 것이며 이를 더 강화할 수 있는 방안을 강구해보자.

2 자기 탐색 (2) - 나의 특성

내가 어떤 사람인가를 객관적으로 이해하고, 그것이 나의 꿈이나 삶의 목적을 구현하기 위한 나의 진로나 직업 선택에 도움이 되도록 하기 위해서는, 각자가 지니고 있는 특성, 즉 적성, 흥미, 학습 능력, 성격, 가치관, 신체적 특성 및 자기를 둘러싸고 있는 가정환경과 주변 여건에 대해서 잘 알고 있어야 한다.

가. 적성과 학습 능력

가) 적성과 직업

적성은 과제나 임무를 수행하는 데 있어 개인에게 요구되는 특수한 능력이나 잠재력을 의미하는 것으로, 직업에서의 성공 여부를 진단해주는 것이다. 적성은 다양한 유형으로 구성되어 있다. 일반적으로, 적성을 언어 능력, 공간 지각 능력, 계산력, 추리력, 사무 지각 능력, 기계 추리력, 수공 능력, 척도 해독력, 기억력, 형태 지각 능력 등으로 구분한다.

어떤 사람은 운동을 잘하고, 어떤 사람은 판소리를 잘하며, 어떤 사람은 손재주가 있어 기계 또는 공예품을 잘 만드는데, 그것은 사람마다 각자 다양한 적성, 유형을 가지고 있으며, 그 유형별 정도의 차이가 있기 때문이다.

적성은 직업을 선택하였을 때 자신의 능력을 최대한으로 발휘할 수 있는지의 여부를 알려준다. 다시 말해, 직업에서 요구하는 적성과 개인의 적성이 일치하면 그 직업에 대한 만족감이 높아지고, 성공할 수 있는 가능성도 커진다. 이와 같이 개인의 적성에 부합되는 직업을 선택하게 되면 자신의 능력을 최대한으로 발휘하게 됨으로써 행복하고 성공적인 삶을 누릴 수 있다.

만약, 운동선수로서 부와 명예를 얻은 야구의 박찬호나 골프의 박세리, 축구의 박지성, 피규어 스케이팅의 김연아, 예술계에서 성악가 조수미, 피아니스트 백건우, 바이올리니스트 정경화 등이 다른 직업을 선택하였다거나 적절한 교육을 받지 못하였다면 오늘의 영예를 누릴 수 없었을지도 모른다.

적성은 개인의 노력 여하에 따라 계발이 가능하므로, 여러 가지 경험을 쌓아 자신의 적성을 발견하고, 적극적으로 계발하려는 노력이 필요하다. 이를 위해서는 우선 직업에서 요구하는 능력과 자신의 적성을 파악하는 일이 이루어져야 한다.

자신의 적성은 자기 스스로 파악하거나 또는 타인의 관찰 결과를 활용하는 방법, 표준화한 적성 검사를 활용하는 방법, 전문가와 상담을 하는 방법 등을 통하여 파악할 수 있다.

관찰을 활용한 방법에는 자신의 적성을 자기 스스로 관찰하여 특정 적성 유형을 알아보는 '자기관찰' 방법, 부모, 형제, 친구, 교사 등이 나를 관찰하여 적성 유형을 알아보는 '타인관찰' 방법 등이 있다 이 두 가지 결과를 비교하여, 왜 그런 차이가 생기는지를 알아보는 것도 자신의 적성을 발견하고 계발하는 방법 중의 하나이다.

적성 검사는 자신의 적성 유형을 객관적으로 파악할 수 있을 뿐만 아니라, 자신의 적성에 적합한 직업군을 제시해준다는 점에서 매우 유용하다. 특히, 직업이나 학과를 선택하거나, 이직 또는 전직 등에 관한 의사 결정을 내릴 때에도 유용하게 활용할 수 있다. 하지만, 적성 검사의 결과만으로 직업에서의 성공 여부를 정확하게 예측할 수는 없으므로 적성 검사 결과를 기초로 하여 전문가에게 상담을 받는 것이 좋다. 이와 같이 자신의 적성을 올바르게 파악하기 위해서는 관찰 자료, 적성 검사 결과, 그리고 전문가 상담 결과를 참고하는 것이 바람직하다.

최근 인터넷을 통해 적성 검사를 무료로 실시하는 사이트가 있는데, 대표적인 곳은 다음과 같다.

- 고용노동부(http://www.moel.go.kr)
- 한국산업인력공단의 청소년워크넷(http://www.work.go.kr/youth)
- 한국직업능력개발원의 커리어넷(http://careernet.re.kr)

탐구활동 8-3

자신의 적성 파악과 관련 직업 찾기

고용노동부의 고용정보원, 한국산업인력공단의 청소년워크넷 또는 한국직업능력개발원의 커리어넷 사이트에 접속하여 표준화된 직업 적성 검사를 받고, 자신의 적성 유형과 적합한 직업을 선택해보자.

나) 학습 능력과 직업

학습 능력이란 학생 스스로가 학습해야 할 필요성을 느끼고, 학습해야 할 과제를 선정한 후 다양한 활동을 통해 과제를 해결해나가고, 신장시켜나갈 수 있는 종합적인 능력이다. 학습 능력은 읽고, 쓰고, 듣고, 말하고, 계산할 수 있는 기초적인 능력뿐만 아니라 시간 관리 능력, 정보 관리 능력, 진로 개발 능력, 수험 능력, 수강 능력, 그리고 학습 성취에 중요한 영향을 끼치는 학습 습관 등으로 구분한다. 일반적으로 학습 능력을 학력(學力)이라고도 한다. 학력(學力)은 교육 수준을 말하며, 학교를 다닌 이력을 의미하는 학력(學歷)과는 다르다.

학력(學歷)은 진로 설정과 직업을 선택하는 데 있어 상관관계가 높다. 교육을 통해 각종 지식과 훈련을 쌓고 장차 자아실현에 필요한 기초 및 전문 지식과 교양을 습득하며, 이를 토대로 학력 수준에 따라 요구되는 진로를 결정하고 직업을 선택하게 된다. 물론 사회 변천에 따라 학력 요구는 달라지기도 한다. 하지만 최근의 지식·정보화 사회에서는 보다 전문화되고 세분화된 직종에 적응할 수 있는 유능한 인재를 요구하고 있어 그에 상응하는 고학력(高學歷)의 성취가 요구된다. 따라서 청소년기에는 학업 수준을 향상시킴은 물론 자신의 진로 및 직업과 연계될 수 있는 지적 경험을 쌓으려는 노력이 있어야 한다.[1)2)]

학력(學力)과 직업도 직접적인 관계가 있다. 전문직을 비롯한 많은 직종에서 일정한 교육이나 기술을 요구하고 있으며, 대부분의 교과는 직업과 밀접한 관련을 갖고 있다. 따라서 대학 재학 시 앞으로 졸업 후 취업하려는 직업과 관련된 전공분야 교과목들을 빠짐없이 이수하는 것이 중요하다.[3)]

탐구활동 8-4

졸업 후 희망 취업 직종과 전공 관련 교과목 찾기

내가 전공하고 있는 학과를 졸업하고 취업을 희망하는 직업군을 하나 선택하여, 그 직업에 종사하기 위해서는 어떤 교과목을 이수해야만 하는가에 대해 전공트랙의 교과목을 체계화해보자.

나. 흥미, 성격 및 가치관

가) 흥미와 직업

사람은 각기 다른 능력을 가지고 있으며, 하고 싶은 일과 그렇지 않은 일이 있다. 이와 같이 어떤 활동 또는 사물에 대해 특별한 관심이나 주의를 가지는 행동 경향을 흥미라고 한다. 흥미는 크게 학습 흥미와 직업 흥미로 구분할 수 있다. 학습 흥미는 개인이 직업을 준비할 수 있는 상급 학교 계열이나 학과 선택 등 진학과 관련된 정확한 정보를 제공해준다. 직업 흥미는 여러 가지 직종 가운데 특정 직종에 대해 호의적이고 수용적인 관심이나 태도를 가지는 것으로, 직업의 선정과 성공을 결정하는 중요한 요인으로 작용한다.

그러므로 직업을 선택할 때 자신의 흥미에 적합한 직업을 선택해야 그 직업에서 만족을 느끼고 성공할 수 있다. 다시 말해, 하늘이 당신만을 위해 준비하고, 누군가에게 도움을 주며, "이 직업이면 죽어도 여한이 없다."는 직업에 종사한다면 행복한 삶과 성공적인 삶을 누릴 수 있을 것이다.[4)]

나) 성격과 직업

성격이란 대인 관계나 사물에 대한 개인의 비교적 일관성 있고 계속적인 행동 양식이나 반응 양식을 말하며, 성품, 인품, 품성, 인성, 기질, 개성 등의 의미를 가진다. 또 성격은 개인의 욕구, 자아 개념, 성취동기, 포부 수준, 대인 관계, 성질 등의 특성을 가지고 있으며 직업을 선택할 때 영향을 주게 된다. 그런데 성격은 '좋다', '나쁘다'로 평가해서는 안 된다. 어떤 성격은 어느 직종에 맞고 어떤 성격은 맞지 않는다고 단언할 수는 없는 것이다. 왜냐하면 '침착하지 못한' 성격은 일부 직종에 부적합할 뿐이며, 다른 직종에서는 그런 성격의 긍정적인 측면을 필요로 하는 직종도 있기 때문이다.

예를 들면 '차가운' 유형은 대인 관계가 많은 직업에 부적합하고, '고집센' 유형은 협동하는 업무가 많은 직업에서는 부적합하다. 그러나 감정의 기복이 적고 원리 원칙을 강조해야 하는 판사, 의사 등에는 적합한 성격이라고 할 수 있다. 따라서 자신의 성격 유형이 어느 것인지를 정확히 파악한 후 이에 적합한 직업을 선택하는 것이 성공적인 진로 선택에 도움이 될 것이다.[5)6)]

탐구활동 8-5

나의 성격과 관련된 직업 찾기

성격 검사를 통해 나의 성격에 적합한 직업 3가지를 선정해보자.

다) 가치관과 직업

가치관이란 사람들로 하여금 어떤 방식으로 행동하게 하는 원리, 기준, 또는 바람직하다고 생각하는 신념을 말한다. 개인적 가치는 인간관계에서 중요한 특성이고, 직업에서의 가치는 자신이 맡은 직업을 수행하기 위한 바람직한 특성이다.

꽃을 좋아하는 사람에게는 꽃 자체가 가치 있는 것처럼, 어떠한 대상이 사람의 마음을 끄는 힘을 가치라고 할 수 있다. 우리는 자신이 가지고 있는 가치에 의해 스스로 행동하고 결정을 한다. 또, 사람들은 가치 있다고 생각해온 것을 직접 행동으로 옮겨봄으로써 그 가치를 더 명확하게 인식하게 된다.

인생을 설계하거나 직업을 선택하는 문제에 있어서도 자신이 중요하다고 생각하는 가치에 의해서 직업을 선택했을 경우, 자신이 가지고 있는 가치는 좌절과 불만에 빠져들게 하는 상황과 환경을 극복하는 데 도움이 될 수 있다. 이러한 가치는 인생에서 자신에게 주어진 과업이나 상황에 따라 다르게 인식된다.

어린 시절에는 오로지 부모와의 놀이가 중요한 가치라고 생각했지만, 어른이 되어서는 건강이나 돈 또는 다른 사람에게 도움을 주는 것이 더 나은 가치라고 생각할 수 있다.

자신이 가지고 있는 일의 가치에 따라 선택하는 직업이 달라진다. 돈, 명예, 지위 등과 같이 직업 활동과 직접적인 관련이 없는 외면적 가치에 비중을 두는 사람은, 주로 이익을 가져다주는 직업을 갖고 싶어 하거나 정치인이 되고 싶어 할 것이다. 반면, 직업에 종사하면서 얻을 수 있는 즐거움이나 만족감과 같은 내면적 가치에 비중을 두는 사람은, 사회적 인식과 관계없이 자신이 하고 싶어 하는 직업에 종사하고 싶어 할 것이다.

이와 같이 자신이 가진 가치관은 진로를 결정하는 데 영향을 준다. 특히, 직업의 선택은 어떤 직업관을 가지고 있느냐에 따라 좌우된다. 그러므로 자신이 가지고 있는 가치관이 무엇인가를 정확하게 이해하고 바람직한 직업관을 가지기 위해 노력하는 것이 중요하다.7)

탐구활동 8-6

나의 직업 가치관 찾기

내가 직업을 선택하려고 할 때 가장 중요하게 여기는 기준 5가지를 우선순위대로 적어보자.

다. 신체적 조건

신체적 조건은 자신의 진로를 결정하는 데 있어 적성, 흥미, 성격 등과 더불어 영향을 준다. 과거에는 신체적 조건이 직업 및 진로를 선택하는 데 큰 영향을 주었지만, 최근에는 이러한 경향이 감소하는 추세이다. 예를 들면, 과거 은행 창구 직원의 경우에 외적인 용모를 매우 중요하게 여겼지만, 요즈음에는 외적인 용모보다는 업무 수행 능력과 매너를 중요시하고 있다. 그러나 성격에 따라 특정 직업이 적합한지 그렇지 않은지를 판단하듯이, 신체적 조건에 따라 특정 직업이 적합한지 그렇지 않은지를 판단해야 한다.

일반적으로, 여성은 남성에 비해서 근력이 약한 것은 사실이지만, 최근에는 자동화시스템이 발달하여 신체적 근력을 필요로 하는 직업에도 여성이 종사하고 있다. 이와 반대로 남성의 경우에도 그동안 여성만의 영역이라고 생각했던 베이비시터, 가사도우미, 간호사, 헤어 디자이너 등에 종사하고 있다. 이와 같이 직업을 선택할 때, 신체적 조건 중에서 성(性)과 관련된 조건의 중요성은 점차 감소하는 반면, 개인의 업무 수행 능력, 적성과 소질 등의 중요성은 증가하고 있다.

탐구활동 8-7

나의 신체적 특성에 맞는 직업 찾기

나의 신체적 특성을 볼 때 내가 가장 잘할 수 있다고 생각되는 직업을 3가지 선택해보자.

또한, 나의 신체적 특성으로 볼 때 가급적 피해야 할 직업이 있는지 확인해보자.

라. 가정 및 사회 환경

진로를 탐색하고 계획할 때에는 앞에서 살펴본 바와 같은 자신의 적성, 흥미, 성격, 가치관, 학력, 신체적 조건 등의 파악은 물론, 자신을 둘러싸고 있는 가정 및 주변 환경에 대한 종합적인 이해도 필요하다. 왜냐하면 부모의 직업, 교육 수준, 자녀에 대한 교육 방법과 기대, 가정의 경제적 여건 등은 개인의 성장 발달에 영향을 미치기 때문이다. 뿐만 아니라 진로 선택 및 직업관 형성에 직접적인 영향을 주기도 한다.

인간은 유전과 환경의 상호작용에 의해 성장·발달한다고 하였다. 따라서 나의 특성 가운데 일부는 이미 부모의 유전에 의해 결정되어 있다고 할 수 있다. 혈액, 지능, 특정 질병 등이 그 예가 될 수 있다. 유전적인 영향뿐만 아니라 내가 세상에 태어난 후에도 나의 가정환경과 부모의 양육 방법 등에 의해 나는 다른 사람과 차이가 있는 성장·발달을 할 수 있다.

부모의 양육 태도가 따뜻하고 과보호적인 환경에서 자란 사람은 사람들과 관계 지향적인 성격을 형성하게 되며, 그 결과 예능이나 예술 계통의 직업을 원하게 된다. 부모의 사랑을 받으며 수용적인 분위기에서 성장하는 경우 역시 비슷한 경향이 있어 서비스직과 같이 사람들과의 접촉이 중요한 역할을 하는 직업을 택하는 경향이 있다.

반대로 부모의 사랑을 제대로 받지 못하고 거부적인 가정 분위기에서 성장하게 되면 인간에 대해 공격적이고 방어적인 태도를 형성할 수 있다. 즉, 사람의 접촉이 적거나 또는 별로 중요시되지 않는 계통의 직업을 택하려는 경향이 있다. 어려서부터 부모의 자상한 배려나 관심을 못 받고 자라기 때문에 자신에게 문제나 욕구가 있을 때 주위 사람의 도움을 청하지 않고 인정이 개재되지 않는 다른 수단을 통해 해결하려 한다. 따라서 자연히 사람보다는 물건과 시간을 보내는 경우가 많고, 이로 인해 타인에 대해 방어적인 태도를 형성하게 된다.

나의 진로를 계획하기 위해서는 우리 가정의 경제적 여건과 부모의 교육적 기대도 알고 있어야 한다. 내가 하고 싶은 일을 결정하였다고 해서 진로가 결정된 것은 아니다. 그 일을 할 수 있는 능력을 어떤 교육을 통해서 계발할 것인지 탐색해야 한다. 그런데 어떤 직업은 그 직무 수행에 필요한 능력을 계발하는 데 오랜 기간과 많은 교육비의 투자를 요구하는 경우가 있다. 이때, 부모님을 비롯한 가족으로부터 교육에 필요한 재정적 지원이 없으면 원하는 교육을 받기가 쉽지 않다. 뿐만 아니라 때로는 부모님의 자녀에 대한 교육적·직업적 기대가 자녀들의 진로 계획과는 차이가 있어 서로 간에 갈등을 겪는 경우도 있다.

부모와 갈등이 있을 경우, 자녀들은 자신이 원하는 바가 충분한 정보와 지식을 바탕으로 한 판단의 결과인지, 아니면 얕은 정보와 지식을 가지고 결정한 것인지를 곰곰이 잘 따져보아야 한다. 그리고 부모님과의 솔직한 대화를 통해 자신이 무엇을 생각하고 또 왜 그런 결정을 내렸는지 정확하게 알림으로써 자신의 결정에 대하여 신뢰를 얻을 수 있다.

이상과 같은 점을 고려할 때 나의 진로 계획을 수립할 때에는 적성이나 흥미, 성격, 가치관, 능력, 신체적 특성과 같은 자기 자신에 대한 특성 못지않게 자신을 둘러싸고 있는 가정환경에 대해서도 종합적으로 이해하는 것이 중요하다.

그리하여 지금까지 자신의 성장 발달에 어떤 요인이 영향을 미쳤는가를 분석하여 이해하고 또 앞으로 어떤 요인이 어떻게 영향을 미칠 것인가를 예측할 수 있어야 한다.[8)]

탐구활동 8-8

자기 탐색의 종합

자기 탐색 (1)과 (2)를 통하여 나의 특성이 파악되었다. '나'의 일대기를 영화로 제작하였을 경우, '나'라는 사람의 특성을 상징할 수 있는 영화 제목을 생각해보자.

주

1) Farr, M., & Shatkin, L. (2009). 200 Best jobs for college graduates(4th ed.). MN: Jist Publishing.

2) Farr, M., & Shatkin, L. (2009). 300 Best jobs without a four-year degree(3rd ed.). MN: Jist Publishing.

3) Farr, M., & Shatkin, L. (2008). 150 Best jobs for your skills. MN: Jist Publishing.

4) The Editors@jist & Shatkin, L. (2008). 150 Best low-stress jobs. MN: Jist Publishing.

5) Farr, M., & Shatkin, L. (2009). 50 Best jobs for our personality(2nd ed.). MN: Jist Publishing.

6) The Editors@jist & Shatkin, L. (2008). 200 Best jobs for introverts. MN :Jist Publishing

7) Farr, M. (2011). Getting the job you really want(6th ed.). JIST Works. pp.45-48.

8) 이무근. (2011). 진로와 직업. 서울: 교학사. pp.28-56.

제9장 희망 직업 탐색

1 직업의 뜻과 중요성

가. 직업의 뜻

직업이란 생계의 유지, 사회적 역할의 분담, 개성의 발휘 및 자아실현을 목적으로 계속적으로 행하는 노동 또는 일이라고도 정의한다. 이 경우 직업은 다음과 같은 다섯 가지 요소가 내포되어 있다.

가) 생계유지

인간은 가장 기본적인 욕구인 의식주를 해결하기 위하여 직업에 종사한다. 즉 직업을 갖게 됨으로써 그 대가로 수입을 얻을 수 있고, 그로 인해 생계를 유지할 수 있다.

나) 사회적 역할의 분담

"인간은 사회적 동물이다."라는 말에서 알 수 있듯이 인간은 직업을 통하여 어느 조직에 소속됨으로써 일정한 사회적 역할을 분담한다. 이와 같이 분담된 역할을 충실히 수행할 때 사회가 유지되고 발전될 수 있다.

다) 자아실현

인간은 직업을 통해서 타고난 자신의 '소질'과 '끼'를 마음껏 발휘할 수 있으며 자아실현도 가능하다.

라) 계속적인 활동

직업이란 일시적인 것이 아니라, 주기적으로 행하고 있거나 명확한 주기를 갖지 않더라도 계속하고 있는 활동을 말한다.

마) 노동 행위 수반

직업은 반드시 노동 행위를 수반한다. 여기에서 노동이란 정신적인 노동일 수도 있고 육체적인 노동일 수도 있다. 이런 의미에서 정신적, 육체적 노동이 수반되지 않는 이익 배당, 투기 등은 직업이라고 할 수 없다.

나. 직업의 중요성

직업의 중요성은 개인과 사회의 두 가지 관점에서 살펴볼 수 있다.

가) 개인적 관점

(가) 직업은 생계유지와 경제적인 활동을 영위하는 데 중요한 수단이 된다.

개인은 직업에 종사한 대가로 수입을 얻을 수 있고, 그것으로 자신뿐만 아니라 가족의 생계를 유지하고, 경제 활동을 영위할 수 있다.

(나) 직업은 소속감과 심리적 안정감을 준다.

직업은 개인이 조직에 소속됨으로써 조직 내에 분담되어 있는 역할을 수행하고 구성원 간의 공감대를 형성함으로써 심리적 안정감을 가질 수 있도록 도와준다. 일반적으로 한 개인이 직업 생활을 그만두게 될 경우에 느끼게 되는 심리적 불안정감은 바로 이 때문이다.

(다) 직업은 개인의 가치를 실현시켜준다.

개인은 명예, 권력, 부 등 다양한 가치를 추구하며 살아가는데, 이러한 가치를 실현시켜주는 수단이 바로 직업이다. 그러므로 인생에 있어서의 성공 여부는 직업 생활을 성공적으로 수행하느냐 못하느냐에 달려 있다.

(라) 직업은 개성 발휘 및 자아실현을 가능하게 한다.

인간은 동물과 달리 자신의 존재가치를 깨닫고 긍지를 느끼며 자신의 존재를 인정받으려는 자아실현의 욕구를 가지고 있다. 이러한 욕구는 직업을 통해서 실현될 수 있다. 즉, 각 개인이 타고난 적성과 소질에 맞는 직업을 선택하고 수행함으로써 자아실현이 가능해진다.

(마) 직업은 개인이 사회적으로 접촉할 수 있는 대상과 범위를 규정해준다.

직업인은 직장에서 많은 시간을 보내기 때문에 주로 업무와 관련이 있는 사람과 접촉하게 된다. 그러므로 개인이 접촉하는 대상은 대부분 직업에 기초를 두고 있다고 할 수 있다.

(바) 직업은 개인의 의식 속에 내면화된다.

모든 조직에는 조직 특유의 문화가 존재한다. 이러한 조직 문화는 개인이 직장 동료와 생활하는 데 영향을 준다. 즉, 직업은 개인적 특성에도 영향을 주므로 동일한 직업을 가진 사람들에게 공통적인 특성을 가질 수 있도록 한다.

(사) 직업은 개인의 사회적 지위를 결정해준다.

직업은 경제적 보상, 사회적 위신과 존경, 지위 획득의 용이성 등과 같은 직업의 내적 특성에 의해서 그 위계화가 이루어진다. 따라서 개인은 사회를 구성하고 있는 수많은 직업 중에서 어떤 직업에 종사하고 그 직업에서 어떤 직책을 담당하고 있으며, 어떤 업무를 수행하느냐에 따라 자신의 사회적 지위가 결정된다.

(아) 직업은 개인이 일생 동안 하는 일을 결정해준다.

인간은 평생에 걸쳐 직업을 탐색, 선택, 준비, 유지 및 개선하는 과정을 거친다. 즉, 고등학교 때까지는 어떤 직업이 있고 나에게 적합한 직업은 무엇인가에 대해 고민하고, 대학 생활에서는 선택한 직업에 필요한 능력과 자질을 파악하고 향상시키며, 취업 후의 직업 생활에서는 자신의 능력을 지속적으로 유지, 계발한다. 결국 직업은 개인이 일생 동안 해야 할 일을 선택하고 준비하며, 유지시키는 데 큰 영향을 준다.

(자) 직업은 개인의 생활 근거지를 결정해준다.

최근 교통·통신의 발달로 재택근무 형태의 직업이 증가하고 있지만 대부분의 사람들은 자신이 종사하고 있는 직장 부근에서 생활을 하고 있다. 결국 직장의 위치는 개인이 직업을 선택하고 결정하는 데 어느 정도 영향을 준다.

나) 사회적 관점

(가) 직업은 현대 사회의 조직적인 분업 관계 속에서 사회적 역할 분담을 담당하게 한다.

사회는 각종 직업에 종사하는 개인과 각종 단체로 구성되어 있다. 이런 사회에서 직업에 종사한다는 것은 조직적이고 유기적인 분업 관계 속에서 분담되어 있는 기능 중의 하나를 담당하여 수행함을 의미한다.

(나) 직업은 사회의 유지 및 발전에 도움을 준다.

직업의 개념에는 사회에 봉사하고 유용(有用)해야 한다는 의미도 포함되고 있다. 따라서 개인이 경제 활동을 하더라도 고리대업(高利貸業), 밀수 등 반사회적인 활동을 하는 일은 직업이라고 할 수 없다.[1)]

2 직업 세계의 동향과 미래 유망 직업

가. 직업 세계의 동향

가) 일자리의 감소와 직업 창출 및 소멸 주기의 단축

제1부에서 미래 변화를 분석하고 전망해본 결과, 앞으로 일자리는 점점 더 줄어들 것으로 예측되었다. 기술의 발달로 인공지능과 로봇의 기능이 향상되면서 서비스업은 물론 의료업 같은 전문직에서조차 인력을 줄일 것이다.

경제학자들은 첨단 기술의 발전이 더욱더 많은 이윤과 일자리를 창출할 것이라 예상했지만, 선진국에서 나타나는 현상을 보면 오히려 노동력이 기술로 대체되어 노동자들이 파트타임 등 임시직으로 전락하는 일이 늘어난다. 기계가 더욱 큰 이윤을 보장해주기 때문에 많은 기업가들은 리엔지니어링을 통해 조직을 최적화한다. 중간관리자의 필요성이 사라짐에 따라 사회 전반적으로 중산계급이 몰락하며, 단순 노동자들은 실업자로 전락해 폭 넓은 산업 예비군층이 된다.

이런 흐름과 맥을 같이하고 있는 한 예로 2015년에는 나노기술이 실용화되어 제조업이 사라질 것으로 예측했다. 나노공학의 어셈블러는 부품이 아니라 원자를 조립해서 공기와 물, 광물질만으로도 다양한 것들을 생산할 수 있게 된다. 첨단 기술의 발달로 노동인구의 50퍼센트가 신기술 재교육을 수시로 받게 된다고 발표하였다. 6개월만 지나도 기존의 지식이 무용지물이 되는 것은 물론, 명문대라도 오래된 졸업장은 아무 쓸모가 없어진다. 따라서 모든 사람은 결국 죽을 때까지 배울 수밖에 없다.[2)]

한국의 직업 변화를 보면 1960년대 초 한국표준직업분류기준에 따라 분류된 직업의 종류는 1,500여 개였다. 2000년에는 12,500여 개의 직종이 분류되어 지난 40여 년 동안에 8배에 달하는 11,000여 종의 새로운 직업이 생겼다. 그런데 2000년대에 접어들면서 한국표준직업분류 단위 자체가 빠르게 바뀌고 있어 새로운 직종이 생기고, 있던 직종이 없어지며, 어떤 직종 간에는 서로 통합하여 또 다른 하나의 직종이 되는 등 직종 변화를 전체적으로 헤아려 직업의 종류 수를 분류하여 밝히기가 어렵게 되었다. 따라서 정부는 2003년 이후부터는 한국의 직업이 몇 종인가를 매년 공식적으로는 발표하지 않기로 하였다.

〈표 9-1〉 한국표준직업분류 신·구 대비 항목 총괄표

(단위: 개, △▽: 증감)

개정 전					개정				
대분류	중분류	소분류	세분류	세세분류	대분류	중분류	소분류	세분류	세세분류
0	3	8	34	72	1	5 (△2)	15 (△7)	24 (▽10)	77 (△5)
1	8	33	75	240	2	8 (▽9)	41 (▽21)	153 (△10)	445 (△12)
2	9	29	68	193					
1+2	17	62	143	433					
3	2	11	28	58	3	4 (△2)	9 (▽2)	26 (▽2)	57 (▽2)
4	4	14	31	75	4	4 (·)	10 (▽4)	33 (△2)	73 (▽2)
5	3	6	9	18	5	3 (·)	4 (▽2)	13 (△4)	38 (△20)
6	3	10	24	48	6	3 (·)	5 (▽5)	12 (▽12)	29 (▽19)
7	5	17	70	282	7	9 (△4)	20 (△3)	73 (△3)	201 (▽81)
8	4	23	82	357	8	9 (△5)	31 (△8)	65 (▽17)	235 (▽122)
9	4	9	23	58	9	6 (△2)	12 (△3)	24 (△1)	48 (▽10)
A	1	2	3	3	A	1 (·)	2 (·)	3 (·)	3 (·)
11	46	162	447	1,404	10 (▽1)	52 (△6)	149 (▽13)	426 (▽21)	1,206 (▽198)

출처: 통계청. (2003). 한국표준직업분류. http://www.kostat.go.kr.

〈표 9-1〉의 신·구 대비표를 보면, 개정된 분류표에서는 대분류 1개, 소분류 13개, 세분류 21개, 세세분류 198개가 감소하였다. 반면에 중분류는 6개가 증가하였다. 대분류에서 하나가 감소된 것은 대분류 1과 2가 하나로 통합되어 대분류 2가 된 것이다. (구)한국표준직업분류표에서 1은 '전문직', 2는 '기술공 및 준전문가'였는데, (신)한국표준직업분류표에서는 1과 2가 통합되면서 '2. 전문가 및 관련 종사자'로 표기하였다.

미래 변화나 과학기술의 발달로 인해 일자리가 줄거나 직종이 소멸되는 것만은 아니다. 미래 변화에 따라 새로운 일자리나 직업이 생기기도 하기 때문이다. 박원순의 『세상을 바꾸는 천개의 직업』에서 우리는 새로운 일자리를 많이 만들어낼 수 있음을 알 수 있다.

그는 아무것도 없는 그대를 위한 직업 베스트 10, 발칙한 상상력으로 세상을 바꾸는 직업 베스트 10, 대한민국 최초 전문가가 될 수 있는 직업 베스트 10, 너와 내가 살맛 나는 세상을 만들어가는 직업 베스트 10, 미래사회의 새로운 법칙을 창조하는 직업 베스트 10, 녹색 전문가 분야 10개 직종, 네트워크 전문가 분야 10개 직종, 문화예술 전문가 분야 10개 직종, 건강 전문가 분야 10개 직종, 농촌·농업 전문가 분야 10개 직종, 미디어 IT분야 전문가 10개 직종, 글로벌 전문가 분야 10개 직종, 교육 전문가 분야 10개 직종, 착한 경제 전문가 분야 10개 직종, NGO · NPO 전문가 분야 10개 직종, 그리고 창업 분야에 850개의 직종을 새롭게 개발하여 제시하였다.[3)]

이와 같이 직업이 빠른 속도로 없어지기도 하고 또 새롭게 생겨나기도 하기 때문에 대부분의 직업인은 일생 동안에 8~10회 정도 직장을 옮겨야 한다. 이렇게 급속한 직업 변화와 잦은 직장 이동으로 이미 평생직장의 개념이 사라지고 평생 직업만이 존재하고 있는 현실이다. 이런 연유로 21세기 지식정보화사회에서는 특별한 경우를 제외하고는 영원한 인기 직종도 비인기 직종도 존재하기 어렵다. 이에 따라 학교에서도 특정 학과가 영원히 인기 학과나 비인기 학과로 존속할 수가 없게 되었다. 그렇기 때문에 앞으로는 자신의 적성과 소질, 능력, 가치관, 신체적 특성 등에 맞는 하고 싶은 일을 선택하여, 그 일에 시간 가는 줄도 모를 정도로 몰입하면서, 보람과 긍지를 느끼고, 자아실현을 할 수 있는 직업을 선택하는 것이 중요하다.

나) 녹색직업의 등장

제5장에서 녹색성장을 논하면서 녹색성장 관련 3개 산업 분야, 17개 신성장동력 분야, 그리고 신성장동력별로 주요 분야를 소개한 바 있다. 정부가 녹색성장과 관련하여 이런 분야를 연구하고 개발하며 실용화하여 산업을 발전시키려면 이와 관련된 직업과 직업인이 필요하다. 이 녹색성장과 관련된 직업이 바로 녹색직업인데, '녹색직업'이란, 온실가스 감축과 지구 환경 및 생태계를 보호하여 인류가 지속가능한 성장을 하는 데 관련된 재화를 생산하거나 서비스를 제공하는 일이라 할 수 있다.

녹색경제의 성장은 직업 세계에 커다란 변화를 가져오고 있다. 그 변화는 크게 3가지로 정리된다.

첫 번째 변화는 이전에 없던 녹색직업이 새롭게 등장하는 것이다. 새로운 녹색직업이 등장하는 방식으로는 다음의 두 가지가 있다. 하나는 온실가스 감축과 생태적 환경의 복원을 위해 녹색기술이 새롭게 개발되어 산업화함에 따라 새로운 직종이 등장하는 것이다. 예시 직업으로는 탄소저장플랜트 설치·운전·엔지니어링·관리 직종, 배터리설계기술자, 전기자동차전기공, 하이브리드 동력전달장치 개발기술자, 폐기물에너지화플랜트 운전원, 지열 기계기술자, 지열 전기기술자 등이 있다. 다른 하나는 법·제도가 제정되어 새로운 업무가 생겨남에 따라 이전에 없던 새로운 직업이 탄생하는 것이다. 예시 직업으로는 에너지 진단사, 탄소배출권 중개인, 탄소배출권 애널리스트, 탄소배출기록 검증원 등이 있다.

두 번째 변화는 기존 직업이 직무의 변화 없이 직업 활동 분야를 녹색산업으로 옮기거나 예시 직종: 단열재설치원, 공조설비기술자 등, 기존 직무에 녹색기술을 접목하면서 녹색산업으로 활동 분야를 옮기는 것이다. 예를 들면, 그린 빌딩 및 개조건축가, 조경 기술자, 토목공학 기술자, 풍력터빈 판금공, 풍력터빈 기계공 등의 직종이 있다.

마지막으로 세 번째 변화는 녹색경제로 인해 녹색직업의 등장을 맞이하기도 하지만, 반대로 녹색 가치의 실현을 위해 일부 직업이 퇴출되는 것이다. 즉, 탄소 배출의 주범으로 지목받는 제품이나 산업 활동이 시장에서 거부됨에 따라 직업이 소멸하는 것이다. 또 첨단 녹색기술의 등장으로 기술의 수명이 다함에 따라 직업이 소멸하기도 한다. 예시 직업으로 쓰레기매립 작업원, 디젤자동차 기술자, 화학비료 제조원, 인쇄직종 등이 있다.[4)5)6)7)8)9)10)11)]

〈표 9-2〉 녹색경제에 따른 직업세계의 변화

직업세계의 변화 양상	요 인	관련 직업
녹색직업의 새로운 등장(新生)	온실가스 감축과 생태적 환경의 복원을 위해 녹색기술이 새롭게 개발 및 산업화되어 새로운 업무(work)가 발생한 경우	탄소저장플랜트 설치/운전/엔지니어링/관리 직종, 배터리설계기술자, 전기자동차 전기공, 하이브리드 동력전달장치 개발기술자, 폐기물에너지화플랜트 운전원, 지열 기계기술자, 지열 전기기술자 등
	온실가스 감축과 생태적 환경의 복원을 위해 법이나 제도가 제정되어 새로운 업무(work)가 발생한 경우	에너지진단사, 탄소배출권 중개인, 탄소배출권 애널리스트, 탄소배출기록 검증원
기존 직업이 녹색직업으로 전환	기존 직업이 직무의 변화 없이 직업 활동 분야를 녹색산업으로 옮기는 경우(직업 활동 분야만 전환)	단열재설치원, 공조설비기술자
	기존 직업이 기존 직무에 녹색기술을 접목하면서 녹색산업으로 활동분야를 옮기는 경우(직업 활동 분야로 전환 + 녹색기술 접목)	그린빌딩 및 개조건축가, 조경기술자, 토목공학기술자, 풍력터빈 판금공, 풍력터빈 기계공 등
기존 직업의 소멸 또는 감소	녹색 가치의 실현을 위해 퇴출되는 직업으로서, 탄소 배출의 주범으로 지목받는 제품이나 산업 활동이 시장에서 거부되거나 혹은 첨단 녹색기술의 등장으로 기술의 수명이 다함에 따라 감소 또는 소멸	쓰레기매립 작업원, 디젤자동차기술자, 화학비료 제조원, 인쇄직종 등

분야		연구원, 기술자 및 전문가	기술공(engineering technician) 및 기능원
I. 환경오염 저감 분야	1. 친환경 기계 및 설비	• 전기자동차 배터리 개발자 • 전기자동차 충전시스템 기술자 • 전기자동차 모터 기술자 • 하이브리드동력시스템 기술자 • 선박환경설비 기술자 • 친환경선박 설계기술자 • 온실가스 저감장치 기술자 • 고효율엔진기술자 • 친환경 생산설비 기술자	• 전기자동차배터리 충전 시스템 운영원 • 선박환경설비 설치 및 유지보수원 • 온실가스 저감장치 설치 및 유지보수원 • 선박환경검사원
	2. 친환경 건설	• 유비쿼터스도시 기획자 • 유비쿼터스도시 기술자 (설계/구축) • 지리정보시스템(GIS)전문가 • 지능형교통시스템(ITS)전문가 • 친환경 건축가 • 친환경 도시계획가 • 조경기술자 • 친환경건설자재 연구원	• 유비쿼터스도시 인프라 설비 설치 및 유지보수원 • 유비쿼터스도시 서비스 운영원
	3. 온실가스 처리 분야	• 온실가스처리 연구원 (탄소포집연구원) • 온실가스처리 설비 기술자 (탄소포집 설비 기술자) • 온실가스 측정기 개발자	• 온실가스처리 설비 설치 및 유지보수원(탄소포집 설비 설치 및 유지보수원) • 온실가스처리 설비 운영원 (탄소포집 설비 운영원)
	4. 친환경 제품 분야	• LED 연구원 • LED 제품 개발자 • 전기에너지 고효율 및 절감 제품 개발자 • 친환경 제품소재 개발자 • 친환경 도료 개발자 • 제품생산 환경평가 기술자	• 전자제품 에너지 분석원 • 제품환경 분석원
	5. 친환경 농림	• 친환경농자재 연구원 • 친환경농법 연구원 및 컨설턴트 • 친환경병충해방제 연구원 • 농업환경생태 연구원	• 친환경농자재 시험원 및 친환경농자재 평가원 • 친환경농작물 재배자

[그림 9-1] 녹색분야 직업구조도(환경오염 저감 분야)

분야		연구원, 기술자 및 전문가	기술공(engineering technician) 및 기능원
II. 신재생 에너지 분야	6. 태양광발전	• 태양광발전 연구원 • 태양광발전시스템 기술자	• 태양광발전시스템 설치 및 유지보수원 • 태양광발전시스템 운전원
	7. 태양열발전	• 태양열발전 연구원 • 태양열발전시스템 기술자	• 태양열발전시스템 설치 및 유지보수원 • 태양열발전시스템 운전원
	8. 지열에너지	• 지열에너지연구원 • 지열시스템기술자	• 지열시스템설치 및 유지보수원
	9. 풍력발전	• 풍력발전연구원 • 풍력발전시스템기술자	• 풍력발전시스템설치원
	10. 해양에너지	• 해양에너지연구원 • 해양에너지시스템기술자	• 해양에너지시스템 설치 및 유지보수원
	11. 폐기물에너지	• 폐기물에너지화 연구원 • 폐기물에너지화 설비 기술자	• 폐기물에너지화설비 설치 및 유지보수원 • 폐기물에너지화설비 운전원
	12. 바이오에너지	• 바이오에너지연구원 • 바이오에너지 생산시스템 기술자	• 바이오가스 분석원 • 바이오가스시스템 운전원 • 바이오에너지생산시스템 설치 및 유지보수원
	13. 연료전지	• 연료전지 연구원 • 연료전지시스템 기술자 • 수소생산시스템 기술자	• 연료전지시스템 설치 및 유지보수원
	14. 화석연료 청정화	• 화석연료 청정화기술 연구원 • 화석연료 청정화설비 기술자	• 화석연료 청정화설비 설치 및 유지보수원
	15. 수력발전	• 수력발전 연구원 • 수력발전시스템 기술자 • 수력발전 운전원	• 수력발전설비 유지보수원 • 수력발전설비 설치원
	16. 신재생에너지 사업화	• 신재생에너지사업자 • 신재생에너지입지환경 분석전문가	• 신재생에너지사업 지원사무원

[그림 9-2] 녹색분야 직업구조도(신재생에너지 분야)

분야		연구원, 기술자 및 전문가	기술공(engineering technician) 및 기능원
III. 환경서비스, 환경보호 및 복원	17. 환경서비스	• 탄소배출권거래중개인 • 기후변화전문가 • 제품환경컨설턴트(에코디자인 컨설턴트) • 환경컨설턴트 • 기상컨설턴트 • 재활용 기술자 및 컨설턴트 • 생태어메니티 전문가	• 에너지진단사 • 온실가스인증심사원
	18. 환경보호 및 복원	• 고도물처리연구원 • 고도물처리플랜트기술자 • 산림보호기술자 • 생태복원기술자 • 동물 및 야생생물 연구원(야생동식물 연구원, 야생생물연구원) • 해양환경연구원 • 대기환경 공학기술자 및 연구원 • 수질환경 공학기술자 및 연구원 • 폐기물환경공학기술자 및 연구원 • 토양환경 공학기술자 및 연구원 • 환경영향평가원	• 환경검사원 • 오폐수처리설비 운전원 • 유해물질 및 폐기물처리원 • 산림보호원 • 환경감시원

출처: 한국고용정보원. (2011). 녹색직업. pp.9-27.

[그림 9-3] 녹색분야 직업구조도(환경서비스, 환경보호 및 복원 분야)

다) 직업의 글로벌화

(가) 기업의 글로벌화에 따른 직업의 글로벌화

한국의 기존 산업구조는 거의 성숙기에 들어서서 기존의 경제나 비즈니스 시스템으로는 지금보다 더 많은 고용을 창출하기 힘든 상태에 와 있다. 물론 더 이상의 폭발적인 성장도 기대하기 어렵다. 더욱이 세계는 지금 글로벌 금융 전쟁, 글로벌 비즈니스 전쟁의 시대에 접어들었기 때문에 한국의 대기업들이나 중소기업들은 이러한 환경 변화에 맞추어 자사의 구조를 바꾸고 있다. 즉 대기업들은 점점 다국적 기업화되면서 자국 내의 인력을 감축하거나 혹은 더 이상 늘리지 않으면서 기업을 세계화시켜야 하는 환경에 놓여 있다. 특히 한국 경제의 대외의존도

(교역규모/GDP)는 90퍼센트, 내외수출 의존도(수출/GDP)는 43.4퍼센트로 다른 나라에 비해 매우 높아 글로벌 비즈니스의 확대는 불가피하다. 그런데 대기업들이 글로벌화되면서 기업의 몸집도 커지고 매출도 늘었지만 국내에서의 고용은 오히려 줄었다. 중소형 기업들도 글로벌 경쟁으로 인해 인건비 절감과 생산단가 인하의 압력을 심하게 받게 되면서, 점점 정규 직원을 줄이거나 아예 하나도 두지 않는 조직이 많아지고 있는 추세다. 혹은 생산라인을 해외로 이전하거나 아웃소싱을 하고 애드호크 ad hoc: 특수한 과업을 가지는 유기적, 기능적, 임시적인 일회용 조직체를 활용하는 빈도를 높이며, 작은 본사 규모만 유지하면서 성공적인 비즈니스를 하는 조직도 늘어나고 있다. 미국의 기업들은 향후 10년 동안 추가로 300만 명이 넘는 일자리를 외국으로 옮길 것이라고 한다.

이런 다국적 글로벌 기업 시대를 맞아 대학생은 자신의 삶과 일터를 대한민국에 국한하지 말고 세계 어느 나라 어느 민족과도 더불어 생활하면서 일할 수 있는 경쟁력 있는 역량 개발과 직업 준비를 해야 할 것이다.[12)13)]

(나) 유엔(UN) 기구 관련 직업 종사 기회 확대

세계화 시대를 맞아 국제기구에 종사할 수 있는 기회도 점점 늘어나고 있다. 유엔 기구에는 '유엔헌장'의 규정에 따라 유엔과 특별 협정을 체결하여 협력 관계를 유지하고 있는 16개의 전문 기구, 유엔 관련기구, 그리고 여타의 다른 국제기구들이 있다.

한국은 2007년 '세계의 대통령'인 유엔사무총장을 배출했고, 2008년 유엔 회원국 192개국 가운데 분담금 납부 순위 11위를 기록하였다. 한국의 유엔 사무국 적정 정원 수는 37~50명이지만 현재 32명만이 진출해 아직도 과소 진출 국가의 위치를 벗어나지 못하고 있다.

한국인의 국제기구 진출현황은 〈표 9-3〉과 같은데 국제 활동에 관심과 적성이 맞는 학생들의 적극적인 참여가 기대된다.

〈표 9-3〉 한국인의 국제기구 진출 현황

	기구명	P급 이상 한국 직원	P급 이상 전체 직원		기구명	P급 이상 한국 직원	P급 이상 전체 직원
유엔사무국(60명)	본부	32	36,579 (10,583)	유엔산하기구(30명)	유엔아동기금	9	35,588 (6,890)
	인권고등판무관실	5			유엔개발계획	8	
	아태경제사회이사회	9			난민고등판무관실	4	
	아프리카경제위원회	1			세계식량계획	8	
	서아시아경제사회위원회	1			유엔합동연금	1	
	유엔환경계획	7			유엔인간정주위원회	1	
	평화유지군	5			유엔마약범죄사무소	1	
					구유고국제형사재판소	2	
					유엔기구변화협약사무국	1	
유엔전문독립기구(147명)	유엔식량농업기구	4	22,280 (8,138)	정부간기구(63명)	경제협력개발기구	3	13,293 (3,810)
	국제노동기구	6			화학무기금지기구	5	
	세계지적재산권기구	5			포괄적핵실험금지기구	1	
	국제해사기구	2			국제형사재판소	3	
	국제전기통신연합	4			아시아생산성기구	2	
	유엔교육과학문화기구	7			국제열대목재기구	1	
	만국우편연합	0			아시아개발은행	33	
	세계보건기구	9			미주개발은행	3	
	국제통화기금	20			유럽부흥개발은행	1	
	세계은행	46			아시아지질연구위원회	1	
	국제금융공사	8			국제쌀연구협회	0	
	세계무역기구	3			아시아유럽재단	2	
	국제원자력기구	28			콜롬보플랜기술교육대학	1	
	국제농업개발기금	1			국제이주기구	2	
	국제민간항공기구	1			총계	305	
	생물다양성협약사무국	1					
	유엔농업개발기구	1					

출처: 이무근. (2011). 고등학교 진로와 직업 교사용 지도서. 교학사. pp.89-91.

(다) 한국에 없는 국가별 특이 직종

국가 간의 경계가 허물어지고 교류가 확대되어 지구촌화되어가고 있는 여건 하에 각국의 특이한 직업을 탐색하여 한국에 도입 가능성 여부를 검토하는 것도 의미 있다고 생각된다. 분석 결과를 토대로 미래 전망이 밝은 직업을 찾아 그런 분야를 개척자적으로 진출하는 것도 매우 바람직하다고 판단된다. 그래서 한국고용정보원이 미국, 영국, 일본, 중국을 중심으로 조사한 특이 직종 사례를 예시해보면 〈표 9-4〉와 같다.

〈표 9-4〉 미국, 영국, 일본, 중국의 특이 직종 사례

분야	직업인
행복을 만들어주는 사람들	환자전문비서(patient advocate), 댄스치료사(dance therapist), 계보기록전문가(genealogist), 여가생활상담원(leisure life adviser), 클럽메드호스트(culb med host), 주변환경정리전문가(professional organizer), 웰니스코치(wellness coaches), 사과(謝過) 대변인, 옷장엑소시스트(closet exorcist), 입술관상가(lipstick reading), 자전거메신저(bike messanger)
건강한 삶을 돕는 사람들	입양사후관리원(adoption post-counselor), 양육코디네이터(parenting coordinator), 차일드 마인더(child minder), 복지주거환경코디네이터, 요양시설거주자평가사(resident assessment manager), 비오톱관리사(biotope manager), 호흡치료사(respiratory technologist), 심혈관기사(cardiovascular technologists), 수면환경평가전문가(sleep director), 구취 측정사(breathe order evaluator), 악취감식가(order judge), 공연피지컬테라피스트(공연 physical therapist)
미래의 환경을 만드는 사람들	탄소배출권거래중개인(carbon emission traders), 가정에코컨설턴트(eco-consultant), 지속가능경영코디네이터(sustainability coordinators,) 환경심리학자(environmental psychologist), 스마트그리드엔지니어(smart grid engineer), 기후변화전문가(a climate change officer), 대체연료자동차정비원(alternative fuels vehicle technician), 그린빌딩인증 평가 전문가(BREEAM accredited assessors), 내후화 설치 및 정지 기술자(weatherization installer and technicians), 그린주택 인증 컨설턴트, 친환경건축에너지프로그램 엔지니어
동물을 사랑하는 사람들	애견테라피스트(dog therapist), 애견산책도우미(dog walker), 애완동물심리치료사(pet psychologist), 애견제빵사(Gourmet dog treat baker), 애완동물묘지관리자(pet cemetery owner), 동물학대방지감시자(RSPCA inspector), 애견음식평가사(dog food taster), 애견라이프카운셀러(dog life counselor), 동물 침술사(animal acupuncture), 견본물고기 측정원(fish sampler)

출처: 김중진, 이윤선. (2009). 세계로 가는 직업 여행. 서울: 한국고용정보원. pp. 10-144.

나. 미래 직업 세계의 특징, 유망 직업, 직업 선택 시 고려사항

가) 미래 직업 세계의 특징

급변하는 직업 세계에서 개별 직업의 변화에 대해 전망하는 것은 어려운 일이지만, 미래의 직업 세계는 다음과 같은 특징과 경향을 보일 것으로 예상된다.

첫째, 여성과 노인 계층의 직장 진출이 활발해질 것이다.

둘째, 특별한 기술이 없는 사람은 직업을 구하기가 매우 어려워질 것이다.

셋째, 전문 지식이 무용지물이 되는 속도가 더욱 가속화될 것이다. 따라서 직업을 가진 사람도 첨단 지식과 기술을 익혀야 하며, 이를 위하여 평생 동안 학습을 해야 할 것이다.

넷째, 작업 시간이 줄어들고, 고정 근무 시간도 신축성 있는 시차 근무로 전환될 것이다.

다섯째, 1주일에 2~3일만 회사에 출근하고, 나머지는 집에서 근무하는 이른바 재택근무자가 늘어날 것이다.

여섯째, 경제의 서비스화 및 지식 기반 산업의 증가로 이 계통의 직업이 늘어날 것이다.

일곱째, 컴퓨터는 과학기술뿐만 아니라 학술, 행정, 기업 경영, 의학 등 모든 분야에서 필수화될 것이다.

여덟째, 건강에 대한 관심과 투자가 증대함으로써 의약품 제조 분야가 계속 각광을 받게 될 것이다. 따라서 화학자, 물리학자, 생물학자 등의 고급 인력의 수요가 늘어날 것이다.

아홉째, 유전 공학이 본격적으로 실용화됨으로써 농약, 기타 산업 제품의 혁명을 가져올 것이다.

열째, 근무 시간의 단축과 소득 증대로 오락과 여가 선용에 관련된 여행, 숙박, 외식 산업 등 레저 산업이 번창할 것이다.

끝으로, 모든 직장에 노조가 조직됨으로써 노사 협조는 일상적인 경영 패턴이 될 것이며, 과격한 노사 분규는 줄어들 것이다.

나) 미래 유망 직업

유망 직업의 개념은 다양한 관점에서 살펴볼 수 있지만, 일반적으로 고용 가능성, 발전 가능성, 보수 및 작업 환경 등의 관점에서 정의할 수 있다. 유망 직종이란, 일반적으로 쾌적한 업무 환경을 제공하고, 승진의 기회가 개방되어 있으며, 해당 직업의 노동 수요와 노동 공급 간의 격차가 생김으로써 높은 임금을 보상받을 수 있는 직종을 말한다. 여기서는, 특히 수요가 증가할 것으로 예상되는 직업 분야를 전망해봄으로써 자신의 적성과 소질에 맞는 유망 직종을 선택하는 데 도움이 되도록 학습하기로 한다.

첫째, 정보 통신 기술의 발달 information and communication technology: ICT에 따른 정보 통신 부문의 직업이 증가할 것이다.

한국은 세계에서 인터넷 보급률이 가장 높은 국가 중의 하나로서 정보 통신 관련 분야의 산업이 지속적으로 성장할 것으로 전망된다. 이에 따라 컴퓨터와 이동 통신 관련 하드웨어 및 소프트웨어 직업이 성장할 것이다. 특히 디자인이나 문화 콘텐츠 등이 정보 통신 기술과 결합하여 고부가 가치를 창출하는 분야로 성장할 것이며, 이와 관련된 고급 전문 인력의 수요가 필요하게 될 것이다.

둘째, 국가 전략 산업과 첨단 과학기술 분야의 직업이 증가할 것이다.

생명공학(biotechnology), 나노기술(nano technology), 로봇기술(robot technology), 에너지 및 환경 기술(energy and environmental technology), 문화기술(culture technology), 우주항공기술(space technology), 그리고 위의 기술 분야가 서로 융합된 융합기술(converging technology) 분야에 우수한 자질을 가진 전문가의 수요가 증가할 것이다.

셋째, 세계화와 국제화에 따른 국제 관련 직업이 증가할 것이다.

기업의 다국적화, 경제의 세계화 등 국제간의 교류와 경쟁이 강화됨에 따라 무역 거래, 외환 거래, 국제기구 활동 등 국제 교류 관련 직업이 증가할 것이다.

넷째, 여성의 경제 활동 참여율의 증가로 육아 및 교육관련 직업이 증가할 것이다.

최근 고등교육의 보편화로 고급 여성 인력이 증가하고 있지만, 한국은 아직까지 여성의 경제 활동 참여율이 선진국에 비해 상대적으로 낮은 수준이다. 앞으로 여성의 경제 활동 참여율이 증가할 전망이어서, 가정주부가 전담하던 육아 및 보육 역할을 대신해줄 직업이 증가할 것이다.

다섯째, 소득 및 여가 시간의 증가와 삶의 질 향상에 따른 레저 및 문화 관련 기술(cultural technology)을 필요로 하는 직업이 증가할 것이다.

소득 수준이 향상됨에 따라 사람들의 여가 활동에 대한 관심이 높아지고 있다. 특히 5일제 근무의 정착은 여가 시간의 증가로 이어지고, 이를 잘 활용할 수 있는 여행, 레저 및 스포츠 관련 직업, 그리고 여행, 예술 등 문화 관련 직업이 증가할 것이다.

여섯째, 고령 사회로의 전환에 따른 실버 관련 직업이 증가할 것이다.

한국은 OECD 국가 가운데 인구의 고령화 속도가 가장 빠른 국가 중의 하나이다. 고령 인구의 증가에 따라 노인 집단의 특성과 요구를 반영하는 실버산업이나 관련 제조업이 성장할 것이며, 이들 산업과 관련된 직업도 함께 증가할 것이다.

일곱째, 2000년대에 접어들면서 세계적으로 지구온난화와 에너지가 심각한 문제로 제기되면서 녹색산업에 종사할 녹색직업이 새롭게 등장하여 각광을 받고 있다.

우리가 살고 있는 지구는 산업 혁명 이후 기후 변화가 심각하여 CO_2 배출량은 1970년대 대비 80퍼센트가 급증하였다. 지난 100년간 기온은 0.74℃ 급등하였고 해수면은 매년 1.8cm씩 상승하는 등 급격한 변화를 겪고 있다. 기후 변화를 그대로 방치할 경우 2100년이 되면 세계 GDP의 5~20퍼센트에 달하는 경제적 손실이 발생할 것이며, 이는 1929년의 대공황에 맞먹는 충격이 될 것이라고 전망했다.

자원 부족도 심각하여 원유는 39년, 천연가스는 59년, 석유는 114년 후에 고갈될 것으로 전망되어 이에 대한 대책도 시급한 상태이다. 그래서 선진 각국들은 환경보호와 기후 변화에 대처하기 위해 녹색산업 활성화를 최우선 과제로 선정하여 추진 중이다. 이에 따라 녹색산업에 종사할 녹색직업과 녹색인재가 새롭게 등장하고 있다.

그 외에 최근 인터넷 시대로 접어들면서 각광을 받고 있는 인터넷 강사, 여가와 건강에 대한 관심이 커지면서 수요가 늘어난 레크리에이션 강사, 이벤트 전문가 등이 인기 직종으로 떠오르고 있다.

창의성과 개성이 강조되면서 디자인, 코디네이션, 광고, 홍보 관리 등 문화에 대한 관심이 증대하여 신문, 방송, 영화와 관련된 직업이, 또한 편의성의 추구로 청소 대행, 결혼 준비 대행, 이사 대행, 장의 대행 등의 대행업이 성행하고 있다.

정보와 관련된 직종인 정보검색사, 경영정보시스템전문가, 조사 전문 요원, 통신 엔지니어 등이 각광을 받고 있으며, 분야별 전문가인 디자인, 마케팅, 홍보 법률, 회계, 금융, 머천다이저 등도 떠오르는 직업이다.

다) 미래 지향적 직업 선택 시 고려사항

이상과 같이 많은 유망 직업 중에서 자신에게 가장 적합한 직업을 선택한다는 것은 쉬운 일이 아니다. 그러나 객관적인 분석 자료를 참고하고, 전문가 혹은 경험자의 의견을 수렴하여 직업을 선택한다면 합리적인 판단을 내릴 수 있을 것이다.

미래 지향적으로 직업을 선택할 때 고려해야 할 사항을 살펴보면 다음과 같다.

첫째, 현 시점에서 어려움이 따르고 견디기 힘들더라도 기술 또는 행정적 능력의 축적 가능성이 있어야 한다.

둘째, 인격적 대우와 자신의 활동 범위의 확대 또는 폭넓은 인간관계의 형성에 긍정적인 영향을 주고 승진의 가능성이 있어야 한다.

셋째, 필요성이 증대됨으로써 장래에 인기 직업으로 성장할 수 있는 가능성이 있어야 한다.

넷째, 자기 만족도가 높고 창의성을 발휘할 수 있는 직업이어야 한다.

다섯째, 직업을 유지하고 발전시키는 데 새로운 인간적, 기술적 도전을 덜 받는 안정성이 있어야 한다.

이런 맥락에서 한국직업능력개발원이 선정한 유망 직종의 전망과 고용노동부에서 선정한 고용이 지속적으로 증가할 33개 유망 직종을 소개한다.

한국직업능력개발원은 향후 제조업보다는 국제금융이나 컨설팅, 디자인, 연구 및 개발 지원 사업 등 부가가치가 높은 제조업 지원 서비스 부문이 유망할 것으로 전망하고 있는데, 이를 구체적으로 살펴보면 다음과 같다.

(가) 고부가 가치의 지식 및 기능 관련 직업

금융전문가, 상품 디자인 및 설계사, 컴퓨터 전문가 등

(나) 고도의 소비·생산 활동 선도 직업

기업컨설팅 전문가, 마케팅 전문가, 홍보 전문가, 연구 및 개발 전문가 등

(다) 사회과학이나 이에 관련된 전문가 직업

번역가, 통역가, 사회복지전문가, 경제학자, 정치학자, 심리학자

(라) 예술이나 연예 관련 전문가 직업

만화가, 상업미술가, 광고카피라이터, 무대 감독, 상업디자이너, 공업 디자이너 등

(마) 연구 및 개발 기초 연구 관련 직업

보험계리사, 경영 조사 연구 분석가, 분석 통계학자, 수리 통계학자 등

(바) 여행 및 관광 관련 직업

항공기승무원, 공항접대원, 여행 안내요원, 화랑 안내원, 등산 및 관광 안내원, 여객 열차 차장, 산업 시설 여행 안내원, 선박 지사장 등

(사) 생산 분야 직업

도공, 유리 가공원, 식품 가공 및 관련 기능 근로자, 고무 및 플라스틱 기계 조작원, 섬유 모피 및 가죽 제품용 기계 조작원 등

(아) 국제화 관련 직업

외교관, 무역 전문가, 국제 법률 전문가, 국제 통상 요원, 신문·방송 기자, 경영 정보 시스템 전문가 등

한국고용정보원은 매년 신생 및 이색 직업을 소개하고 있는데 2009 신생 및 이색 직업을 소개하면 〈표 9-5〉와 같다.

〈표 9-5〉 2009 신생 및 이색 직업

분야	직업	내용
경영 및 기획 관련직	기상 컨설턴트	날씨 정보를 제공하고 이를 다양하게 활용할 수 있도록 도와주는 날씨 서비스 전문가
	HCI 컨설턴트	인간과 컴퓨터의 친근한 만남을 돕는 일종의 중개자
	펀드 애널리스트	펀드 시장에 대해 분석하고 유망한 펀드를 추천하는 투자 분석 전문가
	문화 마케터	상품으로서의 문화를 기획하고 판매하는 사람
	검색 기획 전문가	적절한 검색 서비스 환경을 제공하는 검색 서비스 전문가
	키워드 에디터	광고를 정보로 만들어 제공하는 검색 광고 및 검색 정보 전문가
	입학 사정관	새 시대 새로운 방법으로 학생을 평가하고 선발하는 학생 인재 채용 전문가
방송, 영화 및 이벤트	영화 예고편 제작자	관객이 흥미와 관심을 갖고 영화를 보러 오도록 영화의 특징적인 면을 소개하는 일종의 영화 광고 제작자
	메이킹 필름 제작자	영화 만드는 과정을 촬영하는 영화 기록가

	폴리 아티스트	영화 속에서 사람의 목소리와 음악을 제외하고 나오는 모든 소리를 창조해내는 사람
	퍼핏 애니메이터	인형을 통해 영화를 만드는 인형 영화 전문가
	버블리스트	비눗방울로 공연을 하는 비눗방울 전문 예술가
	불꽃 연출가	밤하늘을 무대 삼아 불꽃 공연을 펼치는 불꽃의 창조자
문화 및 예술	포크 아티스트	전통의 아름다움을 전하는 전통 공예 예술가 또는 전통 공예 지킴이
	예술 제본가	일종의 책 문화 지킴이. 보관할 가치가 있는 책을 보수, 복원해 견고하고 아름답게 만드는 일을 수행
	슈가 크래프터	일종의 설탕 예술가. 분말로 된 설탕을 반죽하여 색을 넣고 모양을 만들어 각종 기념일 케이크, 생활 소품 등을 만드는 사람
	비보이, 비걸	브레이크 댄스를 전문적으로 추는 사람
	그래피티 아티스트	거리를 비롯해 세상의 다양한 공간을 캔버스 삼아 자유롭게 그림을 그리는 도시의 예술가
	연극놀이 강사	연극놀이를 통한 교육 프로그램을 개발하고 이를 제공하는 사람
웰빙 및 서비스	웃음 치료사	웃음 도구로 사람을 치유하는 행복 전도사
	재활 승마 치료사	말을 매개로 환자를 치료하는 치료 승마 전문가
	수중 재활 운동사	물을 이용해 우리 신체가 건강해질 수 있도록 돕는 물 전문 운동사 혹은 치료사
	애완동물 장의사	애완동물의 장례와 관련한 모든 것을 책임지는 애완동물 장례 전문가
	퍼스널 쇼퍼	개인의 맞춤형 쇼핑 도우미
	매장 배경 음악 전문가	백화점이나 대형 마트, 대형 서점, 패스트 푸드점 등에 배경 음악을 제공하고 관리하는 일을 하는 사람
	산업 잠수사	바다 속에서 산업적 가치가 있는 것들을 발견하고 개발하는 바다 사업가
스포츠	스포츠 기록 분석 연구원	각종 스포츠 경기의 모든 요소들을 수치적 데이터로 기록하고 이를 분석하는 일을 전문적으로 수행하는 사람
	비디오 분석관	영상 도구를 이용하여 선수들의 경기 및 훈련 모습을 촬영하고 이것을 편집 · 분석하여 감독이나 코칭스태프에게 전달하는 일을 수행하는 사람
	레이싱 미캐닉	레이스(자동차 경주 도로)에서 자동차가 안전하게 잘 달릴 수 있도록 차량을 정비하는 일을 하는 사람
	카오디오 인스톨러	차 안에서 듣는 음악의 품질을 높여주는 차량 음악 전문가

출처: 한국교육정보원. (2009). 신생 및 이색 직업.

이상과 같이 미래 유망 직업은 끊임없이 새롭게 등장하고 또 계속 변화하고 있다. 그래서 최근에는 5년 전에는 듣지도 못했던 생소한 직업들이 유망 직업으로 나타나고 있다. 따라서 유망 직업에 대한 정보는 청소년들의 진로를 결정하는 데 많은 도움을 줄 수 있을 것이다.

3 희망 직업 탐색

가. 희망 직업 탐색 및 선택

인생에서 자신에게 맞는 직업을 찾고, 그 분야에서 성취감을 얻어나가는 과정은 참으로 중요하다. 그러기 위해서는 직업과 관련된 자신의 특성을 이해하고, 직업에 대한 구체적인 정보를 수집·분석한 후, 현실적으로 자신에게 적합한 최선의 직업을 선택하여 준비할 필요가 있다.[14)]

일반적으로, 직업을 체계적으로 탐색하고 선택하는 직업 탐색 과정은 다음과 같이 7단계를 거쳐 이루어진다.

가) 예비 직업 목록 작성

평소에 마음에 두고 있던 직업이나 자신이 앞으로 종사하고 싶은 직업의 종류를 적어본다. 즉, 어릴 때 자신이 좋아했던 직업명이나 현재 관심을 가지고 있는 직업명을 작성한다. 현재 관심을 가지고 있는 직업명은 앞의 '제1부의 미래 변화'와 관련된 '단원'들을 공부하면서 각 단원의 '탐구활동의 과제'에서 관심 있는 직업으로 탐색했던 직업명을 작성한다. 또한, '제2부의 자기 탐색' 단원을 학습하면서 나의 적성이나 학습 능력, 흥미, 성격, 가치관, 신체적 특성, 가정환경과 주변 여건 등을 고려하여 나에게 적합하다고 판단되었던 직업명을 작성하도록 한다. 그리고 '직업 세계의 이해와 탐색' 단원을 이수하면서 자기 전공 분야와 관련된 미래 유망 직업 분야 등을 고려해본 직업명 등을 찾아서 제시한다.

탐구활동 9-1

관심 있는 직업 목록 작성하기

(가) 내가 어릴 때 좋아했던 직업명을 작성해보자.
(나) 미래 변화 단원을 학습하면서 앞으로 나의 직업으로 관심을 가졌던 직업명을 다섯 가지 기록하자.
(다) 나의 전공 관련 학과와 관련해서 졸업 후 내가 취업하고 싶은 직업명을 적어보자.

나) 심리 검사 받아보기

자신의 여러 특성을 객관적으로 이해하기 위하여 적성 검사, 성격 검사, 흥미 검사, 진로 성숙도 검사 등을 한다.

최근 인터넷의 활용이 보편화되면서 인터넷을 통하여 심리 검사를 받을 수 있는 사이트가 많이 생겼다. 예를 들면, 직업 선호도 검사와 직업 흥미 검사(http://www.work.go.kr), 진로 발달 검사, 진로 탐색 검사, 적성 검사(http://www.vcpkorea.com/test/test.htm), 직업 흥미 검사, 직업 가치관 검사, 진로 의식 발달 검사(http:// www.uway.com) 등을 들 수 있다.

앞에서 제시한 인터넷 사이트나 대학 또는 전문 상담 기관을 통해 심리 검사를 받아보도록 하자.

탐구활동 9-2

표준화 심리 검사 결과 분석 및 관련 직업 찾기

표준화 검사를 통해 나에게 적합한 것으로 나타난 직업명 다섯 가지를 기록하자.

다) 심리 검사 결과 분석을 통한 자기 평가

세 번째 단계는 표준화 심리 검사의 결과를 분석하는 단계이다. 학생 자신의 적성 검사, 직업 흥미 검사, 성격 유형 검사 등의 결과를 통하여 확인한 직업 선호 분야의 유형과 종류를 확인한다. 특히, 자신의 능력과 흥미를 만족시킬 수 있는 직업군이 무엇인지를 살펴보고 차이가 있을 때에는 어떤 부분인지 면밀히 분석해야 한다.

현재 자신이 가지고 있는 다양한 능력, 관심사, 성격, 직업적 가치 등을 고려하여 각 영역에 대하여 자신이 우선적으로 생각하고 또 많이 가지고 있는 것 세 가지를 적어 정리한다.

탐구활동 9-3

자신의 특성에 맞는 직업 세 가지 찾기

자신의 특성에 적합하다고 생각되는 직업 세 가지를 찾아 기록하자.

라) 직업 관련 정보 수집하기

네 번째 단계인 직업에 대한 정보를 수집하는 일은 매우 중요하다. 다양한 직업에 대하여 정확한 정보를 빠르게 파악하면 할수록 합리적이고 현실적인 방향으로 직업을 선택할 가능성이 높아진다. 최근에는 여러 직업에 대한 상세한 정보를 다음과 같은 여러 가지 방법을 이용하여 쉽게 찾을 수 있다.

(가) 대학의 전공학과 교수, 동문, 취업 진로 정보 센터

전공 관련 분야의 직업에 대해서는 해당 전공학과의 교수가 비교적 정확하게 잘 알고 있다. 따라서 전공학과의 지도교수나 학과장 또는 관심 있는 직업 관련 전공 교수로부터 많은 직업 정보를 얻을 수 있다. 또한 전공학과 동문회,

전공 관련 산업체 인사의 특강 등을 통해서도 직업 정보를 얻을 수 있다. 그리고 각 학과별 또는 대학의 진로·취업 안내 책자와 대학 취업 진로 정보 센터 방문을 통해서도 직업 정보를 얻을 수 있다.

(나) 직업사전

직업사전에서는 관심 있는 모든 직업에 대하여 직업 개요, 수행 직무, 부가 직업 정보기능, 교육 숙련 기간, 활동 환경 등에 대한 정보를 얻을 수 있다.

(다) 한국직업전망서

한국직업전망서에서는 직업의 특성, 작업환경, 교육 훈련 및 자격, 고용 현황, 임금, 직업전망, 관련 정보처, 관련 학과 특성, 관련 자격 특성 등에 관한 정보를 제공하고 있다. 또한 직업 정보는 민진규의(2011)『직업이 인생을 결정한다 -10년 후 뜨는 직업』, 미국 농무성에서 발간한 직업전망서(Occupational Outlook Handbook, 2011-2012) 등과 같은 다양한 국내외 문헌을 통해서도 얻을 수 있다.

(라) 인터넷 관련 직업 정보원

〈표 9-6〉의 인터넷 사이트를 통해서 직업과 관련한 다양한 정보뿐만 아니라 여러 가지 동영상 자료 등도 제공받을 수 있다.

〈표 9-6〉 주요 구인 구직 취업 포털 사이트

사이트명	홈페이지 주소	특징 및 제공 서비스
워크넷 (Work-Net)	www.work.go.kr	노동부 중앙고용정보관리원에서 운영하는 국내 최대취업 정보 사이트, 취업정보
리크루트	www.recruit.co.kr	개인회원등록, 채용속보, 리쿠르트 뉴스, 월간 리쿠르트
잡코리아	www.jobkorea.co.kr	구인정보, 취업정보, 취업뉴스, 동영상이력서 등록 등

휴먼피아	www.humanpia.com	취업정보, 인성평가, 경력개발, 해외취업개발 지원하는 종합인재 Portal Site
맞춤구인구직	www.joblink.co.kr	맞춤구인구직과 아르바이트 취업소식, 채용정보, 창업, 자격증정보, 회원가입
한경취업 NAVI	www.keddisco.com	원클릭 원서접수 서비스, 자신만의 취업정보 사이트, e-mail과 이동통신으로 취업정보서비스, 구직회원가입, 기업정보
인터넷 채용정보	www.career.co.kr	구인정보 및 취업 자료실
인재뱅크	www.injae.net	대졸 이상의 고급인력 DB로 채용희망자와 연결 (인재등록검색, 채용속보)
잡스	www.jobs.co.kr	채용정보검색, 채용기업정보, 이력서 d-base, 온라인채용박람회
커리온	www.careeon.com	채용속보, 기업정보, 취업가이드, 유망자격증 등
심마니 취업정보	job.simmani.com	채용정보검색, 인재추천, 취업정보센터, 관련 사이트, 하반기 채용속보, Headline 취업뉴스 등

출처: 경일대학교. (2003). 직업과 진로. p.127

(마) 그 직업에 종사하는 사람

그 직업에 종사하는 사람들로부터 작업 환경, 보수, 발전 가능성, 그 직업의 장점 및 한계점 등에 대한 정보를 상세하게 제공받을 수 있다.

(바) 직업 상담원

직업 상담원은 직장에서 요구하는 자격, 능력, 신체적 조건, 보수, 발전 가능성, 장래 유망 직업 등에 대한 정보를 제공해준다.

특히, 직업에 관한 정보뿐만 아니라 취업에 관한 종합적인 정보를 수집하기 위해서는 [그림 9-4]와 같은 절차를 밟는 것이 바람직하다.

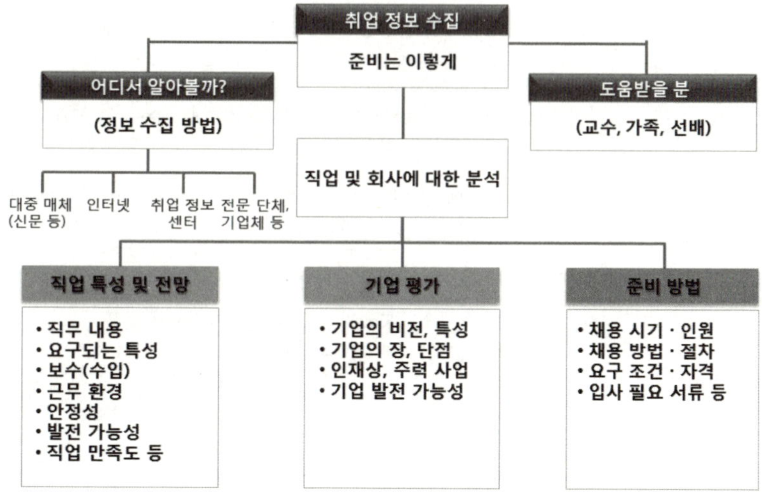

[그림 9-4] 취업 정보 수집 절차

탐구활동 9-4

희망 직업에 대한 상세 정보 조사

위에서 열거한 희망 직업 중에서 우선 희망 직업에 대한 상세한 정보를 찾아 〈표 9-7〉에 작성하여보기로 하자.

〈표 9-7〉 희망 직업에 대한 상세 정보 조사표

* 직업명 : ______________________

항 목	내 용
직무 내용	
적 성	
성 격	

보 수	
연령/성별/학력	
특기/취미	
전 망	
전문교육/취업	

* 위의 표를 복사하여 다른 여러 직업들에 대해서도 상세하게 조사해보자.

탐구활동 9-5

직업 정보 탐색 결과 기록

구체적인 채용 현황과 채용 시험은 어떠한지를 조사하여 〈표 9-8 〉 '직업 정보 탐색 결과 기록지'에 작성하여보자.

〈표 9-8〉 직업 정보 탐색 결과 기록지

* 최근 6개월 동안의 구인 광고 및 채용 시험 공고 검색 결과

1. 관련 직업의 채용 공고 정보는 주로 어디서 얻을 수 있습니까?

2. 구인 광고나 채용 시험 공고가 있습니까?

3. 구인 광고나 채용 시험 공고에 나타난 구체적인 자격 요건(자격증, 학위, 경험, 성격, 건강 등)은 무엇입니까?

4. 당신은 원하는 직업에 취업할 자격 요건을 갖추고 있습니까?

5. 더 갖추어야 할 자격 요건이 있다면 무엇입니까?
1) 자격증(구체적인 명칭): ______
2) 학위(구체적인 명칭): ______
3) 실무 경험(일의 종류, 직장): ______
4) 직업 훈련 경험(구체적인 명칭): ______

6. 자격 요건을 갖추기 위해 소요되는 시간은 어느 정도 됩니까?

7. 만약, 일자리가 쉽사리 생기지 않는다면, 이 직업과 관련된 다른 직업에 종사할 수 있습니까? 있다면 어떤 자리입니까?

마) 예비 직업 선택

다섯 번째 단계는 예비 직업을 선정하는 단계이다. 위에서 확인한 결과를 바탕으로, 현재 자신의 학업 정도, 전공 지식, 자격증, 취업 전망, 적성과 가치관, 경제적 여건 등을 고려하여 자신에게 적절하다고 판단되는 3개의 예비 직업을 선정한다.

즉, 4단계에서 수집된 직업 정보와 자신의 현실적인 여건을 고려할 때 가장 적절한 직업 세 가지를 찾아 적는다.

탐구활동 9-6

예비 직업 세 가지 선정

이제까지 자기 탐색을 하고 미래 세계와 직업 세계를 탐색한 결과를 토대로 자신에게 적합한 직업이라고 판단되는 직업 세 가지를 선정하여 적어보자.

바) 최적 직업 선택

여섯 번째 단계에서는 선정된 3개의 직업 중에서 최적의 직업을 선택하는 단계이다. 자신에게 가장 적합한 직업을 선택하기 위하여 직업 결정 대차 대조표를 작성한다. 이 표는 예비 선정된 3개의 직업에 대하여 직업 선택 기준 항목별로 가중치를 매겨 비교 분석한 후 최고 점수를 획득한 직업을 최적 직업으로 선택하는 절차이다.

최종 직업을 선택할 때에는 직무 내용, 작업 환경, 근무 조건, 임금, 승진과 같은 직업의 조건, 그 직업의 발전 전망, 취업 기회, 취업 준비의 용이성, 직종의 분포 등 취업 전망, 경력 개발을 위한 교육 훈련 기회 제공 등이 기준으로 고려되기도 한다.

이상과 같은 사항을 고려하여 예비 직업 선택 단계에서 선정된 직업에 대하여 〈표 9-7〉에 기록하여 비교 분석하고 최적 직업을 선정해보자.

탐구활동 9-7

최적 직업 선택

위의 세 가지 직업 가운데 자신에게 가장 적합하다고 생각되는 직업 하나를 선정하자.

〈표 9-7〉 직업 결정을 위한 대차 대조표

직업명 / 항목(가중치)						
흥미 (　　)						
가치관 (　　)						
성격 (　　)						
적성 (　　)						
가정환경 (　　)						
학교환경 (　　)						
사회환경 (　　)						
전망 (　　)						
보수 (　　)						
생활양식 (　　)						
계						

* 각 항목에 가중치를 5점 척도로 부여한 후에 직업별로 해당항목에 5점 만점으로 답하시오.

유망 산업- 유망 학과- 유망 직업의 허상

영원한 유망 산업, 유망 학과, 유망 직업은 없다. 왜냐하면 일정 기간을 기점으로 유망 산업, 유망 학과, 유망 직업은 계속 변화하고 있기 때문이다. 실제로 1960년대는 면방 산업과 합판 산업, 1970년대는 봉제·신발, 가발 산업, 1980년대는 전자·자전거 산업, 1990년대는 반도체, 자동차 산업, 2000년대는 휴대폰, 인터넷 등이 유망 산업이었다.

유망 학과도 1960년대는 섬유공학과와 화학공학과가, 1970년대는 중화학 육성 공업 정책에 힘입어 화학공정설계과, 기계공학과, 재료공학과가, 1980년대는 중동 건설 붐과 아파트 건설 붐으로 토목공학과, 구조공학과, 인테리어설계학과, 건축공학과가, 1990년대는 전자 산업의 성장과 함께 전기전자과, 컴퓨터공학과, 신소재와 반도체 분야 학과가, 2000년대는 의대, 한의대, 치대를 위시한 생명공학 관련 학과가 인기가 있었다.

인기 직업도 1950년대는 군인, 경찰, 의사가, 1960년대는 공무원, 국책 사업 기술 도입 관련 직업, 1970년대는 대기업과 종합 무역 회사직, 1980년대는 컴퓨터 프로그래머, 컨설팅 등이, 1990년대는 펀드 매니저, 벤처, 그리고 2000년대는 고소득 전문직 분야가 선호되었다.

이와 같이 유망 산업, 유망 학과, 유망 직업이 계속 변화하고 있는 상황에서 각자에게 가장 유망한 분야는 본인이 하고 싶은 분야이다. 10년 단위로 빠르게 변하는 분야보다 평생 마음이 끌릴 분야가 유망한 것 아닌가.[15)16)]

사) 취업 준비

일곱 번째 단계는 구체적인 취업 준비 계획을 수립하고 실천하는 단계이다. 자신에게 가장 적합한 직업에 취업하기 위하여 해당 분야의 기업 현황을 파악하고, 그 분야에서 요구하는 자격증을 취득하거나, 이력서, 자기 소개서 등 관련 서류를 준비한 다음, 면접에 대비해야 한다. 자신이 선정한 최종 직업을 현실적으로 실현시키기 위해서는 구체적으로 무엇이 필요한지를 적는다. 자신의 자격 요건을 준비하기 위하여 현시점에서 시행에 옮길 수 있는 단기적인 목표를 제시해보자. 그 이상의 취업 준비에 대한 구체적인 내용은 다음 단원에서 논하고자 한다.

나. 창업을 위한 직업 탐색 및 선택

지식정보화사회를 맞아 산업 구조가 빠른 속도로 바뀌고 있다. 상품 생산도 소비자의 다양한 요구에 부응하기 위하여 소품종 대량생산에서 다품종 소량생산으로 바뀌고 있으며, 이로 인해 벤처 기업과 소상공인 창업이 활성화되고 있다. 따라서 21세기의 주역을 꿈꾸는 젊은이들에게는 창업을 통한 자영업이 직업 선택으로 권장되고 있다.

가) 창업의 의미와 특성

(가) 창업의 의미

좁은 의미의 창업이란, 제품 또는 서비스를 생산하거나 판매하는 사업을 시작하기 위하여 지금까지 존재하지 않은 새로운 기업 조직을 설립하는 행위를 말한다. 즉, 새로운 제품이나 서비스 또는 지식을 생산하거나 판매하기 위하여 건물과 설비 등을 갖추고, 필요한 인원을 배치하여 일을 시작하는 것을 말한다. 흔히 사용하는 창업이라는 용어는 이와 같은 좁은 의미의 개념이다.

넓은 의미의 창업이란, 새로운 기업 조직을 설립하는 것은 물론 기존의 기업이 지금까지와는 전혀 다른 새로운 종류의 제품을 생산하거나 판매하는 일을 시작하는 것까지 포함하는 개념이다. 즉, 넓은 의미로는 기존의 기업이 지금까지와는 다른 새로운 사업을 시작하는 것도 창업이라고 할 수 있다. 보다 폭넓은 시각으로 볼 때, 매일매일의 비전형적 일상 업무의 지식을 축적해가는 것도 창업이라 할 수 있다. 특히 정부는 젊은 청년들에게 지식기반사회에 적합한 새로운 직업으로 1인 지식 기업 또는 1인 창조 기업을 강조하고 있다.

1인 지식 기업이란, 개인이 사장임과 동시에 직원인 기업으로, 통신, 금융·

보험업, 사업 서비스업 , 보건, 오락·문화 등의 분야에 종사하면서 창의적인 지식과 기술을 활용하여 이윤을 창출하는 기업을 의미한다.

1인 창조 기업이란, 개인이 사장이면서 직원인 기업으로, 자신이 가진 지식, 경험, 기술 등을 사용하여 보다 창조적인 서비스를 제공함으로써 이윤을 창출하는 기업을 의미한다. 현재 1인 창조 기업에는 크게 세 가지 분야가 있다. 소프트웨어 개발과 같은 IT 서비스 분야, 만화, 드라마, 영화 제작과 같은 문화 콘텐츠 서비스 분야, 전통 소재의 제조업 등이다. 기업의 유형은 크게 두 가지가 있다. 하나는 1인 기업으로 시작해서 향후에 50인~100인의 고용을 창출하는 기업가형인 창조 기업이다. 다른 하나는 한 분야만을 깊이 파고들어서 그 분야의 최고가 되고자 하는 전문가형 1인 창조 기업이다. 1인 지식 기업이든 1인 창조 기업이든 미래사회를 전망해볼 때 젊은이들에게는 적극적으로 권장되는 미래 직업 분야라고 할 수 있다.

(나) 창업의 특성

창업 활동은 기업의 활동과는 다른 다음과 같은 특성을 가지고 있다.

첫째, 창업은 전형적인 불확실성에서 의사결정을 해야 하는 특성을 가지고 있다. 창업은 이제까지 전혀 경험하지 못한 미지의 사업을 시작하는 것이기 때문에 그 결과에 대한 예측이 불확실할 수밖에 없다.

둘째, 창업은 많은 자원의 투입을 전제로 한다. 즉, 창업은 다수의 인적 자원과 자본의 투입을 필요로 한다. 이러한 투입의 보상은 장기간에 걸쳐서 서서히 이루어지며 그 보상의 크기도 불확실하기 때문에 창업에는 큰 위험이 따른다. 따라서 창업을 할 때에는 가능한 한 치밀한 계획을 세워야 하며, 여러 가지 예측 방법과 철저한 경제성 분석에 바탕을 두어 추진해야 한다.

셋째, 창업은 본질적으로 창조적이며 모험적인 특성을 요구하고 있다. 이는 원래 창업이 가지고 있는 불확실성과 위험 때문이다. 또 한편으로는 사업가적 자질을 가지고 있는 야심가, 자기 사업을 통해 자아실현을 추구하려는 일반인, 그리고 성장 및 성과 개선을 추구하려는 기업의 변신 수단으로 추진된다는 특징이 있다.

나) 창업의 구성 요소

건물을 새로 지으려면 건물이 들어서야 할 대지, 자재, 자금 등이 있어야 하고, 설계 도면이 있어야 하며, 설계 도면에 따라 대지 정지 작업을 한 다음, 자재를 결합해야 할 인력이 있어야 한다. 또 이를 운영해야 할 자금도 있어야 한다. 투입 요소가 아무리 훌륭한 인적·물적·기술적 자원일지라도 공사를 담당하고 지휘하는 주체인 시공자의 시공 능력이 저질일 때에는 튼튼하고 쓸모 있는 건축물을 기대할 수가 없다.

결론적으로, 우수하고 쓸모 있는 건축물은 어느 특정 투입 요소만의 우수성에 의해 창작되는 것이 아니라, 우수한 투입 요소 각각의 합리적인 결합에 의해서만 건축이 가능해진다.

훌륭한 건축물의 창작과 마찬가지로 훌륭한 기업의 탄생도 우수한 투입 요소의 합리적인 결합에 의해서 가능해진다. 만일, 창업에 투입되는 요소의 양이 부족하거나 질이 떨어진다면, 건실한 기업으로 성장하기가 어려울 것이다. 그렇기 때문에, 창업을 하는 데에는 많은 우수한 인적·물적·기술적 자원의 투입이 필요하다. 이들 다양한 투입 요소 가운데 대표적인 것으로 인적 요소, 기술적 요소, 자본적 요소의 세 가지 요소를 들 수 있다.

(가) 인적 요소

창업을 하는 데 필요한 기본적 투입 요소 가운데 가장 핵심적인 것은 인적 요소로서 인적 요소는 창업의 주체인 창업자를 비롯하여 생산, 마케팅, 인사, 조직, 재무, 회계, 경영 정보 등 기업 조직의 각 기능을 담당할 인적 자원을 말한다.

(나) 기술적 요소

창업의 기본 요소 중에서 인적 요소와 더불어 중요한 것은 기술적 요소이다. 즉, 창업 아이디어인 제품 또는 용역이다. 기술적 요소란 사업의 구체적인 아이디어의 실행력을 뜻한다. 이는 창업을 통해 무엇을 할 것인가에 대한 사업 내용의 구체성을 말하며, 기업이 존재하는 이유와 목적으로 대변할 수 있다.

창업 아이디어가 어떻게 탐색되고 선택되든 기술 요인이 갖추어야 할 요건은 충분한 시장 수요를 가져야 한다는 것이다. 시장 수요는 재화와 서비스의 효용 가치가 제품의 가격보다 크다고 인식될 때 자연적으로 생기는 것이다. 즉, 제품을 구입할 때 소비자가 부담하는 화폐 가치보다 더 큰 효용 가치를 제공하는 서비스와 제품이라는 사실이 알려지면 그 제품은 시장 수요를 가지기 마련이다.

기술적 요소는 창업자나 창업에 참여하는 사람들의 아이디어에 의해 결정된다는 점에서 전적으로 인적 요소에 의해 좌우된다. 즉 재화와 서비스는 창업자의 상상력과 창조성 그리고 창업에 동참하는 참여자들의 기발한 아이디어와 분석한 정보를 뒷받침으로 한 조언 등 인적 요인에 의해 결정된다. 다른 한편으로 기술적 요소는 자본적 요소에 의해서도 영향을 받는다. 왜냐하면 아무리 훌륭한 아이디어를 가지고 있어도 이를 생산할 수 있는 기계나 자본 등 물적 자원이 뒷받침되지 않으면 이를 상품화할 수 없기 때문이다.

(다) 자본적 요소

창업에 있어서 인적 요소 및 제품 요소와 마찬가지로 중요한 비중을 차지하는 것이 물적 요소로서의 자본이다. 물적 자원이란 제품 요소인 사업 아이디어를 구체적으로 상품화하는 데 필요한 자본을 말한다. 창업 시 소비자의 기호나 필요에 따라 아무리 훌륭한 제품 개념을 정립하였더라도 이를 상품으로 만들 수 있는 적절한 자원이 뒷받침되지 않는다면 성공적인 제품을 만들 수 없다.

제품 개념이 제품화되기 위해서는 적합한 기술과 더불어 물적 요소를 투입해야 한다. 생산에 필요한 자재나 부품 기계 및 생산 설비, 그리고 공장 등은 자본의 투자에 의해 취득할 수 있기 때문이며, 인적 요소의 양과 질도 자본의 투자에 의해 취득이 가능하기 때문이다.

창업의 가장 핵심적인 요소는 인적 요소를 대표하는 창업자, 제품 요소를 대표하는 창업 아이디어, 그리고 물적 요소를 대표하는 창업 자본이다.

다) 창업의 범위

창업은 사업의 기초를 세우는 것으로, 기업가의 능력을 갖추고 있는 개인이나 단체가 사업에 대한 아이디어를 가지고 사업 목표를 세워 적절한 시기에 자본, 인원, 설비, 원자재 등 경영 자원을 확보하여 재화나 용역을 제공하는 기업을 새로이 설립하는 것을 말한다. 한국의 중소기업창업지원법에 의하면 창업이라 함은 새로이 중소기업을 설립하는 것으로서 창업지원법시행령 제2조의 제1항 각호의 규정에 해당되지 않는 것을 말한다.

국가 시책의 대상이 되는 중소기업자는 중소기업기본법 제2조의 규정에 의거하여 중기업자와 소기업자로 구분되며, 업종의 특성과 상시 근로자 수, 자본금, 매출액에 따라 구분 기준이 마련되어 있다.

라) 사업 영역 선정과 창업 시기

자신의 강점을 가지고 창업해야 성공할 확률이 높다. 자신이 쉽게 적응할 수 있는 업종의 선택과 준비가 중요하다. 예를 들면, 사무직 사원이 퇴직을 앞두고 미리 특정 기술과 관련된 자격증을 획득하는 것은 매우 바람직하다. 나아가 인간관계나 자금 능력을 확충해두는 것도 미래 사업의 성공을 위해서 매우 가치 있는 투자이다.

(가) 사업 영역의 선정

사업 분야의 선정은 사업의 성패를 결정짓는 매우 중요한 사항이므로 충분히 검토해야 하고, 적기에 결정해야 한다.

20대 후반~30대 초반에는 젊음의 패기로 창업을 할 수 있다. 그리고 실패하더라도 큰 타격은 입지 않는다. 즉, 가지고 있는 재산도 많지 않을 뿐더러 투자의 규모도 크지 않을 것이며, 사회적인 경험도 일천하여 소규모의 단순 업종을 택하는 것이 일반적일 것이다. 실제로 20대에 창업을 하면 주위로부터의 도움을 받기가 어렵다. 그 이유는 본인과 잦은 교류를 가져야 할 사람이 아직 경제적으로 안정되어 있지 않을 뿐더러 사회적인 지위도 확보하지 못하였기 때문이다.

30대 중반~30대 후반은 직장 경험을 가지고 있을 경우에 10년 정도의 경력 소유자일 것이며 세상 물정을 인식하는 안목도 있는 연령이다. 경험자들의 의견에 따르면, 30대 중·후반에 창업을 하는 것이 실패할 확률이 가장 적다고 한다. 그리고 창업에 실패하더라도 아직 자녀들이 어린 나이이기 때문에 가족이 입을 수 있는 충격도 적은 편이어서 재기할 수 있는 의지를 쉽게 가질 수 있다.

40대 이후에는 사회생활의 경험도 풍부하고, 그동안 열심히 저축하였을 경우에는 어느 정도의 자금도 확보하고 있을 것이므로 창업을 할 수 있는 나이이다. 그리고 판단력도 충분히 갖추고 있으므로 창업에 대해 신중을 기할 수 있다. 그러나 만약 실패할 경우에는 회복 및 재기가 불가능할 수도 있기 때문에 사려 깊은 결정을 내려야 한다.

창업자가 업종 선택을 할 때는 다음과 같은 항목을 고려하여 자신이 생각한 업종에 해당하는 것을 찾아보는 것이 바람직하다.

- 적성에 맞는 업종인가?
- 경험과 지식의 강점을 살릴 수 있는가?
- 가족 친지의 후원과 조력을 얻을 수 있는가?
- 수익의 지속성이 예상되는가?
- 고도의 기술이나 전문적인 지식을 필요로 하는 업종인가? 만일 그렇다면 기술 확보의 방안은 있는가?
- 무경험자가 개업하기에 위험한 업종은 아닌가?
- 면허, 허가, 등록, 신고 등을 필요로 하는 업종은 아닌가? 법적 규제는 없는가? 만일 그렇다면 조건을 충족시킬 수 있는가?
- 개업에 어느 정도의 자금을 필요로 하는 업종인가? 그 조달은 가능한가?

이러한 기준 중에서 특히 중요한 몇 가지를 정리하면 다음과 같다.

- 창업의 필연성 확인과 창업가적 자질 여부의 판단
- 자신의 경험 및 강점과 자격 요건 활용 여부의 판단
- 자신의 인생 목표, 경영 철학 및 취향과의 대조
- 창업자의 자금 조달 능력의 고려

(나) 사업 분야별 고려사항

- 제조업 선정 시 고려사항

제조업은 도·소매업에 비해 풍부한 경험과 기술을 필요로 하는 분야이다. 따라서 제조업을 경영하고자 하는 예비 창업자는 최소한 제조업체에 직접 근무한 경험이 있거나 간접적으로 깊은 관계와 지식이 있는 경우에 선택해야 한다.

제조업체에 근무하는 동안 생산, 마케팅, 인사조직, 재무, 회계, 경영 정보의 5대 분야에서 직접 근무한 경험을 살려가면서 창업한다면 그만큼 성공의 가능성은 높다고 할 수 있다.

- 도·소매업 선정 시 고려사항

도·소매업은 흔히 제조업이나 서비스업에 비해 비전문가도 도전하기 쉬운 만큼 실패의 확률이 높은 분야로 알려져 있다. 도·소매업은 대개 중간 내지 최종 소비자와 직접 접하게 되는 분야이므로 차별화를 통한 경쟁력 확보를 위해서는 고도의 친밀성과 시장 감각이 필요하다.

도·소매에서 주로 다루는 소비재는 취급하는 품목에 따라 편의품, 선매품, 전문품으로 구분한다. 여기서 편의품은 손님이 근처 가게에서 구입하는 식료품이나 일용 잡화 등이고, 선매품은 손님이 여러 가게에서 상품을 둘러본 후에 구입하는 가구나 의료품 등이며, 전문품은 취미에 따라 기호도가 높은 고급 의류나 귀금속 등이다.

• 서비스업 선정 시 고려사항

서비스업은 창업자의 능력 자체가 사업의 핵심 요소인 경우가 대부분이다. 따라서 제조업과는 또 다른 적성과 능력을 필요로 한다. 서비스업을 영위하기 위해서 창업자 자신이 모든 업무 수행에 필요한 자격 요건이나 능력을 갖출 필요는 없지만, 최소한 사업 분야의 전체 흐름을 이해할 수 있는 수준 이상이 되어야 한다.

서비스업의 비정형적, 비반복성, 비표준화의 특성상 창업자 자신이 업무에 정통하여 전체 흐름을 주도하면서 새로운 아이디어와 방향 제시로 사업을 이끌어나가야 성공의 가능성을 높일 수 있다.

• 프랜차이즈업 선정 시 고려사항

도·소매 서비스업의 경우, 최근에 프랜차이즈화 한 체인점에 가입을 하는 창업자가 많이 늘어나고 있다. 프랜차이즈는 경영의 노하우를 제공하는 본사와 그 대가로 돈을 지불하는 가맹점으로 조직되어 있다. 기본적인 형태는 다음과 같다.

본사는 창업에 즈음하여 입지나 점포, 설비, 제조, 판매의 기술과 메뉴, 광고, 선전 등의 노하우를 제공하거나 실제로 지휘하고, 이후에 제품이나 재료의 제공, 제품 개발 등을 행하며, 영업 관리와 운영에 책임을 진다. 그리고 가맹점은 이에 대해 가맹료와 로열티를 지불한다.

프랜차이즈화 한 체인점의 경우, 기본적인 것은 본사가 관리해주므로 창업 시 시간과 노고가 적게 들고, 창업 후에도 안정된 수입을 얻기 쉬운 장점이 있다. 반면에, 본사의 지도성이 강한 것에서 오는 단점도 적지 않다. 단점을 없애기 위한 점검 사항은 다음과 같다.

- 경험, 인테리어, 품질, 노하우 등 본부의 경쟁력 체크
- 대표의 해당 분야 경력 및 도덕성 점검
- 기존의 가맹점에게 여론 수렴
- 성공 사례 유무 점검
- 자본금의 영세성 점검

• 사업 분야 선정 시 고려해야 할 그 밖의 사항

그 밖의 업종 선택 시에 주의해야 할 사항은 다음과 같다.

첫째, 인기 상품이라 하여 쉽게 창업했다가는 낭패를 보기 쉽다. 번창하고 있는 업종에는 강력한 경쟁 상대가 있기 마련이다.

둘째, 광고 홍보물에서 자주 볼 수 있는 과대광고에 현혹되지 말아야 한다.

셋째, 너무 새로운 업종이나 검증되지 않은 업종은 가급적 피하는 것이 좋다. 창업자는 흔히 남이 전혀 생각하지 못한 아이템이나 업종에 집착하는 경향이 있다. 시대를 너무 앞서 가도 실패한다. 성공하는 기업이란 그 시대를 살아가는 보편타당한 고객층의 지지도에 의해 이루어진 기업을 말한다.

넷째, 남의 성공 아이디어를 참조하되, 그대로 따라 해서는 성공하기 힘들다. 창업에 성공한 이들은 나름대로의 비결을 가지고 있다.

다섯째, 보완 업종을 찾아 시스템의 효율을 도모해야 한다. 철새도 먼 대륙을 횡단할 때에는 상승기류를 이용하여 날아간다. 철새는 가장 편한 상태로 날개를 접어두고 선두가 일으키는 기류를 이용하여 날아가다가 선두가 지치면 교대하면서 먼 거리를 날아간다. V자 행렬을 만들어 서로에게 상승 기류를 만들어주므로 혼자 날아가는 것보다 더 멀리 날아갈 수 있다. 이와 같이 사업을 선정할 때 외부 보완 업종을 활용하면 성공할 확률을 높일 수 있다.

• 사업 분야 및 사업 아이템 선정 순서

업종 및 사업 아이템은 일반적으로 다음과 같은 순서로 선택해야 한다.

- 창업 희망 업종에 대한 정보 수집
- 유경험자 또는 종사자의 조언
- 후보 사업 아이템에 대한 정보 수집의 구체화
- 후보 사업 아이템에 대한 정밀 분석 및 검토
- 사업 타당성 분석
- 최적 업종 및 사업 아이템 선정
- 사업 계획서 작성

창업 업종 내지 사업 아이템 선정은 창업 과정 중에서 가장 어렵고 많은 시간을 요구하는 것이다. 성공 가능성의 정확한 추정이 어렵기 때문이다. 성공 확률을 높이기 위해서는 전문가의 창업 컨설팅을 받아보는 것도 좋은 방법이다.

마) 창업 정보의 수집

창업을 희망하는 사람은 창업 정보를 혼자서 수집하기보다는 창업보육센터, 창업컨설팅업체 등을 통하여 창업 프로세스별로 필요한 정보를 수집하는 것이 바람직하다.

다시 말해, 창업 희망자는 어떤 사업이 성공할 기회가 많을 것인가를 조사하는 시장 조사 단계, 어떤 제품을 개발하여 어떻게 유통시키고 판매할 것인가를 계획하는 제품화 및 유통판매 계획 단계, 어떤 방법으로 소비자의 최초 방문을 유도하고 지속적으로 만족을 줄 것인가에 관한 서비스 계획 단계, 창업을 하기 위한 비용을 산정하는 등의 창업 계획서 작성 단계, 마지막으로 창업 자본금의 확보 방법, 창업 일정 등 실행 계획 단계에 필요한 정보를 수집해야 한다.

이와 같은 창업 정보는 중소기업청, 창업보육센터 등을 직접 방문하거나, 인터넷을 통하여 수집할 수 있다. 인터넷을 통하여 창업 정보를 수집할 수 있는 정보원을 소개하면 창업 가이드 관련 사이트에는 소상공인진흥원(www.seda.or.kr), 창업넷(www.changupnet.go.kr) 등이 있고 창업동아리 관련 사이트에는 한국창업동아리연합회(www.peum.net) 등이 있다. 창업 자금 관련 사이트에는 기술보증기금(www.kibo.co.kr), 중소기업진흥공단(www.sbc.or.kr), 소상공인 창업 및 경영자금(www.seda.or.kr) 등이 있다.

창업 상담 회사 관련 사이트에는 한국경영·기술컨설턴트협회(www.kmtca.or.kr), 한국능률협회(www.kma.or.kr), 한국생산성본부(www.kpc.or.kr) 등이 있고, 창업보육센터 관련 사이트에는 사창업진흥원(www.kobia.or.kr), 한국산업기술평가관리원(www.keit.re. kr), 정보통신산업진흥원(www.nipa.kr), 신기술창업지원단(www.htvc. kaist.ac.kr) 등이 있다.

1인 창조 기업을 위한 정보 관련 사이트로는 1인창조기업비즈니스센터(www.ideabiz.or.kr)가 있다. 또, 고용노동부의 청소년 Work-Net(www.work.go. kr/youth)에서는 소규모 창업을 원하는 사람을 대상으로 창업 진단 검사를 실시하여 사업가적 자질이 있는지의 여부와 적합한 창업 직종을 추천해 주고 있다. 진단 검사는 문제해결 능력, 위험 감수, 효율성 등 12개 성격 차원과 개인 생활서 등을 중심으로 검사 도구가 구비되어 있다.[17]

탐구활동 9-8

창업 가능성 탐색하기

(가) 고용노동부의 청소년 Work-net(www.work.go.kr/youth)을 이용하여 창업 진단 검사를 실시하여 내가 창업가적 기질이 있는지 확인하고, 있다면 어떤 창업 직종이 적합한가를 알아보자.

(나) 창업은 실패하는 비율도 높다. 성공한 창업자와 실패한 창업자를 찾아 성공할 수 있었던 비결과 실패하게 된 이유를 알아보자.

주

1) 이무근. (2005). 직업교육학원론(재판). 서울: 교육과학사. pp.33-36.
2) 박영숙, 제롬 글렌, 테드 고든. (2011). 유엔미래보고서 3: 기후와 에너지로 재편되는 세계. 서울: 교보문고. pp.165-168.
3) 박원순. (2011). 세상을 바꾸는 천개의 직업. 파주: 문학동네. pp.36-364.
4) 권대봉. (2009). 녹색성장 녹색직업 녹색인재. 서울: 박영사.
5) 교육과학기술부. (2009). 녹색 일자리 창출 및 인력양성 방안.
6) 김승택. (2009). 녹색일자리(Green Job)의 정의와 창출 방안. 노동리뷰 48호, pp.20-32.
7) 박상철, 장재호, 권윤섭, 김용현. (2010). 녹색분야 직업구조도에 관한 연구. 서울: 한국고용정보원.
8) Llewellyn, A. B., Hendrix, J. P., & Golden, K. C. (2010). 그린잡: 나와 지구가 찾던 새로운 기회(김정인 역.). 서울: 도요새. (원저 2008 출판).

9) 한국경제연구원. (2008). 녹색성장시대의 도래. CEO Information.

10) UNEP, ILO, IOE & ITUC. (2008). Green jobs: Towards decent work in a sustainable, low-Carbon world, Worldwatch Institute.

11) Stan, S., & Lobl. (2012). Paint your career green. MN: Jist Works.

12) 최윤식, 배동철. (2009). 2030년 부의 미래지도. 서울: (주) 지식노마드. pp.116-122.

13) 대통령실. (2011). 한국 경제 성적표: G20 국가와 비교. 청와대 정책소식, Vol. 100, p.15.

14) Farr, M. (2011). Getting the job you really want(6th ed.). MN: JIST Works. pp.1-77.

15) 이면우. (2004). 생존의 W 이론. 서울: 렌덤 하우스 중앙.

16) 서재경. (2008). 나에게 꼭 맞는 직업선택의 기술. 서울: 매일경제신문사. pp.17-90.

17) 이무근. (2011). 진로와 직업. 서울: 교학사. pp.123-146.

제10장 진로 계획 수립

1 삶과 일과 교육

가. 진로, 진로 개발, 진로 계획의 의미

가) 진로

인간이 일상생활을 하는 과정에 자신과 타인에게 혜택을 주는 것을 목적으로 하는 의도적인 활동을 일(work)이라고 하며, 한 인간이 일생을 통해서 수행한 일을 총칭해서 커리어(career)라고 한다. Career라는 용어는 전후 문맥에 따라 '진로', '생애' 또는 '경력'이라는 말로 사용되기도 하고 어떤 경우는 '커리어'라고도 쓴다.

국어사전에서 '진로'란 '앞으로 나아가는 길' 또는 '나아갈 길'이라고 풀이하고 있다. '생애'란 '한 개인이 살아온 삶', 또는 '인생 전체'를 의미한다. '경력'이란 '여러 가지 일을 겪어 지내옴', 또는 '겪어 지내온 여러 가지 일'을 뜻한다.

나) 진로 개발

진로 개발(career development)이란 일생(life-span)을 통해 삶(life), 학습(learning), 그리고 일(work)을 관리(managing)하는 과정(process)이라고 정의한다. 인적자원개발(human resource development)에서는 career development를 경력 개발이라고도 한다. 진로(생애) 교육(career education)은 진로 개발 단계에 따라 크게 넷 또는 다섯 단계로 구분한다.

(가) 진로 인식(career awareness) 단계

이 단계는 일상생활을 하는 데 필요한 기초 능력 함양과 일의 세계를 인지하는 주로 초등학교 과정에서 이루어지는 교육이다.

(나) 진로 탐색(career exploration) 단계

이 단계는 교양인으로서 필요한 능력을 함양하고, 자신의 적성, 흥미, 성격, 가치관, 능력, 신체적 특성 등에 적합한 일(직업)을 좀 더 구체적인 경험을 통해 탐색해보는 단계로 주로 중·고등학교 과정에서 이루어지는 교육이다.

(다) 진로 계획 및 준비(career plan & preparation) 단계

이 단계는 탐색한 직업 중에서 자신에게 가장 적합한 직업을 선택하고 그 직업에 종사할 수 있는 역량을 개발하며, 취업에 필요한 다각적인 계획과 준비를 하는 전문계 고등학교, 전문대학, 대학, 대학원, 각종 직업 교육/훈련 기관에서의 교육이다. 이 진로 계획 및 준비 단계를 진로 계획 단계와 진로 준비 단계로 구분하는 경우도 있다.

(라) 진로 유지 및 개선(career maintenance and improvement) 단계

이 단계는 취업 후 직업에 종사하면서 직무 능력을 향상시키고, 전직 및 퇴직 준비도 하고, 노년기의 계속적인 활동과 여가 생활을 위해 정규교육을 마친 후에 이루어지는 교육이다. 즉 직장생활, 가정생활, 사회생활을 하면서도 평생학습을 하는 성인기와 노년기의 교육이다.

인간은 이상과 같은 진로 개발 단계를 거치면서 필요한 능력을 개발한다.

진로 개발 단계별·영역별 진로교육의 목표 체계를 제시하면 〈표 10-1〉과 같다.

〈표 10-1〉 진로 개발 단계별 진로교육 목표 체계

구분		초등학생	중학생	고등학생	대학생	성인
진로 개발 단계		진로 인식	진로 탐색	진로 계획	진로 준비	진로 유지
단계별 진로 교육 목표		직업 또는 일과 관련하여 자신의 모습을 인식한다.	자신과 직업세계에 관한 다양한 정보를 탐색한다.	자신의 특성에 부합하는 진로를 결정하고 자신의 진로목표 및 앞으로의 계획을 수립한다.	자신이 의사결정한 직업 또는 진로의 획득 및 입직(入職)을 위한 준비행동을 전개한다.	직업을 획득한 이후의 진로를 유지·개선하거나 직업적응 및 직업전환을 수행한다.
자신의 이해	자기이해 및 긍정적인 자아개념 형성	자신이 소중한 존재임을 인식한다.	자신을 알고자 노력하며 긍정적인 자아개념을 형성한다.	긍정적인 대인관계에서 요구되는 능력을 향상시킨다.	자기이해를 심화하고, 자신을 긍정적으로 수용한다.	지속적으로 자신을 성찰하고 긍정적으로 수용한다.
	다른 사람과의 긍정적인 상호작용	긍정적인 대인관계의 중요성을 인식한다.	긍정적인 대인관계에서 요구되는 능력을 습득한다.	자신을 객관적으로 이해하고 긍정적인 자아개념을 형성한다.	다양한 상황에서 다른 사람과 긍정적으로 상호작용한다.	긍정적인 인간관계를 통하여 사회적 관계망을 확대·발전시킨다.
직업세계의 이해 및 탐색	일과 직업의 이해	일의 중요성을 인식한다.	일의 중요성을 인식하고 사회·경제적 환경과 자신과의 관계를 이해한다.	사회·경제적인 환경변화가 일과 직업에 끼치는 영향을 이해한다.	사회·경제적인 환경변화가 개인과 삶과 직업에 끼치는 영향을 이해하고 예측한다.	급격하게 변화하는 사회환경의 변화가 개인의 진로 개발에 끼치는 영향을 이해하고 대응한다.
	긍정적인 직업가치와 태도 형성	일과 직업을 긍정적으로 대하는 태도를 형성한다.	직업을 대하는 긍정적이며 적극적인 태도를 가진다.	직업생활에서 요구하는 긍정적이며 적극적인 태도와 습관을 함양한다.	긍정적인 조직문화의 형성과 생산적 사회구성원으로서 요구되는 태도와 습관을 기른다.	직업인으로서의 사회적 책무성을 가지고 직업생활을 영위한다.
	진로정보의 탐색·해석·평가·활용	자신의 주위에 다양한 직업이 있음을 인식하고 탐색한다.	일과 직업에 대한 다양한 측면을 탐색하여 잠정적인 진로결정에 활용한다.	일과 직업세계의 다양한 측면을 탐색·해석·평가·활용한다.	자신의 진로준비에 필요한 정보를 탐색·해석·평가·활용한다.	직업생활을 위해 필요한 진로정보를 생성하고 관리한다.

진로 계획 및 관리	평생학습의 중요성 인식 및 참여	학습의 중요성을 인식하고 기본적 학습습관과 태도를 습득한다.	학습의 중요성을 인식하고 자기 주도적 학습습관과 태도를 가진다.	학습의 중요성을 인식하고 학습능력을 향상시킨다.	평생학습의 중요성을 이해하고 다양한 학습의 장에 적극적으로 참여한다.	평생학습에 적극 참여하고, 학습결과를 진로개발에 활용한다.
	진로의사결정	진로의사결정의 중요함을 인식하고 미래에 대한 꿈을 가진다.	잠정적인 의사결정을 위하여 다양한 진로대안을 모색한다.	합리적인 진로의사결정을 기초로 하여 구체적인 진로대안을 수립한다.	진로목표를 구체화하고 이를 달성하기 위한 실천 전략을 계획한다.	직업선택·유지·전환의 목표에 적합한 세부계획과 대응전략을 수립한다.
	진로계획 및 설계	꿈을 이루기 위해 진로를 계획하고, 이를 위해 노력하는 습관과 태도를 지닌다.	잠정적인 진로계획의 목표를 달성하기 위하여 실천·평가한다.	자신이 수립한 진로계획의 목표를 달성하기 위하여 세부과업을 설정하고 실천한다.	진로계획의 실천과정 및 결과를 지속적으로 모니터링한다.	진로계획의 실천을 지속적으로 모니터링하여 자신의 진로를 활성화시킨다.
	효과적인 구직·직업유지·전환	직업인이 되기 위하여 요구되는 자질이 무엇인지 인식한다.	취업에 필요한 지식·기술·태도를 습득한다.	취업에 필요한 지식·기술·태도를 함양한다.	구직 및 직업유지·전환을 위해 요청되는 역량을 강화한다.	직업선택·창업·유지·전환에 요구되는 역량을 심화·발전시킨다.

출처: 최동선. (2006). 생애단계별 진로교육의 목표와 내용. 임원, 김안국 (편.). 진로지도와 노동시장의 이행. 서울: 한국직업능력개발원. pp.43-44.

진로 개발 단계의 관점에서 보면 대학 생활은 진로 준비 단계에 해당된다. 대학생은 자아 정체성을 확립하고, 자신의 적성, 흥미, 능력, 가치관, 신체적 특성 등과 같은 자기 특성과 재능을 찾아, 이에 적합한 직업을 탐색한다. 그리고 취업하는 데 필요한 역량을 체계적인 교과과정 이수를 통해 개발한다. 이어서, 지원서, 이력서, 자기 소개서 등의 작성, 면접과 이미지 메이킹 등의 취업 준비를 한다. 따라서 대학 시절은 인생의 방향을 결정지어주는 매우 중요한 시기라고 할 수 있다. 특히 진로 준비 단계를 성공적으로 이끌어가기 위해서는 내 적성에 맞는, 평생 동안 후회 없이 내가 하고 싶은 일(직업)을 탐색하는 것, 그런 일을 하는 데 필요한 능력을 개발하는 것, 그러기 위해서 교양 교과와 전문 교과를 체계적으로 이수하는 것, 여러 가지 취업 준비를 하는 것, 그리고 이런 과제를 대학 생활을 하는 동안 성취할 수 있도록 진로 설계를 치밀하게 계획하여 이를 성공적으로 수행하는 것이 무엇보다 중요하다.

다) 진로 계획

건축물을 짓기 위해서는 설계도가 필요하다. 인생에 있어서도 행복하고 성공적인 삶을 누리기 위해서는 자신의 적성, 소질, 흥미, 환경 등을 고려한 삶의 목적을 설정하고 실천 가능한 인생의 청사진을 그린 진로 계획이 설정되어야 한다. 여기서 진로 계획(career plan)이란 진로 발달 단계에 따라 목적과 목표를 설정하고 이를 달성하기 위해 체계적인 실행 계획을 수립하는 과정을 의미한다. 따라서 인간의 생애는 각자의 진로를 진로 개발 단계별로 얼마나 체계적이고 합리적으로 계획하여 목표를 달성하였느냐에 따라 행복과 성공의 정도가 달라질 수 있다. 그렇기 때문에 진로 개발 단계별에 따른 진로 계획을 잘 수립하여 추진하는 것이 중요하다.

진로 계획을 수립할 때에는 유념해야 할 세 가지 사항이 있다. 첫째는 각자의 소질과 개성을 존중해야 한다는 점이다. 둘째는 외면적 가치보다는 내면적 가치에 우위를 두어, 삶의 과정에서 외면적 가치에 의해 내면적 가치가 밀려나는 일이 없어야 한다는 것이다. 셋째는 삶을 설계함에 있어 공정한 사회가 요구하는 규범을 지키는 범위 안에서 설계해야 한다는 것이다.

과거에는 사회가 지금과 같이 빠르게 변화하지 않았기 때문에, 진로 계획을 한 번 세우면 큰 수정 없이 생애 경로(career path)를 순조롭게 이어갈 수 있었다. 그러나 지금은 사회의 모든 부분이 변화하는 것은 물론, 특히 변화하는 속도가 점점 빨라지고 있다. 그래서 커리어(career)에 대한 관점(view)도 〈표 10-2〉에서 보는 것과 같이 전통적인 관점과 새 시대의 관점 간에는 상당한 차이가 있다. 따라서 진로 계획, 진로 준비, 진로 유지 및 개선 과정도 커리어에 대한 새 시대의 관점에서 끊임없이 수정·보완해야만 한다.

〈표 10-2〉 진로(career)에 대한 전통적 관점과 새 시대의 관점 비교

관점	전통적 관점	새로운 관점
환경	안정	다이내믹
진로 선택	하나, 진로 개발 초기에 결정	반복, 진로 개발 단계별로 주기적 변화
진로 책임	조직	개인
진로 범위	한 조직	몇 개의 조직
진로 관계	장기	단기
피고용인 기대	직업 안정	고용가능성에 투자
진로 개발	승진	횡적 이동
성공의 의미	계급체계에서 계속 승진	내적 만족
생애 경로	일직선, 정지상태, 경직	다방향, 다이내믹, 유연함

출처: Park, Y. H. (2011, 11). Discussion: Career Guidance and Development in the Era of Globalization. Global HR Forum 2011. 교육과학기술부. 서울: 한국직업능력개발원.

지금까지는 진로에 대한 계획이나 준비도 대학의 진로 관련 기구, 학과 교수, 진로지도 및 상담 관련 공공기관이나 전문가에게 주로 의존하는 경향이 있었다. 그러나 미래사회 변화, 과학기술 변화, 노동시장과 고용 구조의 변화에 따른 평생직장의 소멸에 따라 근로자의 직장과 일(직업)에 대한 가치관 변화, 생활 양식의 변화, 세계화에 따른 활동 무대의 국제화 등으로 각자의 진로가 다이내믹하게 전개되고 있다. 그래서 진로에 대한 선택, 계획, 준비 등도 수동적 자세에서 좀 더 적극적인 자기 주도적 진로(self-directed career)로 전환되고 있다.

특히 생애 경로(career path)에서 커리어 모델(career model)이 전통적인 일직선(linear) 방향인 경우에는 지향해야 할 목적지가 하나밖에 없다. 그렇기 때문에 접근 방법도 하나로 체계화되고, 승진도 한 방향으로 제한되었으며, 커리어의 활동 범위가 국내로 한정되어 있었다. 반면에 새로운 관점에서 생애 경로가 다방향(multi-direction)일 경우에는 지향해야 할 목적지가 여러 개 있다. 이에 따라 생애 경로도 여러 방향으로 개척할 수 있으며, 여러 방향이다 보니 자신의 커리어를 새롭게 찾아낼 수 있고, 나의 진로도 국내에 국한하지 않고 지구촌으로 확대할 수 있다.

이와 같이 대학생의 진로가 지구촌으로도 진출할 수 있는 기회가 확대됨에 따라, 대학생은 앞으로 자신의 진로를 계획할 때 활동의 무대를 국내에 국한하지 말고 국제무대에서도 활동하려는 글로벌 마인드를 가지고 해외 진출 계획을 구상해봄이 바람직하다. 국제무대로의 진출을 위해서는 국제전문가로서 필요한 전문 지식과 외국어 능력, 국가별 문화와 직업 환경의 차이 이해, 국제인으로서 갖추어야 할 품격 등에 관한 역량을 개발해야 한다.

나. 삶의 목적과 행복의 조건

가) 삶의 목적

한국인의 평균 기대 수명은 현재 80세 전후인데 남성은 70대 후반이고 여성은 80대 중반이다. 앞으로도 남·녀의 평균 기대 수명은 계속 늘어날 전망이다. 이와 같이 인생의 긴 여정을 무엇을 목적으로 어떻게 살아가야 할 것인가라는 문제는 대단히 중요하다. 왜냐하면 '왜 그리고 어떻게 살 것인가.'라는 문제에 대한 기본적인 성찰 없이는 삶의 현장에서 부딪치는 크고 작은 문제에 대해 자신 있는 태도를 취할 수 없기 때문이다.

아리스토텔레스(Aristoteles)는 일찍이 모든 사람의 삶의 궁극적인 목적은 행복에 있다고 하였다. 즉 사람들은 각각 다른 길에서 다양한 모습으로 생활하면서 무엇인가를 성취하려 애쓰고 있지만 결국 모든 사람이 행복을 추구하고 있다는 것이다.

그렇다면 행복이란 무엇인가? 행복이란 일반적으로 삶 전체에 대하여 한 인간이 느끼는 보람과 깊은 만족을 뜻한다. 자신의 삶이 소중하고 가치 있음을 깨닫고 만족할 때에 행복을 느낄 수 있다. 만족스러운 삶은 누군가에 의해 주어지는 것이 아니라 스스로 만들고 찾는 것이라는 점을 생각한다면, 자신이 이루고자 하는 과업을 성취하기 위해 노력하는 과정 역시 행복이라 할 수 있다.

그런데 사람에 따라 보람과 만족을 느끼는 대상이 서로 다를 수 있다. 특히 만족의 대상을 돈·명예·지위와 같은 외면적 가치에 비중을 두는 경우가 있다.

반면에 사랑과 우정, 인격과 사상, 학문과 예술과 같이 내면적 가치에서 찾으려는 사람도 있다.

이런 여러 가지 만족 중에서 인간이 만족을 느끼기 위해 공통적으로 바라는 다섯 가지 기본 조건이 있다. 즉 몸이 아프지 않고, 물질적으로 곤란을 겪지 않으며, 자신의 꿈과 소망을 실현하고, 다른 사람과 사회와 국가에 도움을 주고 은혜를 베풀며, 주변 사람과 화목하게 지내는 것이다.

나) 행복의 조건

(가) 건강

인간이 행복하기 위해서는 건강해야 한다. "건강한 신체에 건강한 정신이 깃든다."라는 말이 있듯이, 우리는 건강할 때 만족스러운 삶을 영위할 수 있다. "인간이 일생을 살아가는 과정에서 재산을 잃는 것은 조금 잃는 것이고, 명예를 잃는 것은 많이 잃는 것이며, 건강을 잃는 것은 모두를 잃는 것이다."라는 말이 있다. 이는 건강이야말로 모든 사람에게 가장 소중하다는 것을 잘 표현해주는 말이다. 그러므로 항상 신체적으로 건강을 잘 유지해야 한다.

행복한 삶을 위해서는 정신적으로도 건강해야 한다. 항상 바르고 곧게 살며, 남에게 도움을 주고 사랑하며 은혜를 베풀고, 명랑한 생활을 유지함으로써 사회질서와 안녕에도 이바지할 수 있어야 한다. 이렇게 신체적으로나 정신적으로 건강한 생활을 하는 것을 웰빙 well - being: 참살이이라고 한다.

건강은 인생의 대본

농(農)은 천하지대본(天下之大本)이요, 건강(健康)은 인생(人生)의 대본(大本)이다. 건강은 인간의 기초 자본이요, 첫째가는 재산이다. 튼튼한 집을 지으려면 먼저 기초가 튼튼해야 하듯이, 행복한 인생을 건설하려면 우리의 몸이 건강해야 한다. 관리 중에서 가장 중요한 관리는 건강관리이다. 그러므로 인도의 위대한 지도자 간디는 이렇게 말했다.

"인간의 첫째 의무는 자기의 심신(心身)을 강건하게 하는 것이다."

건강은 돈으로 살 수도 없고 팔 수도 없다. 억만금을 주어도 남의 건강을 살 수는 없다. 나 자신이 건강해지는 수밖에 없다. 건강은 남에게 빌려줄 수도 없고 빌려 쓸 수도 없다. 건강을 잃어버리면 인생만사(人生萬事)가 무(無)로 돌아간다.

무병장수(無病長壽)를 원하면 오과(五過)를 피하여라. 과(過)는 지나치는 것이요, 무리하는 것이다. 자동차가 과속하면 사고가 나고, 난로가 과열되면 화재가 발생하며, 돈을 과용하면 빚을 지게 된다. 과(過)는 반드시 화(禍)를 초래한다. 과(過)는 과실(過失)을 낳는다. 건강을 원하는가? 다음 다섯 가지의 과(過)를 피하여라. 과음(過飮), 과식(過食), 과색(過色), 과로(過勞), 과욕(過慾)을 피하라.

출처: 이무근. (2011). 진로와 직업. 서울: 교학사. p.13 재인용.

(나) 경제적 안정

만족스러운 삶을 누리기 위해서는 기본 생활을 영위할 수 있는 경제적 안정이 필요하다. 굶주림에 시달리는 가난 속에서도 깊은 만족을 느끼는 경우가 있다. 그러나 그러한 만족은 일시적인 것이며, 계속되는 빈곤 속에서 삶 전체에 대한 지속적인 만족을 느낀다는 것은 대단히 어려운 일이다. 그렇다고 필요 이상의 물질적 풍요가 행복을 더 가져다주는 것은 아니고, 물질적 풍요에 비례해서 만족이 늘어나는 것도 아니다. 따라서 물질적 풍요는 기본 생활을 영위하는 수준에서도 만족할 수 있다.

(다) 자아실현

우리는 스스로 정신적 또는 육체적으로 발전하고 있음을 의식할 때 인간으로서의 만족, 즉 행복을 느낀다. 자기의 능력이나 기량 또는 신망 등이 그저께보다 어제가 낫고, 어제보다 오늘이 낫다는 것을 의식할 때, 즉 '자아성장'을 의식할 때 삶 전체에 대해 깊은 만족을 느낄 수 있다. 모든 사람이 추구하는 궁극적인 목적은 행복이라고 말한 아리스토텔레스 역시 '행복'이 무엇이냐는 물음에 '자아의 실현'이라고 대답하였다. 즉, 사람은 누구나 타고난 자신의 소질을 충분히 발전시키고 욕구를 충족하는 과정에서 행복이 실현된다.

(라) 봉사

인간은 혼자서 살 수 없고 인간의 행복 또한 사회적인 삶 속에서 실현이 가능하다. 그러므로 자기가 속해 있는 공동체 내지 집단을 위해서 떳떳한 구실을 하는 필요한 존재라는 것을 스스로 인정할 때 우리는 인간으로서의 깊은 만족, 즉 행복을 느낄 수 있다.

사람은 누구나 어떤 조직에서 집단생활을 하게 되어 있고, 그가 속해 있는 집단을 위해서 무엇인가 떳떳한 역할을 함으로써 자기의 존재에 대해서 가치를 인정할 수 있으며, 또 자신의 삶에 대해서 만족을 느낄 수 있다. 무의촌에 가서 환자를 치료하는 의사, 장애우에게 자활 능력을 키워주기 위해 지식과 기술을 가르치는 선생님, 고령 사회를 맞아 노인들을 보살펴주는 사회복지사나 자원봉사자들이 다 그 예라고 할 수 있다.

(마) 원만한 인간관계

인간은 이 세상에 태어나서 떠날 때까지 끊임없이 '너'와 '나'의 관계 속에서 생활을 하게 된다. '너'는 돌, 나무, 동물일 수도 있고, 부모, 형제, 배우자, 스승, 동문 선후배, 친구, 애인, 이웃 친지, 직장인, 국가, 더 나아가 세계 인류일 수도 있다. '너'와 '나'의 만남의 과정에서 그 관계가 원만할 때 인간으로서의 깊은 만족을 경험할 수 있다.

특히, 대인 관계가 원만한가에 따라 사회질서와 번영에도 직결되고, 개인의 행·불행에도 결정적 영향을 끼친다. 그렇기 때문에 인간관계가 원만해야 한다.

대인 관계가 원만하다는 것은 넓은 의미에서 사랑으로 맺어진 사람과의 관계가 많다는 것을 말하고, 대인 관계가 좋지 않다는 것은 넓은 의미에서 미움으로 맺어진 사람과의 관계가 많다는 것을 말한다. 그런데 인간은 사랑의 감정을 통해 환희를 가장 훈훈하게 느끼고, 미움의 감정 속에서 비애를 가장 심각하게 느낀다. 이러한 관점에서 볼 때 원만한 대인 관계, 즉 인화(人和)는 행복을 위한 중요한 조건이라 할 수 있다.

탐구활동 10-1

나의 행복 찾기

내가 일생을 살아가면서 추구하려는 행복의 조건을 5가지 이상 설정해보자.

다. 삶과 일

인간은 매일 아침에 일어나 잠자리에 들기 전까지 자신이나 다른 사람에게 무엇인가 도움을 주기 위해 의도적인 활동, 즉 일(work)을 하면서 일생을 보낸다. 물론 잠을 자거나 쉬는 시간도 있지만, 인간이 살아가는 과정에서 삶의 중핵은 일이라고 할 수 있다. 일은 개인이 하는 일의 내용에 따라 그 사람의 지위, 생활수준, 정신 건강 등 생활양식에 큰 영향을 끼치고 있다. 그런데도 우리는 "왜 일을 하고 있으며 반드시 일을 해야 하는가?"라는 질문에 대해서 정확한 답을 가지고 있지 못하다. 즉, 사람들 가운데는 자신이 일생 동안 얼마나 많은 일을 하면서 살아야 하는지를 알지 못하고 생활하는 사람이 있을 뿐 아니라, 이를 불만스럽게 생각하면서 사는 사람도 있다.

인간은 일을 하면서 사는 존재일 뿐만 아니라 일에 대하여 생각하면서 사는 존재이다. 동물도 일을 하지만 일에 대하여 생각을 하면서 사는 존재는 아니다. 꿀벌이나 개미가 하는 일은 수천 년이 지난 오늘날까지도 그 방법과 양식이 별로 변한 것이 없다. 인간만이 일에 관한 생각을 통해 일을 변화시키며 발전시켜왔다고 할 수 있다.

우리는 왜 일을 해야만 하는가에 대하여 확신을 가지고 생활하기 위해 일에 관하여 좀 더 구체적으로 살펴보기로 하자.

가) 일의 뜻과 목적

일(work)이란 자신에게나 다른 사람에게 가치 있는 물건(재화)이나 서비스(용역)를 만들어(생산)내기 위한 의도적 활동이다. 이런 일은 인간이 목표를 세우고 힘을 투입하여 대상에 대해 변화를 가져오게 한다. 일의 목적은 생계유지의 수단, 자아실현, 가정과 사회와 국가에 봉사함에 있다.

(가) 생계유지의 수단

인간은 일정한 나이가 되면 직업을 가진다. 대개 20세 전후에서 60세 전후까지 직업생활을 한다. 직업은 여러 가지 기능을 가지고 있다. 그중의 하나는 일의 대가로 얻는 경제적 보수이며, 이것으로써 생계유지의 수단을 마련할 수 있다. 이 경우 일은 바로 직업(occupation)이라 할 수 있다. 따라서 우리는 자신과 가족의 건강유지를 위하여 그리고 건전한 경제생활을 위하여 직업에 종사하면서 열심히 일을 하지 않으면 안 된다.

(나) 자아실현

인간은 욕망을 충족시키고 꿈을 성취하며 심신의 건강을 유지하기 위하여 일을 한다. 인간은 빵으로만 살 수 없는 존재이며 육체적 욕구가 어느 정도 충족되면 문화적, 정신적 욕구를 추구하게 된다. 한마디로 이러한 욕망 충족을 '자아실현'이라고 할 수 있다. 자아실현은 일을 통해서 성취할 수 있다. 그래서 교육의 궁극적 목적도 개인의 잠재 능력을 최대로 계발하여 일을 통해서 자아실현을 할 수 있는 사람을 키우는 데 있다.

(다) 가정, 사회, 국가에 대한 봉사

사람은 돈과 욕망의 충족뿐만 아니라 그가 사랑하는 가족, 사회, 국가, 세계를 위하여 일을 한다. 원래 일은 시초부터 자기만을 위한 것이 아니다. 어머니가 집안일을 할 때 일의 대가에 경제적 보수가 수반되는 것은 아니지만 가족과 가정을 위하여 소명감(calling)을 가지고 열심히 일(vocation)을 한다.

일을 해서 얻는 물질적, 문화적 소득은 언제나 다른 사람과 직·간접적으로 연관되어 있다. 자기가 번 돈을 혼자서 쓰는 경우에도 그가 어떤 물품을 구입하느냐에 따라 그의 행위는 타인과 연관되어 있다. 그러므로 일이란 본질적으로 사회성을 가지고 있으며, 이웃에 대한 봉사성, 사회에 대한 필요성, 국가와 인류에 대한 공헌성을 함께 지니고 있다. 즉, 일이란 나와 남을 동시에 돕는 행위라고 할 수 있다.[1)]

탐구활동 10-2

삶을 위한 직업 구상

내가 일생을 살아가면서 하고 싶은 일(직업)을 5가지 선택해보자.

라. 삶과 일과 교육

우리는 앞에서 인간의 삶의 목적은 행복의 추구에 있고, 행복은 일을 통해서 성취될 수 있다는 것을 알았다. 그런데 일을 할 수 있는 능력은 교육을 통해서 개발된다. 따라서 삶과 일과 교육은 불가분의 관계에 있다.

삶과 일과 교육의 관계를 글로 쓰면 짧은 문장으로 표현될 수 있지만 내용은 한없이 깊고 복잡하다. 사람마다 삶의 목적이나 삶을 통해서 추구하려는 행복의 조건이 다를 수 있기 때문이다. 직업의 종류가 다양하고, 직업마다 갖는 특성이 있으며, 요구하는 능력이 서로 다르기 때문이기도 하다. 개인의 적성, 흥미, 능력, 성격, 가치관, 신체적 특성, 가정환경 등 자아 정체성과 자아 존중감에 따라 직업 선택 기준과 가능성도 다를 수 있다. 뿐만 아니라 과학기술의 급격한 변화로 직업 생성 소멸 주기가 빠르게 바뀌고 있고, 노동시장 구조 및 고용 형태의 변화로 진로 설계도 과거에 비해 매우 복잡하다. 그래서 평생 동안 일하면서 배우고 배우면서 일하는 평생학습이 생활화되지 않으면 급변하는 미래사회에 적응하며 살아가기가 어려운 것이 현재이고 미래는 더욱 그렇다.

미래를 좀 더 행복하게 살아가기 위한 삶과 일과 교육을 설계하기 위해서, 제8장에서는 자신에 대한 자아 정체성과 자아 존중감을 찾았고, 또한 자기의 특성을 파악하는 자기 탐색을 학습하였다. 제9장에서는 다양한 직업 세계에 관한 정보 분석을 통해 자신에게 적합한 직업 탐색을 하였다. 이제 제10장에서는 제1부 미래 변화와, 제2부의 제8장과 제9장의 학습 내용을 기초로 자신의 삶의 목적을 설정하고 진로 로드맵을 작성해보려고 한다. 이어서 제11장에서는 제10장에서 수립된 진로 계획을 추진할 수 있는 진로 준비를 하고, 제12장에서는 제10장과 제11장에서 수립한 진로 계획과 진로 준비의 실행을 위한 대학 생활 계획을 세우려고 한다.

2 삶의 목적과 목표 세우기

가. 행복, 성공, 꿈과 희망, 비전, 목적과 목표의 의미

내가 인생에 대해 고민하고 삶의 방향을 모색해보려고 할 때, 조언해주는 사람 또는 관련 문헌을 접하다 보면 유사 용어들이 자주 나타난다. 그래서 삶의 목적을 설정하려고 할 때, 혼돈이 오는 경우도 있다. '젊은이여 꿈과 희망을 가져라.', '행복하려면 우선 삶에 대한 비전이나 목적을 잘 세워야 한다.', '당신은 반드시 성공할 수 있다.', '그 사람은 나름대로 성공은 했다고 말할 수 있지만 행복했다고 얘기하기는 어렵다.' 등이 그 예다. 즉 꿈, 희망, 비전, 목적, 성공과 행복 등의 서로 연관된 단어가 사용되고 있다. 이들 용어는 학자에 따라 다양하게 정의되고 있어 하나로 통일된 정의를 내리기가 어렵다. 하지만, 계속 이어지는 '삶의 목적과 목표'와 관련된 소단원을 학습하고 삶의 목적과 목표를 좀 더 명확하게 설정할 수 있도록 하기 위해 몇 개 용어에 대해 논의하고 정리하고자 한다.

가) 행복

행복이란 삶 전체에 대하여 한 인간이 느끼는 보람과 깊은 만족을 뜻한다. 즉, 자신의 삶이 소중하고 가치 있음을 깨닫고 만족할 때에 행복을 느낄 수 있다. 만족스러운 삶은 누군가에 의해 주어지는 것이 아니라, 스스로 만들고 찾는 것이라는 점을 생각한다면, 자신이 이루고자 하는 과업을 성취하기 위해 노력하는 과정 역시 행복이 될 수 있다.

행복을 표현할 때도 순간적인 기쁨, 삶에 대한 만족, 그리고 자아실현으로 인한 기쁨 등 3단계가 있다. 1단계의 행복이란, 원했던 일이 이루어졌을 때 느끼는 순간적인 기쁨을 말한다. 2010년 밴쿠버 스케이팅에서 김연아 선수가 금메달을 수상할 때 기쁨의 눈물을 흘리는 순간이 그 예가 된다. 2단계의 행복이란, 살면서 느낀 즐거움과 고통을 비교해보고 장기적으로 삶이 더 즐거웠다는 것을 말한다. 이때의 행복은 이제까지의 삶(life)에 대한 흡족함(contentment)과 만족(satisfaction)을 뜻한다. 노년에 접어들어 할아버지, 할머니들이 그동안의 삶에 대해 흡족하고 만족하다고 느낄 때의 행복이 그 예다. 3단계의 행복은, 자신이 원한 소명을 이루어가는 과정에서 자신의 잠재력을 실현해갈 때 나타난다. 이는 인간 누구나가 바라는 궁극적인 행복이기도 한데, 각자의 자아실현이 무엇이었느냐에 따라 행복이 이루어지는 과정은 다르다.

행복하기 위해서는 우선 자신을 잘 알아야 한다. 나는 누구인가? 나는 왜 태어났는가? 나는 왜 살아가는가? 인생의 목적이 무엇인가? 어떻게 살아가는 것이 행복이고 성공인가? 나는 왜 이곳에 있고 어디로 가고 있는가? 내가 가장 잘하는 것은 무엇인가? 내가 가장 하고 싶은 것은 무엇인가? 등 나를 알아야 한다. 거울에 비친 나, 다른 사람에게 비친 나도 중요하지만, 보다 중요한 것은 내 가슴과 마음속에 비친 나를 정확하게 아는 것이다. 즉 자아 정체감과 자아 존중감 그리고 자신의 특성을 정확히 파악함으로써 나의 잠재력과 재능을 찾을 수 있어야 한다. 또한 나의 재능을 최대로 발휘할 수 있고, 돈이나 명예, 사람들의 인정이나 칭찬 등과 상관없이 나의 시간과 에너지 그리고 돈을 기꺼이 사용하면서 어떤 일을 하는 데 열정을 쏟을 수 있어야 한다. 그리하여 그 열정을 쏟아부을 수 있는 내가 정말로 하고 싶고 좋아 하는 일, 즉 소명을 찾아야 한다. 소명(calling)이란 나만을 위한 특별한 부름, 다른 사람과 다른 독특한 나만의 부름이기 때문에 나를 알 때 가능하다. 따라서 소명을 찾는 과정은 개인마다 다르고 차이가 있다.

나 자신이 간절히 원하고 바라는 일이나 자신의 소명이 되기 위해서는 세 가지가 필요하다. 그 일을 잘할 수 있는 소질이 있어야 하고, 그 소질을 개발할 수 있는 교육과 훈련을 적절히 받아야 하며, 그러한 능력을 발휘할 수 있는 환경이 뒷받침되어야 한다.[2)]

나) 성공

성공이란 자신이 설정한 인생의 목적을 달성하는 삶, 즉 삶의 모든 영역에서 자신의 꿈, 욕망, 소망, 목표를 성취해가는 것이다. 꿈, 소망, 목표 등은 사람마다 다르기 때문에 성공은 개인별로 서로 다르다. 성공에는 누구에게나 공통된 정답은 없다. 단지 자신에게 적합한, 나만의 차별화된 성공이 있을 뿐이다. 내 인생의 성공이란 미리 설정한 내 인생의 가치를 목표로 설정하고 그 목표를 향해서 달려가는 그 자체이다. 그래서 진정한 성공은 크든 작든 꿈꾸던 것을 성취하는 것이고 그것이 나의, 나에 의한, 나를 위한 가치를 충족시켜주는 것이어야 한다.

성공과 행복은 꼭 일치하는 것은 아니다. 성공은 어떤 기준이나 잣대로 성취 여부를 판단하는 것이고, 행복은 만족 상태를 나타내는 것이다. 자신이 좋아하는 일을 해서 원하는 것을 얻으면 그것이 바로 성공이고, 얻은 것에 만족하면 그것이 행복이다. 따라서 성공도 행복한 성공을 추구하는 것이 바람직하다.

성공과 행복은 반드시 직접적인 관련이 있는 것은 아니지만, 진정으로 행복하기 위해서는 의미 있는 성공을 거둬야 하고, 더 나은 성공을 위해서는 먼저 행복하고 내적인 기쁨이 함께해야 한다. 비록 욕망, 소망, 목표를 성취하였더라도 그 성취에서 행복을 느끼지 못하면 성공이라 할 수 없다.

진정한 성공이 되기 위해서는 세 가지 조건을 이루어야 한다. 첫째, 자신의 삶이 아니라 다른 사람에게 도움이 되는 삶을 살아야 한다는 것이다. 알바이트 슈바이처와 이태섭 신부의 삶 등이 그 예라 할 수 있다. 둘째, 성공은 결과 못지않게 과정에서 찾을 수 있어야 한다. 비유해서 말하면, 산을 오를 때 정상에 올랐을 때의 기쁨도 있지만 오르는 과정에서 자연을 감상하고 땀 흘리며 자기와의 도전에서도 환희와 큰 보람을 느낄 수 있어야 한다. 마찬가지로 인생을 살면서 삶의 궁극적인 목적을 달성하는 것도 중요하지만 그 목적을 이루는 과정에 단계별 목표를 성취하면서도 보람과 만족을 느낄 수 있어야 한다. 셋째, 내가 추구하고 있는 방법이 관련된 모든 사람에게 도덕적으로 올바르고 공정해야 한다는 점이다. 이는 돈이나 명예나 지위도 불법적으로 이루어서는 안 된다는 의미이다.

덧붙여 '성공이란 무엇인가'란 에머슨(Ralph Waldo Emerson)의 시를 소개하면서 진정한 성공의 의미를 되새겨보고자 한다.

성공이란(what is success)?

자주 그리고 많이 웃는 것
현명한 아이에게 존경을 받고
아이들에게서 사랑을 받는 것
정직한 비평가의 찬사를 듣고
친구의 배반을 참아내는 것
아름다움을 식별할 줄 알며
다른 사람에게서 최선의 것을 발견하는 것
건강한 아이를 낳든 한 평의 정원을 가꾸든
사회 환경을 개선하든
세상을 조금이라도 살기 좋은 곳으로 만들고 떠나는 것
자신이 한때 세상에 존재함으로 인해
단 한 사람이라도 숨쉬기 편하게 되는 것
이것이 성공이다.[3)4)]

다) 꿈

마음 깊은 곳에서 간절히 원하는 것이면 무엇이든지 꿈이다. 이루어질지 아닐지 확실하지 않더라도 반드시 도달하고 싶은 목적지이다. 만약 도달할 것이 확실하다면 우리는 더 이상 그것을 꿈이라고 부르지 않는다.

꿈이란 이루어지기만 한다면 무척이나 행복할 것 같은 일, 세상을 다 얻은 듯한 느낌을 주는 일, 기뻐서 가슴이 뛰는 일, 내가 살아가는 이유라고 느끼는 일, 그것을 이룬 사람을 보면 무척 부럽고 때론 질투까지 느끼는 일, 바로 그것이 꿈이다.

꿈을 향한 길은 처음 소풍을 가는 아이처럼 언제나 가슴 설레는 일이고, 꿈을 이루는 일은 언제나 신나는 일이다. 꿈과 희망이 있는 사람은 자신의 존재 이유를 깨닫고 훗날에 누릴 큰 행복이 무엇인지 분명히 알고 있기 때문에 아무리 힘든 일이 있더라도 인내를 갖고 헤쳐 나가며 하루하루를 즐겁게 지낼 수 있다. 꿈은 나에게뿐 아니라 나를 사랑하는 사람에게도 힘을 준다. 또한 꿈은 내가 지치고 풀이 죽었을 때, 그리고 자신이 없을 때 내가 계속 나아갈 수 있게 도와준다.

행복은 어느 순간 갑자기 얻을 수 있는 성취의 부산물이 아니다. 참된 행복은 자신의 꿈을 찾아 소명을 실현하기 위하여 열심히 노력하는 데에서 얻을 수 있고, 자신의 꿈을 찾는 가운데 자아실현을 함으로써 마음속 깊이 행복감을 느낄 수 있다. 내가 하고 싶은 일, 가보고 싶은 곳, 갖고 싶은 것, 되고 싶은 모습, 나누어주고 싶은 것 등 자신의 꿈을 찾기 위해서는 위인들의 전기, 선현들이 남기고 간 말씀, 지혜의 글을 읽고 좋은 강연들을 들으며 마음속에 감동을 받아야 한다. 그리고 "나 말고 누구에게 기쁨과 행복을 나눠줄 수 있는가?"라는 질문에 답을 할 수 있어야 한다. 그래야 우리 모두 자기 자신의 삶에서 꿈을 꾸고 목표를 정할 수 있기 때문이다.[5)]

라) 비전

비전(vision)의 사전적 의미는 '내다보이는 장래 상황'으로 '이상', '전망'을 뜻한다. 인생의 비전은 자신의 인생에 있어서 이루기를 간절히 열망하는 미래의 모습을 의미하며, 최선을 다해 노력했을 때 자신이 실현할 수 있는 최고의 상태를 뜻한다. 떠올리기만 해도 가슴이 설레고 벅차오르는 그런 자신의 미래상이다.

인생이라는 항로에서 방향과 목적지가 없거나 잘못됐다면 시간과 에너지만 낭비할 뿐이다. 또한 비전도 없이 인생에서 성공한다는 것은 거의 실현 불가능한 일이다.

마) 목적과 목표

현재는 조만간 과거가 되고, 미래는 머지않아 현재로 다가온다. 우리의 삶에서 중요한 것은 현재 어디에 있느냐가 아니라 어디를 향해 가고 있느냐이다. 앞으로 나아갈 인생의 목표와 방향을 뚜렷하게 지니는 것이 중요하다.

목적(goal, purpose, aims)이란 궁극적으로 도달해야 할 지점이나 방향을 의미한다. 인생의 목적이란 일생을 살아가면서 궁극적으로 추구하려는 방향이나 이상을 의미한다. 따라서 인생의 목적은 배가 바다를 항해하거나 비행기가 하늘을 날 때 가야 할 최종 목적지나 방향을 안내해주는 내비게이션과 같은 역할을 한다.

목표(objectives)는 목적을 달성하기 위해 단계별로 도달해야 할 지점을 의미하며 목적의 하위 개념이다. 인생의 목표는 목적 달성을 위해 장기 목표, 중기 목표, 단기 목표 등으로 구분할 수 있다.

따라서 목적과 목표는 자신의 노력을 통해서 성취하기를 바라는 미래의 상태로서 성취하기를 간절히 바라는 소망이다. 분명한 목적과 목표 설정은 우리의 삶에 강력한 영향을 주고 행복과 성공의 필수 요건이다. 왜냐하면 다음과 같은 다양한 도움을 주기 때문이다.

(가) 목적과 목표는 우리의 삶에 의욕과 생동감을 불어넣어 준다.

분명한 목표가 있을 때, 우리는 그것을 이루기 위한 도전 의식과 의욕 속에서 열심히 살아가게 된다.

(나) 목적과 목표는 일상생활의 방향과 의미를 제공한다.

목적과 목표가 있으면 무엇을 위해 어떻게 살아야 하는지가 분명해지기 때문이다.

(다) 목적과 목표는 행복감을 선사한다.

행복감은 목적과 목표와 밀접하게 연관되어 있다. 행복감은 소망하는 목적과 목표를 달성했거나 그 목적과 목표를 향해 조금씩 진전되고 있다는 인식으로부터 생겨나기 때문이다.

(라) 목적과 목표는 일상생활의 스트레스를 이겨내도록 도와준다.

밝은 미래에 대한 기대는 현재의 어려움을 극복하도록 만들기 때문이다. 추구하는 목적과 목표가 분명한 사람은 고난과 역경을 잘 이겨낼 수 있다.

(마) 목적과 목표는 성공 가능성을 높인다.

분명한 목적과 목표를 지닌 삶은 그렇지 않은 사람에 비해서 더 의욕적이고 열정적으로 노력한다.

바) 행복, 성공, 꿈, 비전, 목적과 목표 의미의 종합

이상과 같이 행복, 성공, 꿈, 비전, 목적과 목표 등의 관계를 논의하면서, 저자는 이 책에서 삶의 목적과 목표를 설정함에 있어 다음과 같은 사항을 전제로 하여 전개하고자 한다.

(가) 인간의 삶의 목적은 행복의 추구에 있고, 행복은 일을 통해 성취될 수 있으며, 일할 수 있는 능력은 교육을 통해 개발된다.

(나) 성공도 '행복한 성공'이어야 진정한 성공이라 할 수 있다.

(다) 행복과 성공은 꿈과 희망·비전·목적 등이 목표로 구체화되고 그것을 계획하고, 실행하면서 성취할 수 있다.

(라) 꿈과 희망, 비전과 목적은 뉘앙스는 다소 차이가 있더라도 개인이 추구하는 삶의 궁극적인 방향이나 도달점을 의미한다. 목표는 이를 달성하기 위한 과정으로서 단계적으로 도달해야 할 지점과 방법을 지칭한다. 따라서 목표는 꿈과 희망·비전·목적보다는 하위 개념이다.

(마) 꿈과 희망, 비전과 목적은 개인에 따라 다르다. 그렇기 때문에 행복과 성공의 기준도 사람마다 다르다.

(바) 자아 정체성, 자아 존중감, 개인별 적성, 흥미, 능력, 성격, 가치관, 신체적 특성 등은 개인에 따라 차이가 있기 때문이다.

(사) 삶의 목적과 목표를 설정할 때에는 자신의 재능, 자신의 적성에 맞고 열정을 쏟아 하고 싶은 일인가, 개인이나 사회와 국가 발전을 위해서 도움이 되는 일인가, 그리고 그 일이 도덕적·윤리적인 면과 가치관의 관점에서 사람들의 공감을 얻을 수 있는가 등이 고려되어야 한다.

나. 삶의 목적과 목표를 설정할 때 고려되어야 할 사항과 조건

가) 삶의 목적과 목표를 설정할 때 고려되어야 할 사항

자신의 삶의 목적과 목표를 세우기 전에 반드시 점검할 사항은 다음과 같다.

(가) 내가 가장 잘하는 것이 무엇인가?

이것은 자신의 재능(talent)이 무엇인가를 확실히 파악하라는 것이다.

(나) 내가 정말 하고 싶은 것이 무엇인가?

이것은 자신의 열정에 관한 것으로서 내가 몸과 마음을 바쳐 밤낮없이 열심히 일하면서 보람과 긍지를 느낄 수 있는 일(직업)이 무엇인지를 확인하라는 것이다.

(다) 내가 돈을 벌 수 있으면서 사회가 필요로 하는 일은 무엇인가?

이것은 내가 하는 일이 사회의 요구(need)를 충족시키는 데 도움이 되고 있으며 사회 발전에 기여하는가를 확인하라는 것이다.

(라) 내가 옳다고 확신이 드는 것은 무엇인가?

이것은 양심(conscience)에 관한 것으로 내가 하는 일이 도덕적으로나 윤리적인 면에서 건전하고 가치관의 면에서 사람들이 공감할 수 있는 것인가를 고려해야 한다는 것이다.

위 네 가지의 교집합이 자신의 능력을 최대로 발휘할 수 있는 분야가 된다.

사회 구성원 하나하나가 자신이 하고 싶고, 또 가장 잘할 수 있고, 사회적으로 가치 있는 일에 매진한다면, 모두가 행복해지는 세상을 만들어갈 수 있을 것이다.

(마) 진로 발달 단계에 따라 강조되어야 할 것은 무엇인가?

인간의 발달과업에서도 매 단계에서 획득되어야 할 행동 특성이 있듯이, 진로 발달 단계에서도 중요시해야 할 과업이 있다. 따라서 삶의 목적과 목표는 장기, 중기, 단기 등으로 구분하여 설정하는 것이 바람직하다.

나) 좋은 목적과 목표의 조건

(가) 가슴을 설레게 하는 목표를 세워라.

목표는 나의 열정을 자극할 수 있는 것이어야 한다. 목표는 작은 것이든 큰 것이든 생각만 해도 가슴 벅차고, 목표를 성취하기 위한 뜨거운 열정과 도전의식을 북돋우는 것이어야 한다.

(나) 성취 가능한 도전적인 목표를 세워라.

목표는 성취가 가능한 것이어야 한다. 실현 불가능한 목표 설정은 아무런 의미가 없다. 목표는 약간의 모험성과 도전을 요구하기도 하지만 자신의 역량을 최대로 발휘하여 열심히 노력하면 성취함을 기대할 수 있는 매력적인 것이어야 한다.

(다) 목표는 자율적으로 정한 것이어야 한다.

목표는 스스로 자율적으로 선택하고 결정하여 주인의식을 느낄 수 있어야 한다. 타인에 의해 강요된 목표에 대해서는 열정을 느낄 수 없다.

(라) 목표는 실현가능하고 측정이 가능할 정도로 구체적이어야 한다.

목표는 측정이 가능한 형태로 구체화되어야 하며, 목표 달성의 시점을 정하여 일정 시기에 목표 달성 여부를 측정할 수 있을 정도로 구체적이어야 한다.

이러한 좋은 목표의 조건은 스마트(SMART)란 말로도 표현된다. 목표는 구체적(Specific)이고, 측정이 가능(Measurable)하며, 실현 가능(Attainable)하고, 실제적(Realistic)이며, 목표 지향적(Target oriented)이어야 한다.

다. 삶의 목적과 목표를 세우는 방법

삶의 목적과 목표는 일반적으로 다음 세 단계를 거쳐 설정한다.

가) 삶의 목적에 대한 분석

이 단계에서는 자신이 무엇을 하고 싶어 하는가에 대한 삶의 목적을 설정한다. 삶의 목적을 설정할 때 고려하여야 할 사항 (가) 내가 가장 잘할 수 있는 일(재능), (나) 내가 가장 하고 싶은 일(열정), (다) 나에게 사회가 요구하는 일(사회 요구), (라) 나의 가치관에 맞는 일 도덕적으로나 윤리적으로 합당한 일 네 가지를 기본으로 하여 삶의 목적을 설정한다.

나) 삶의 목적에 대한 상황 분석

여기에서는 자신이 무엇을 할 수 있는가를 중요하게 다루어야 한다. 즉, 목적을 달성하는 데 영향을 주는 자신의 능력과 환경을 고려하는 작업이다. 이 단계에서는 자신의 강점과 약점이 어디에 있는가를 고민하고, 목적에 이르기까지 필요한 수단 즉, 개인적 자질, 재정적 자원, 시간의 가능성 등이 확인되어야 한다.

다) 삶의 목적 설정

이 단계에서는 앞의 다각적인 분석을 통하여 얻은 결과를 기초로 삶의 목적을 설정한다.

라. 나의 삶의 목적과 목표 세우기

탐구활동 10-3을 통하여 나의 삶의 목적과 목표를 세운다.

탐구활동 10-3

나의 삶의 목적과 목표 세우기

가. 내가 일생을 통해서 꼭 이루고 싶은 것이 무엇인가를 설정한다.
예: 훌륭한 선생님, 환경오염을 예방하는 과학자, 한국을 대표하는 수영 선수 등

가) 내가 일생을 통해서 하고 싶은 일은 탐구활동 8-1에서 8-9까지의 자기 탐색의 결과와 탐구활동 10-1에서 구상하는 나의 행복의 조건을 고려하여, 탐구활동 10-2에서 설정한 내가 하고 싶은 일(직업)을 중심으로 분석하여 설정한다.

나. 내가 가장 잘할 수 있는 재능과 특성은 무엇인가를 설정한다.

가) 탐구활동 8-3부터 8-9까지의 자기 특성 조사 결과를 기초로 자신에 대한 SWOT 분석을 통해 자신이 가장 잘할 수 있는 재능과 특성을 찾는다.

예: 글쓰기, 새로운 것을 디자인 하는 것, 상대방을 설득하는 능력, 손재주 등

나) 자기와 비슷한 재능을 가지고 있으면서 내가 평소 닮고 싶은 인물, 즉, 역할 모델을 3명 정도 찾아 존경하는 이유와 특징을 적는다.

다. 내가 가족과 사회와 국가를 위해서 하고 싶은 일이 무엇인가를 서술한다.

가) 탐구활동 8-6에서 나의 가치관을 정립하고 이에 부합되는 일을 찾아 명시한다.

나) 나와 비슷한 가치관을 가진 사람으로서 내가 존경하는 인물을 찾아 그 사람이 사회와 국가를 위해 기여한 것을 기록한다.

라. 가·나·다를 기초로 나의 삶의 목적을 설정한다.

삶의 목적은 다음 내용이 포함된 문장으로 가급적 간단명료하게 서술한다.

가) 당신이 기여하기를 원하는 대상, 영역(whom, where)

나) 당신이 기여·제공하기를 원하는 것(what)

다) 어떻게 기여하고자 하는가(how)

마. 삶의 목적을 구현하기 위한 목표를 장기 목표, 중기 목표, 단기 목표로 설정한다. 이들 목표 간에는 연계성이 있어야 한다. 즉 단기 목표 달성이 중기 목표와 연관성이 있어야 하며, 중기 목표 달성이 장기 목표와 관련이 있어야 한다는 것이다.

가) 내가 하고 싶은 일을 대학 졸업 후 20대 후반, 30대, 40대, 50대, 60대, 70대 등 10년 단위로 목표를 설정한다.

나) 졸업 후 20대 후반까지는 단기 목표로, 30대와 40대는 중기 목표로, 60대 이후는 장기 목표로 설정하는 것도 하나의 방법이다.[6)]

3 진로 로드맵 만들기

꿈, 희망, 비전, 목적은 나의 삶의 장기적인 목표다. 그러한 목적과 목표를 성취하기 위해서는 여러 단계와 과정을 거쳐야 한다. 인생의 목적을 달성하기 위해서는 장기, 중기, 단기 목표와 계획이 필요하다. 즉, 커리어 로드맵(career road map)이 필요하다. 커리어 로드맵이란 나의 생애 목적과 목표를 성취하기 위해서 필요한 단계와 과업을 구체적으로 담고 있는 실행 계획안을 말한다. 체계적이고 구체적인 커리어 로드맵을 마련하지 못한 인생의 비전은 한낱 젊은 시절의 허황한 꿈이 될 가능성이 높다.

그렇기 때문에 우리는 훌륭한 커리어 로드맵을 작성하기 위하여, 제1부에서는 최소한 10년 내지 20년 앞을 내다본 2020~2030년대의 미래 변화 전망을 다각적으로 분석하고 이해하였다. 제2부 8장에서는 나 자신을 정확히 알기 위해서 자아 정체성과 자아 존중감을 확립하고 내가 가장 잘하는 재능을 파악하기 위한 제 특성을 분석하였다. 제9장에서는 직업 세계의 이해와 탐색을 통하여 나에게 가장 적합한 직업을 선택해보는 기회를 가졌다. 제10장에서는 인생의 목적과 설정에 관해 학습하고 제1장에서부터 제9장까지 학습한 내용에 근거하여 자신의 인생 목적과 목표를 설정해보았다. 그래서 이제는 그 목적과 목표 달성을 위한 커리어 로드맵을 작성하는 단계에 이르렀다.

커리어 로드맵을 작성하는 순서는 [그림 10-1]과 같다.

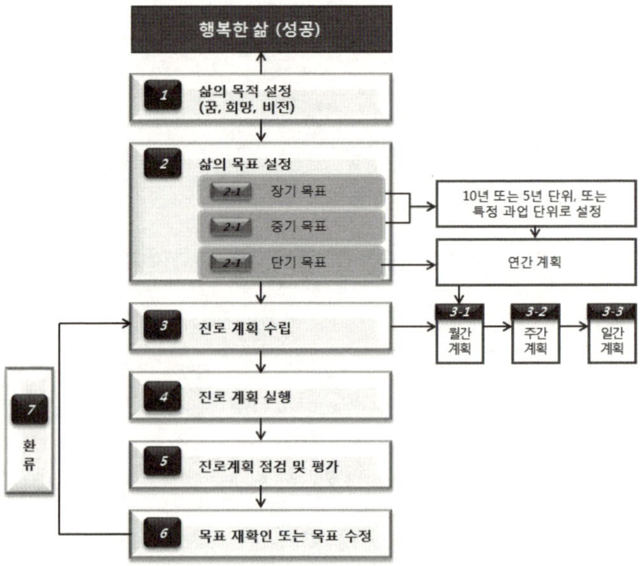

[그림 10-1] 커리어 로드맵 작성 체계도

(1) 삶의 목적(꿈, 희망, 비전) 설정

대학생 각자가 추구하는 삶의 목적 꿈·희망·비전을 설정한다. 대학생이 꿈꾸는 인생의 비전은 직업적 성취와 관련된 경우가 많다. 예컨대 성공적인 기업의 최고경영자(CEO)가 되는 것, 특정한 직업 분야의 최고전문가가 되는 것, 전공 분야의 교수가 되어 학문적 업적을 남기는 것, 빈곤과 질병 문제를 해결하는 국제구호단체에서 봉사 활동하는 것, 예술가가 되어 후대에 길이 남을 작품을 남기는 것, 억울하고 어려운 사람을 도와주기 위해 판사나 변호사가 되는 것 등 매우 다양하다.

(2) 삶의 목표 설정

삶의 목표는 위의 삶의 목적에 명시된 것을 달성하기 위하여 장기 목표, 중기 목표, 단기 목표로 구분하여 설정한다. 장기 목표와 중기 목표는 대개 10년 단위로 한다. 대학 졸업 후부터 20대 후반, 30대, 40대, 50대, 60대, 70대 등으로 구분하여 설정하며, 중기 목표는 5년 내지 특별 과제 성취 단위별로 설정하고, 단기 목표는 대학기간 중 달성해야 할 목표, 또는 1년 단위의 성취해야 할 목표를 설정한다.

(3) 진로 계획 수립

계획은 목표 단위별로 연간 계획, 월간 계획, 주간 계획, 일일 계획의 순으로 수립한다.

(4) 실행 계획 수립

실행 계획은 연간, 월간, 주간, 일을 한 축으로 하고 다른 한 축은 목표 달성을 위한 과제들을 열거하여 퍼트 PERT: Program Evaluation and Review Technique를 작성한다. 이를 실행하기 위해 필요한 인적, 물적 요구 사항도 사전에 준비한다.

(5) 실행 결과 점검 및 평가

평가 결과를 근거로 성취도를 확인하고 미비한 점을 찾아 수정·보완한다.

(6) 목표 재확인 또는 목표 수정

목표를 재확인하여 수정 및 보완 사항이 있으면 목표를 수정한다.

(7) 환류

수정된 목표를 계획에 피드백하여 반영한다.[7][8]

탐구활동 10-4

나의 진로 로드맵 만들기

탐구활동 10–3에서 작성된 나의 삶의 목적과 목표를 가지고 [그림 10–1]의 커리어 로드맵 작성 체계에 따라 나의 커리어 로드맵을 작성해보자.

주

1) 이무근. (2005). 직업교육학 원론. 교육과학사. pp.17-62.
2) 조은상. (2011). 얘야, 네가 행복하면, 세상이 행복하단다. 코스모스 컨설팅. pp.19-56.
3) 조영탁. (2011). 행복한 성공 편 1-25. 서울: 휴넷 행복한 성공 스쿨.
4) 서재경. (2008). 나에게 꼭 맞는 직업선택의 기술. 서울: 매일경제신문사. pp.7-9.
5) 조은상. 전게서 pp.93-175.
6) 권석만. (2010). 인생의 2막 대학생활. 학지사. pp.133-143, 225-244.
7) 김기홍. (2008). 30년 전략: 최고의 인생을 위한 최선의 전략 30. 서울: 페가수스. pp .22-97.
8) 강규형. (2008). 성공을 바인딩하라. 지식의 날개.

제11장 취업 및 진로 준비

1 취업 준비

가. 개발해야 할 역량 파악

제7장의 '탐구활동 7-1'에서는 미래 변화가 대학생에게 요구하는 기대 역량을 다각적으로 분류하여 제시하였다.

제9장에서는 '단원 3. 희망 직업 탐색'의 '탐구활동 9-1'에서 '탐구활동 9-7'까지를 수행하면서 자신에게 가장 적합한 희망 직업을 탐색하여 선정하였다. 희망 직업 선택은 대기업이나 중소기업을 위시한 공공기관에 취업하는 경우뿐만 아니라 앞으로 창업을 하는 경우도 고려하였다.

본 '취업 준비' 단원에서는 앞에서 각자가 선택한 직업에 종사하는 데 필요한 역량과 미래 변화가 대학생에게 요구하는 역량을 비교 분석하여, 개발해야 할 역량을 파악하고 이수해야 할 교과목의 선정과 과외 활동 등을 구상해보고자 한다.

탐구활동 11-1

내가 선택한 직업에 필요한 역량 찾기

내가 선택한 직업에서 요구하는 역량을 〈표 7-1〉과 〈표 7-2〉를 참고하여 가능한 최대로 찾아 열거한다.

(가) 직업 기초 능력 분야 :

(나) 적응력과 인성(adaptive skills/personal traits) 분야 및 전이 능력(transferable skills) 분야 :

(다) 내가 선택한 직업에 필요한 전문 능력(job related skills) 분야 :

탐구활동 11-2

요구되는 역량 개발을 위한 교과목 연계 짓기 및 관련 활동 찾기

(가) 직업 기초 능력과 관련된 역량을 개발하기 위한 교과목과 관련 활동 결정

(나) 적응력에 명시된 행동특성을 키우기 위한 교과목 선정 및 관련 활동 결정

(다) 내가 선택한 직업에 필요한 전문적인 지식과 기술을 개발하기 위한 교과목 선정

(라) 각 학과별 전공 기초과목과 자신이 선정한 직업과 관련된 전공트랙을 중심으로 한 교과목 이수 체계 작성

(마) 인턴십 프로그램을 위시한 취업하려고 하는 직업 관련 분야에서의 다양한 과외활동 계획

나. 취업 준비 관련 정보 수집

자신이 선택한 직업에 지원하기 위해 필요한 정보를 수집하고 분석하여 정리한다.

그 직업과 관련된 기업명, 기업의 특성, 전망, 그 기업이 특별히 강조하고

요구하는 역량, 채용 방법, 노동 조건, 보수, 복지, 승진 및 경력 개발 기회, 전직 및 퇴임 조건 등에 대해 조사하고 분석한다.

창업에 관심이 있는 학생은 각 대학의 창업 보육센터를 비롯한 창업관련 기관을 방문하여 창업에 관한 정보를 수집하고 분석하여 계획을 구상한다.

다. 진학 및 계속 교육 준비

평생학습 사회를 맞아 남녀노소, 어떤 능력이나 학력 및 경력자를 불문하고 평생 동안 배우면서 일하고 일하면서 배우는 생활이 필요하다. 대학을 졸업하고 취업을 하여도 직무 능력 개발과 자기 개발을 위해 계속 학습하는 계획을 수립해야 한다.

대학을 졸업하고 취업 대신 계속해서 더 공부하기를 희망하는 경우도 있다. 전문대학 졸업생은 편입학을, 대학 졸업생은 대학원 진학 또는 유학 준비를 하기도 한다.

계속 교육을 위한 상담은 전공학과 교수나 대학원 선배, 그리고 동문 선배로부터 좋은 자문을 받을 수 있다.

2 이력서와 자기 소개서 작성

가. 이력서 작성

이력서는 크게 인적 사항, 학력 및 경력 사항, 상벌 및 특기 사항으로 구성되어 있다. 국문 이력서의 경우에는 인사 서식 제1호의 보통 이력서 양식과 기업 자체에서 발부하는 소정 양식 두 가지로 구분된다.

가) 국문 이력서의 기본적인 구성 내용

인사 서식 제1호에 의한 보통 이력서는 크게 세 부분으로 구성된다. 인적 사항, 학력 및 경력 사항, 상벌 및 특기 사항이 그것이다.

(가) 인적 사항

인적 사항에는 성명, 주민등록번호, 생년월일, 주소, 호적관계 등을 기록하게 되어 있다. 주소는 통·반까지 정확히 기재해야 하며, 인적 사항은 주민등록 등·초본에 기재되어 있는 내용과 동일하게 기재해야 한다.

(나) 학력 및 경력 사항

학력 및 경력 사항은 이력서 내용 중에서 가장 중요한 부분이다. 학력은 고등학교 때부터 적는 것이 일반적이다. 특히, 입학이나 졸업 날짜는 관계 서류를 참고하여 정확히 기재하는 성의가 필요하다. 남자의 경우 군 복무 사항을 학력이나 경력 사이의 해당 기간에 적어 넣어야 한다는 것도 유의해야 한다.

(다) 수상경력 및 특기 사항

수상경력은 이력서를 통하여 자기 PR을 하는 데 유용한 부분이다. 교내·외 행사나 대회에서 수상한 사실을 일자, 수상 내용, 수여 기관 등을 밝혀 적으면 된다.

자격사항은 각종 자격, 면허증 발급 사항 등을 기재하는 것으로 국가에서 공인한 자격증만을 적는 것이 좋다.

이상의 내용을 모두 기입한 후에는 기재 내용이 틀림없다는 것을 확인시키는 '위와 같이 틀림없음'을 적은 후 작성 일을 적고 서명을 한다. 마지막으로 제일 위쪽의 성명란과 마지막의 서명 뒤에 바르고 선명하게 도장을 찍는 것으로 이력서 작성을 마무리한다.

나) 이력서 작성 시 주의사항

(가) 국문 이력서 작성 시 유의사항

국문 이력서를 작성할 때 주의해야 할 사항은 다음과 같다.

(가) 간단명료하게 구체적으로 작성한다.

(나) 과장됨이 없이 솔직하게 작성한다.

(다) 정성들여 깨끗이 작성하고 오자나 탈자가 없도록 한다.

(라) 자필 또는 워드로 작성한다.

(마) 연대순으로 기술한다.

(바) 응시 기관과 연관된 실무 능력 위주로 작성한다.

(사) 연락처를 우측 상단에 반드시 명기한다.

(아) 사진은 단정한 것을 규격에 맞게 사용한다.

(자) 시간적 여유를 두고 작성하는 것이 좋다.

(차) 마무리를 빈틈없이 확인한다.

탐구활동 11-3

국문 이력서 작성

인사 서식 제1호 보통 이력서 작성 양식을 기준으로 자신의 이력서를 작성해보자. 이력서 작성 시 주의사항을 고려하면서 작성된 이력서를 최종 검토하고 수정 보완하자.

다) 영문 이력서 작성의 기본 내용

영문 이력서 작성 시에 포함되어야 할 기본적인 내용은 다음과 같다.

(가) Personal Data(인적 사항)

- 성명(name): 반드시 완전한 성명(full name)을 써야 한다.

- 생년월일(date of birth): 월, 일, 연도순으로 적어야 한다.
- 현주소(present address) :주민등록에 기재된 주소를 적는다.
- 전화번호(지역 번호를 포함하여 연락 가능한 곳)를 적는다.
- 성별(sex): 남자의 경우 Male, 여자면 Female이라고 적는다.

(나) Job Objectives(희망 직종)

지원자가 희망하는 취업 직종 분야와 그 직종에 대한 포부와 열정 등을 쓴다.

(다) Education(교육)

졸업연도와 학교·학위명을 적고 부전공과 졸업 평점도 적는다. 미국식 기재방식은 최종 졸업 학교부터 적는 것이 원칙이다.

(라) School Activities(학교 활동)

재학시절의 동아리 활동, 농활, 봉사 활동 등을 구체적으로 기재하여 조직력, 협동심, 지도력 등을 표시한다.

(마) Military Service(병역 관계)

현역 또는 공익근무요원의 경우 그에 해당하는 제대 날짜를 밝혀주면 자연히 구분이 된다. 병역 또는 공익근무 면제자의 경우는 Exempted from military service라고 쓴다.

(바) Special Achievement(자격)

공인된 자격증은 주관 부처를 밝혀 적고, 학원 등에서 익힌 기술인 경우에는 구체적으로 적으며, 지원 부서와의 관계를 언급한다.

(사) Reward and Punishment(상벌)

Honors and Awards라고도 한다. 입상 경력이 있으면 기재하고 특별한 상벌 규정이 없으면 none이라고 쓴다.

(아) Referenced(신원조회처)

Available on request 또는 Furnished upon request 귀사 요구 시 적시 제출하겠음라고 적어둔다. 신원보증인은 추천이 될 수 있는 사람으로 일반적으로 2명 정도 기재하되 추천인에게 자신에 대해 알 수 있도록 해야 한다.

(자) Extra Activities(과외 활동)

취미, 여가, 클럽 활동, 사회 활동 등을 적음으로써 자신이 어떠한 분야 및 사회 활동에 관심이 있는지를 보여준다.

라) 영문 이력서 작성 시 유의사항

(가) 커버레터로 자신을 팔아라.

인사 담당자들은 커버레터를 읽은 후 지원자의 이력서를 읽을지 여부를 판단하는 수단으로 활용하기도 한다. 따라서 영문 이력서 작성 시 반드시 커버레터를 첨부해야 한다. 커버레터에는 지원 경로, 지원 포지션에 맞는 자격 요건, 자신의 간단한 프로필, 희망 연봉, 회사에 대한 관심도 등을 한 장 정도에 기록한다.

(나) 지원 동기를 분명히 설명하라.

(다) 포부를 밝히되 현실성이 있어야 한다.

(라) 지원하는 분야를 분명히 밝혀라.

(마) 지원하는 기관의 포지션에 초점을 맞춰 작성하라.

(바) 자신의 능력과 경력을 중심으로 작성하라.

(사) 공백 기간이 있을 경우 그동안의 실적을 밝혀라.

(아) 다른 사람과 차별화될 수 있는 자신만의 특기를 기술하라.

(자) 경력자의 경우 구체적인 수치를 통해 실적을 설명하라.

(차) 이력서 작성 시 오자나 문법적으로 틀린 문장이 없도록 세심한 주의를 기울인다.

탐구활동 11-4

영문 이력서 작성

제9장 희망직업 탐색 단원에서 자신의 직업으로 선정한 직종과 관련된 외국 기업이나 외국 기관에 취업 지원서를 제출한다는 것을 전제로 하여 자신의 영문 이력서를 작성해보자.

나. 자기 소개서 작성

자기 소개서에는 그 사람을 파악할 수 있는 다각적인 정보가 담겨져 있어야 한다. 자기 소개서는 서류 전형의 경우 당락에 영향을 미치는 것은 물론이거니와 필기시험을 치르는 경우에도 면접의 기초가 된다는 것을 염두에 두어야 한다. 이력서가 개개인을 개괄적으로 이해할 수 있는 기초 자료라면, 자기 소개서는 보다 깊게 한 개인을 이해할 수 있는 자료로 활용된다.

자기 소개서에는 기업에서 궁금해 하는 대인 관계, 조직에 대한 적응력, 성격 등을 알 수 있는 성장 배경과 장래성이 나타난다. 문장력을 통한 문장 구성, 논리성뿐만 아니라 자신의 생각을 표현해내는 능력까지 보여줄 수 있는 것도 바로 자기 소개서이다. 자기 소개서를 작성하는 일정한 양식이 따로 있는 것은 아니다.

자기 소개서는 자신을 설명하기 위한 필수적인 요건, 즉 가정환경과 성장 과정, 성격 및 가치관 , 학창 시절, 지원 동기 및 포부 등의 기본적인 틀을 살려가면서 나름대로 개성 있게 작성하는 것이 가장 바람직하다.

자기 소개서를 작성할 때 유념해야 할 몇 가지 사항을 제시하면 다음과 같다.

첫째, 문장은 간결하고 정확한 문체를 사용한다. 자기 소개서에서는 과다한 수사법이나 추상적인 표현을 피하고 간결한 문체의 단문을 사용하는 것이 좋다. 특히 문장을 짧게 작성하는 것은 좋은 문장을 만드는 첫째 요건이다.

둘째, 개성 있게 작성하도록 노력한다. 누구나 작성할 수 있는 천편일률적인 내용보다는 자신의 끼와 독창력을 발휘하여 제목을 특이하게 붙여본다든지, 선현의 귀감이 되는 말을 인용한다든지 하여 다른 사람과 차별화된 개성 있는 자기 소개서를 작성하도록 노력한다.

셋째, 긍정적인 사고 범위 내에서 진솔하게 작성하도록 한다.

넷째, 충분한 시간을 가지고 미리 작성한다.[1)]

탐구활동 11-5

자기 소개서 작성

제9장 '희망직업 탐색' 단원에서 자신의 직업으로 선정한 직종과 관련된 기관에 취업 지원서를 제출한다는 것을 전제로 하여 자기 소개서를 작성해보자.

3 면접과 이미지 메이킹

한국직업능력개발원이 최근 국내 500개 기업체 인사담당자에게 설문조사한 결과 인사 담당자 가운데 63.5퍼센트는 신입직원 선발을 위한 면접에서 '목표 의식과 자신감'을 가장 중요하게 본다고 응답하였다. 뒤이어 '인상 등 이미지', '의사 전달 능력', '기업에 대한 이해', '순발력 및 대체 능력' 등도 면접의 주요 요소로 나타났다. 오히려 토익점수나 어학 능력에 대해서는 '전혀 고려하지 않거나, 고려하지만 영향력이 거의 없다.'고 답한 기업이 51퍼센트였다. 이처럼 스펙을 중시한다는 요즘, 기준 점수만 획득하면 그 이상의 어학점수는 플러스되는 요인이 없는 경우가 많다. 오히려 면접에서의 자신감이나 미래 계획, 포부, 인상 등으로 채용 결정을 하는 비율이 더 크다.

가. 면접 준비 사항

면접에 임할 때에는 긍정적인 자세와 자신감을 가지는 것이 좋다. 그러기 위해서는 지원하는 기관에 대한 정보와 문화를 충분히 이해하고 임해야 한다. 지원 기관에 관한 정보로는 그 기관의 역사, 기관장의 이름, 출신학교, 전공과목, 신입사원에게 요구하는 인재상, 기관의 경영 이념과 창립 정신, 그 기관의 대표적 상품 또는 특색, 해외 지사의 수와 위치, 신개발 품목에 대한 기획 여부, 그 기관을 자기 나름대로 평가한 결과로서의 장·단점, 그 회사의 잠재적 능력 개발에 대한 아이디어 또는 조언이다. 또한 표정, 말투, 행동 등에 있어서도 긍정적이고 적극적인 자세를 보이는 것이 좋다.

면접에 임하기 전에 면접 예상 질문을 작성하여 답하는 리허설을 여러 번 하여 질문에 확실하게 답할 수 있게 준비해야 한다. 대개 주제별 예상 질문으로는 개인 정보의 경우 '자기소개를 해보세요.', '자신의 장·단점을 말해보세요.', '가족 소개를 해보세요.' 등이 있을 수 있다. 지원과 관련해서는 '왜 이 분야에 지원했나요?', '어떤 부서에서 일하고 싶나요?' 등의 질문이 있을 수 있으며, 경력활동과 관련해서는 '취미, 특기는 무엇인가요?', '동아리 활동을 한 경험이 있나요?', '있다면 어떤 활동을 하였나요?', '자신의 전공에 대해 간단히 소개해보세요.'등의 질문을 할 수 있다. 또한 대인 관계와 관련해서는 '친구들이 많은 편인가요?', '결혼은 언제쯤 할 계획인가요?' 등의 질문을 예상해볼 수 있다.

면접에서 위와 같은 질문이 있었을 경우 답은 최선을 다해 가급적 성실하게 임해야 한다.

나. 면접 유형별 준비

가) 인성 면접

면접관의 대부분이 임원진으로 구성되는 면접으로 개별 면접 또는 집단 면접의 형태로 진행된다. 면접의 단계 중에서 가장 마지막으로 진행되는 면접이기도 하다. 인성은 직장 생활에 있어 인간관계나 업무 추진에 크게 영향을 미치기 때문에 기관의 임원 입장에서는 지원자의 인성에 대해 정확히 알기를 원한다. 따라서 지원자는 자신의 성격에 대해 잘 파악하고 있어야 한다. 성격상의 장·단점을 질문하였을 경우에는, 장점은 강조하되 약점에 대해서는 사실을 인정하고 이를 극복하기 위한 방법을 답할 수 있어야 한다.

나) 프레젠테이션 면접

주어진 주제에 대해 지원자가 자신의 의견, 경험, 지식 등을 발표하는 방식이다. 주제는 지원 기업 또는 직무별로 발생할 수 있는 상황을 중심으로 구체적이고 시사적인 내용들이 출제된다. 직무별로 면접을 보는 경우는 전공과 관련된 내용이 출제되기도 한다. 따라서 평소에 신문사설을 활용하여 논리력을 키우는 것과 동시에 지원 기업과 업종에 대한 알찬 정보와 관련 뉴스 수집에도 노력을 기울여야 하며, 전공에 대한 지식 또한 풍부해야 한다. 이 면접은 사고력과 표현력, 발표력은 물론 전문적인 지식과 기획력, 분석력을 파악하는 데 효과가 있다. 프레젠테이션이 끝난 이후에 발표와 관련된 개별 질문이 이어지는 것이 일반적이므로 자신이 발표한 내용을 잘 기억하고 있어야 한다.

다) 영어 면접

글로벌 경쟁 시대에서의 기업은 종이에 적힌 영어 점수보다는 실제로 사용하는 영어회화 실력을 알고 싶어 한다. 삼성전자, LG전자 등 국내 대기업들과 외국계 기업들이 신업사원 채용 시 영어 면접을 실시하고 있다. 특히 외국계

기업이나 무역업무와 같이 외국인을 자주 접하는 기업에서는 영어 면접뿐만 아니라 영어 프레젠테이션이나 영어 토론까지도 실시하는 경우가 있다. 그러나 최근 삼성그룹과 같은 기업에서는 Toeic Speaking과 같은 영어 말하기 시험으로 영어 면접을 대신하기도 한다.

라) 토론 면접

대부분의 직장은 팀 단위로 업무를 수행하기 때문에, 의사결정 및 아이디어 제안을 위해서 자주 팀 미팅을 하게 된다. 팀 미팅 때는 자신의 생각을 논리적으로 제안하고, 또 다른 구성원의 제안을 경청하며 의견을 제시하게 되는 과정을 통해서 정책을 결정하게 된다. 위와 같은 직장 문화에서는 자신의 생각을 논리적으로 제안하는 능력, 다른 사람의 제안을 경청하고 합의할 수 있는 토의 능력이 필요하다. 기업은 이처럼 팀 단위 업무 환경에 적합한 인재를 선발하고자 집단 토의 면접을 실시한다. 토의 면접은 역할이 없는 토의와 역할이 부여된 토의 2가지가 있다.

마) 역량(competence) 면접

기업에서 인재를 채용하기 위한 면접은 다양해지고 있고, 진화하고 있다. 기존에 사람 됨됨이를 살피던 인성 중심 면접에서 직무수행 능력을 평가하는 역량 면접 중심으로 바뀌고 있다. 최근 들어 현장 사례를 제시한 후 문제해결 방안을 발표하는 비즈니스 케이스나 의사결정을 해야 하는 사례를 토의하거나 전공 능력을 평가하는 역량 파악을 목적으로 한 면접이 강화되고 있다. 면접의 핵심은 직업 세계에서 높은 성과를 창출해낼 수 있는 역량을 평가하는 데 있다. 그러므로 면접 준비자들은 기업이 요구하는 역량을 강화하여 면접 때 자신의 역량을 충분히 발휘할 수 있도록 철저히 준비해야 한다.

바) 이색 면접

면접에 대한 고정관념을 깨뜨린 면접 방식이다. 우선 면접 장소에 대한 개념부터 특이하다. 이색 면접의 경우에는 장소가 정해져 있지 않고 음식점, 스키장, 놀이동산, 등산, 여행 등 면접의 목적에 따라 면접 장소가 다양하다.

다. 면접 예절

첫인상으로 사람의 이미지를 판단하는 시간은 단 3초밖에 걸리지 않는다. 그 짧은 시간 동안 60퍼센트 이상 당락이 이미 결정되는 것이다. 따라서 첫인상은 생각보다 훨씬 중요한 항목이다. 짧은 시간에 사람을 끌어당기고 밀어내는 것은 당신의 능력이다. 면접이 다가오면 기본 사항들을 점검하여 몸에 익히는 연습을 하는 것이 좋다.

면접에 들어가기 전 면접 대기실에서도 지켜야 할 기본예절이 있다. 가급적 잡담이나 휴대폰 전화, 휴대폰으로 문자 보내기 등은 삼가는 것이 좋다. 자세도 흐트러진 자세보다 바른 자세로 편안하게 있는 것이 좋다.

면접실에 입장할 때도 지켜야 할 것이 있다. 첫인상은 대개 3초 안에 결정된다고 한다. 이 순간에 면접자가 할 수 있는 일은 바른 태도로 인사하는 모습을 보여주는 것뿐이다. 면접관은 문을 열고 들어오는 모습(시각적) + 인사하는 모습(청각적)을 보고 대개 지원자의 첫인상을 판단하게 된다. 콘크리트의 법칙에 의하면 상대방에게 인식된 나의 첫인상을 바꾸려면 40시간 이상의 대화 시간이 필요하다. 따라서 40시간의 대화가 불가능한 면접자들은 반드시 좋은 첫인상을 면접관에게 인식시켜주도록 해야 한다. 그런데 인품이나 첫인상은 하루아침에 이루어지는 것이 아니라 평소 각자가 좋은 인상, 훌륭한 인품을 쌓기 위해 얼마나 노력하였느냐에 달려 있다. 따라서 좋은 인상, 훌륭한 인품을 갖기 위해서는 평소에 적극적으로 노력해야 한다.

면접이 이루어지는 시간에도 입장할 때의 자세와 시선 처리, 진지하게 앉은 자세나 선 자세, 똑 부러지는 말투와 음성 조정, 면접관과 마주하여 이야기할 때의 시선 처리와 표정, 끝나고 나갈 때의 인사와 자세 등을 유념하고 면접에 임해야 한다.

라. 면접 이미지 메이킹

최근 기업인사 담당자 231명을 대상으로 '면접 시 지원자의 옷차림 때문에 탈락시킨 경험이 있습니까?'라고 물은 질문에, 48.1퍼센트가 '그렇다'라고 응답했다. 특히 옷차림으로 당락을 결정한 비율은 대기업(76.9퍼센트), 공기업(75.0퍼센트), 중소기업(57.9퍼센트), 외국계기업(37.5퍼센트)순으로 나타나 대기업일수록 옷차림을 중요하게 여기는 것을 알 수 있다.

인사 담당자들이 지적한 면접 시 피해야 할 옷차림은 남녀가 각각 다르다. 우선 남성 구직자의 경우는 세탁하지 않은 옷, 청바지 차림, 구겨진 의상, 몸에 꽉 끼는 옷차림 등의 순위였다. 여성 구직자는 과도하게 노출된 상의, 요란한 액세서리, 세탁하지 않은 옷차림, 미니스커트, 청바지 차림, 장식이 많이 달린 상의 등의 순위였다.

여성 면접 복장의 기본은 '재킷+블라우스+스커트'이다. 색상과 디자인은 최대한 단정한 것이 좋으며, 스타킹은 반드시 커피색이나 살색을 신는다. 무늬가 있는 스타킹이나 망사 스타킹은 절대 금물이다. 간혹 스커트 정장이 아닌 팬츠 정장을 입는 경우가 있는데 전문직이나 서비스직이 아니라면 팬츠 정장은 피하는 편이 바람직하다. 구두는 재킷과 스커트의 색상을 고려하여 어두운 색으로 매치하면 되지만 지나치게 굽이 높은 것은 삼가도록 한다. 그리고 가급적이면 액세서리는 심플한 디자인으로 착용하는 것이 좋다.

남성은 면접 시 슈트(suit)를 착용하는 것이 일반적이다. 슈트를 착용할 때 가장 신경 써야 할 부분은 슈트의 색상과 이에 맞는 넥타이, 셔츠를 고르는 일이다. 슈트와 넥타이, 셔츠 가운데 두 가지 아이템을 단색으로 결정했다면, 하나는 패턴이 있는 것으로 고르는 것이 좋다. 예를 들어 감청색 양복과 흰색에 하늘색 줄무늬가 있는 셔츠를 선택했다면 넥타이는 빨간색으로 매어 포인트를 준다.

슈트는 단색으로 고르되, 광택이 있는 소재는 피하는 것이 좋으며, 검은색은 권위적이고 고집스러워 보일 수 있으니 청색이나 회색 계열의 슈트를 선택하는 것이 좋다. 셔츠는 본인의 피부색에 맞는 색상을 고르는 것이 좋다. 넥타이는 슈트와 셔츠에 있는 두 색이 포함되도록 고르는 것이 좋다.

슈트를 착용할 때에는 반드시 주머니를 비우는 것이 좋으며, 너무 꽉 끼거나 헐렁한 슈트는 피하도록 한다. 바지 길이는 구두 뒷굽보다 약간 위로 올라가 있어야 한다. 구두는 검정색이 가장 무난하며 특별히 청결에 신경을 써야 한다.[2)]

탐구활동 11-6

면접 예비 질문 작성 및 복장 준비

내가 선택한 직업에 취업하기 위해 관련 기업이나 기관에 면접시험을 보게 되었다고 전제하고, 면접관이 질문할 것이라고 생각되는 질문과 답변할 내용을 적어보자. 또한 면접에 임할 때 착용할 복장을 구상해보자.

예 1. 우리 회사를 위해 반드시 채용해야 하는 이유가 될 만한 당신이 지니고 있는 우수한 재능이나 역량을 세 가지만 제시하시오.

예 2. 우리 회사가 이번에 당신을 채용하지 않았다면 당신에게 무엇이 부족하거나 문제였다고 생각하는지 세 가지만 제시하시오.

주

1) 동명대학교. (2011). 2011 취업 가이드. pp.38-105.

2) 상게서. PP.106-111.

제12장 바람직한 대학 생활

1 진로 개발 단계의 관점에서 본 대학 생활의 의미

가. 대학 생활의 중요성

진로 개발 단계의 관점에서 볼 때, 대학 시절은 자신이 어떤 사람인지 자아 정체감을 확립하고, 자기 자신을 긍정적으로 느낄 수 있는 자아 존중감도 높이며, 자신의 특성을 파악하여 자기가 가장 잘할 수 있는 재능을 확실하게 찾는 시기이기도 하다. 뿐만 아니라 적성과 소질에 맞는 직업을 선택하고 그 직업에 필요한 능력을 개발하여 취업 준비를 하는 시기이다. 또한 이를 기초로 하여 각자의 삶의 목적을 설정하게 된다. 따라서 대학 생활은 미래의 삶에 영향을 주는 매우 중요한 시기라 할 수 있다.

나. 대학 생활의 특성

대학 생활은 초·중·고등학교 생활과는 여러모로 차이가 있다. 이제까지의 학교생활과는 다른 생활을 접하다 보니 처음에는 대학 생활에 적응이 어렵다. 대학 생활에서는 정해진 등·하교 시간이 없다. 수업 시간에 들어가면 개인을 위한 지정석도 없다. 학생에게 정해진 수업 시간을 부여하지도 않는다. 매일 고정적으로 만날 수 있는 담임교사나 학급 친구도 없다. 상당수의 학생은 집을 떠나 외지에서 숙식하며 생활하게 되어 학생의 사생활을 규제하는 사람도 없는 경우가 있다.

초·중·고 생활, 대학 생활, 직장 생활의 특성을 비교해보면 〈표 12-1〉과 같다.

〈표 12-1〉 초·중·고 생활, 대학 생활, 직장 생활의 특성 비교

	초·중·고 생활	대학 생활	직장 생활
출퇴근 시간의 엄격성	높음	낮음	높음
지정 좌석의 유무	있음	없음	있음
시간 활용의 자율성	낮음	높음	낮음
인간관계의 친밀도	높음	낮음	중간
감독자의 규제 수준	높음	낮음	중간
재정적 이해관계	학비를 냄	학비를 냄	월급을 받음
주거지	자택	자택 비율 반 정도	자택 비율 높음

이런 특성을 지닌 대학 생활이 쉽지 않은 이유는 발달과업의 관점에서도 찾아볼 수 있다.

가) 인간 발달 단계의 과정에서 보면 가장 많은 변화를 경험하는 불안정한 시기

대학생은 이제까지 경험하지 못했던 스스로 선택하고 결정해야 하는 다양한 삶의 과제에 직면하게 된다. 어려운 전공 공부를 비롯하여 음주와 흡연, 이성 교제, 성생활, 친구 관계, 군 복무, 아르바이트, 소비 활동, 진로 선택과 취업 준비 등과 같은 스스로 해결해야 할 다양한 과제와 도전에 직면하게 된다. 이를 해결하는 과정에서 고민과 갈등이 늘어나고 정서적 불안정과 혼란에 빠지기 쉽다.

나) 대인 관계가 가장 활발한 시기

원만한 인간관계는 모든 사람이 공통적으로 추구하려고 하는 5가지 행복 조건의 하나일 만큼 중요하다. 대학 생활에서는 학과 친구를 비롯하여 동아리, 학회, 동문회 활동 등을 통하여 다양한 인간관계가 이루어진다. 성장 배경과 개

성이 다른 많은 사람들과 교우 관계를 맺게 되며, 새로운 긍정적 경험도 늘어나지만, 고립, 소외, 갈등, 대립, 반목의 부정적 경험을 하면서 어려움과 갈등을 겪기도 한다.

다) 이성 교제에 대한 관심이 급증하는 시기

청년기는 건전한 이성 교제를 할 수 있는 능력을 키우는 시기이고 대학생이면 누구나 이를 열망한다. 그러나 이성 관계는 다른 인간관계와 달리 격렬한 감정과 성적인 욕구가 수반되는 가장 강렬한 것이다. 이성 관계가 잘 진행될 때는 행복감과 환희에 젖게 되지만, 그렇지 못할 때는 상대방의 사랑에 대한 의심과 좌절로 심한 고통을 겪게 되고, 특히 실연을 하게 되면 쓰라린 고통과 상처 그리고 혼란을 경험하게 된다.

라) 부모와의 관계가 질적으로 변화하는 시기

인간의 발달과업에서 청년기가 되면 심리적, 경제적 측면에서 부모로부터 독립하려고 하는 반면 부모는 대학생인 자녀에게서 간섭과 통제의 끈을 놓지 않으려 한다. 이런 경우 부모와 대학생인 자녀 간에는 갈등이 초래되어 고민하게 된다. 그러나 부모와 자녀 간의 인간관계는 다른 인간관계처럼 갈등이 있다고 해서 결별할 수 있는 관계도 아니다. 그래서 부모-자녀 간의 인간 갈등은 양자 모두에게 지속적인 고통을 줄 수 있기 때문에 각별히 노력하여 이런 문제가 발생하지 않도록 해야 한다. 특히 과거에 비해 가족 단위가 해체되는 경향이 있고 앞으로 그 정도가 더 심할 것을 전망한다면 부모-자녀 간의 관계를 어떻게 하면 원만하게 가질 수 있을 것인가에 대해 많은 고민을 하게 되는 시기이기도 하다.

마) 자신의 인생관을 형성하는 시기

대학에 입학하기 전까지는 대부분의 시간을 대학 입시 준비에 쏟았기 때문에 자신이 어떤 사람인지를 객관적이고 냉철하게 살펴볼 기회가 별로 없었다. 앞의 제8장에서 자기 탐색을 통한 자아 정체성 확립과 자아 존중감 확대 및 자신의 특성 파악을 통한 재능 발굴, 그리고 제9장에서 자신의 적성과 소질에 적합한 직업 탐색을 통한 직업 선정을 함으로써 나름대로 자신의 삶의 목적을 설정할 수 있었다. 그런데 대학생이 되어 자신의 인생관이나 삶의 목적을 설정하는 데 도움을 주는 책이나 교과목의 도움 없이 혼자서 이 과정을 해나가는 것은 상당한 어려움이 수반된다.

따라서 대학 생활은 인간 발달과업(developmental task)의 관점에서 청년기에 이루어야 할 과업과, 진로 개발(career development) 단계 과정 중 진로 준비(career preparation) 단계에서 수행해야 할 과제를 목표 지향적으로 잘 계획하여 실행해야 한다.1)

2 대학 생활의 핵심 과제

대학 생활의 핵심 과제는 네 가지로 나누어볼 수 있다.

가. 대학생으로서의 진로 설계

가) 목표 설정

대학 생활에 있어서 첫째로 중요한 것은 무엇을 목적으로 어떤 계획하에 대학 생활을 하겠다는 진로 계획을 확실하게 수립하는 것이다.

즉, 대학 생활의 목적과 목표를 설정하고 계획을 수립하여 실행하는 것을 말한다. 그리하여 졸업 후 목표하는 곳에 취업 또는 진학을 하도록 하는 것이다.

우리는 제10장 진로 계획 단원을 학습하면서 탐구활동 10-1에서 내가 추구하는 행복의 조건 5가지를 설정하였다. 탐구활동 10-2에서는 내가 일생을 통해서 하고 싶은 일(직업)을 선정하였고, 탐구활동 10-3에서 나의 삶의 목적과 목표를 설정하였다. 그리고 탐구활동 10-4에서 목표 달성을 위한 진로 로드맵을 작성함으로써 내 전 생애에 걸친 진로 설계 과정을 수행해보았다.

그런데 진로 로드맵 속에는 진로 개발 과정(career development process) 중 진로 준비(career preparation) 단계에서 해야 할 과제가 있다.

그것이 바로 대학 생활 중에 해야 할 과제이다. 이 과제를 중심으로 대학 생활 중에 성취해야 할 목표를 설정하고 이를 달성하기 위한 계획, 실행, 평가 등을 [그림 12-1]과 같이 수립하면 좋을 것이다.

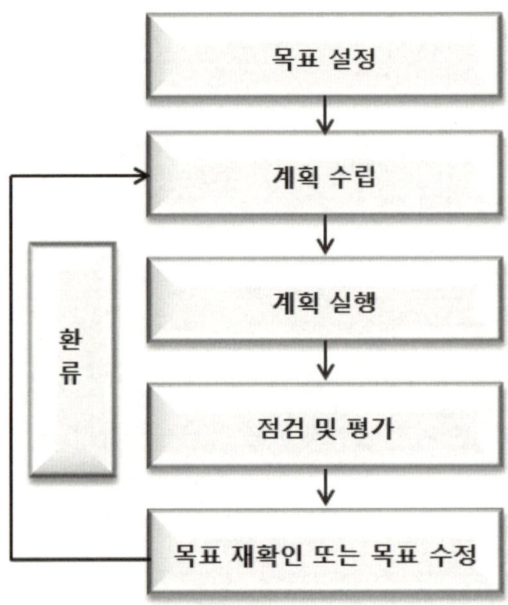

[그림 12-1] 대학 생활 중 성취할 진로 개발 계획

대학 생활에서 목표 설정은 제10장의 진로 계획에서 학습한 [그림 12-1]의 커리어 로드맵 작성 체계도의 중기 목표에 해당된다. 대학 목표 설정에 포함되어야 할 내용은 중기 목표에 설정된 내용 가운데 대학 생활 중 반드시 성취하고 싶은 내용을 중심으로 진술한다. 목표 진술 요령에 대해서는 제10장 삶의 목표

설정 단원에서 서술하였기 때문에 생략하고, 여기에서는 대학 목표를 설정할 때 포함되어야 할 핵심 내용을 다음과 같이 제시하고자 한다.

(가) 자아 정체성 확립과 자존감 증대 및 자기 특성 파악과 관련된 목표 진술 내용

- 자기 정체성과 자존감을 어느 수준까지 확실히 확립하겠다는 것
- 자신의 특성과 재능을 찾아내는 것
- 적성과 재능에 적합한 직업을 선택하는 것

(나) 학업 성취와 관련된 목표 내용

- 선택한 직업에 필요한 역량을 어느 수준까지 도달하도록 개발하겠다는 것
- 교양인, 국제인 그리고 미래 변화 대처에 필요한 여러 가지 역량을 어느 수준까지 도달하겠다는 것

(다) 취업 준비

- 취업 준비에 필요한 취업 정보, 이력서 작성, 자기 소개서 작성, 지원서 작성, 면접 준비, 이미지 메이킹 등은 어느 수준까지 충족시키겠다는 것

(라) 인간관계와 관련된 목표 진술 내용

- 흉금을 털어놓고 얘기할 수 있는 친구를 최소한 몇 명은 확보하겠다는 등 친구와 관계된 목표 진술
- 일생 동안 스승으로, 때로는 부모님처럼 모시면서 자신의 삶의 지표도 되고 인생 상담도 할 수 있는 교수님을 모시는 등 교수와의 인간관계에 관련된 목표 진술
- 건전한 이성 교제 능력을 키우기 위해 최소한 몇 명의 이성과는 교제를 한다는 등 이성 교제에 관한 것

- 부모와의 원만한 관계를 유지하기 위해서 무엇을 어느 수준까지 도달하도록 하겠다는 것

(마) 자기 개발과 관련된 목표 내용

- 외국어 능력, 취미, 건강관리, 봉사 활동 등 자기개발을 위해 어떤 역량을 어느 수준까지 도달할 수 있도록 하겠다는 것

(바) 가정 및 경제와 관련된 목표 진술 내용

- 대학 재학 중 경제적 부담을 어떻게 해결하겠다는 것
- 가정 및 가족과의 관계는 어떻게 유지하겠다는 것

(사) 대학생으로서의 진로계획 수립과 이행 정도

- 자신이 수립한 대학 생활의 목표, 목표 구현을 위한 계획 수립, 계획된 내용의 실행, 실행 결과를 점검하고 평가, 평가 결과에 근거한 목표의 재확인 및 목표 수정, 목표 수정을 계획에 피드백하는 일련의 과정을 어느 정도 객관적 자료에 근거하여 계획을 수립하고 수립된 계획을 어느 수준까지 실제로 이행하고 도달하겠다는 것

자신의 전 생애에 대한 설계나 대학 생활 설계 등은 가급적 대학 1·2학년 때 수립하고 이를 위해 이와 관련된 교과를 저급 학년에서 이수하는 것이 좋다.

나) 계획 수립

대학에서의 진로 개발 계획 수립은 빠를수록 좋으므로 대학 1학년 초에 수립하고 계속 수정 보완하는 것을 권한다. 계획 수립은 대학을 졸업할 무렵까지의 4년간의 계획을 수립하되 1학년은 단기 계획으로, 2·3학년 과정은 중기 계획으로, 그리고 4학년은 장기 계획으로 작성하면 효율적이다.

한 학년 단위로 단기 계획을 수립할 경우에는 연간 계획, 학기별 계획, 방학 동안의 계획, 월별 계획, 주별 계획, 일일 계획 등으로 점차적으로 구체화해야 한다.

계획에 포함되어야 할 과제나 내용은 앞의 목표를 설정할 때 포함되어야 할 내용 (가)에서 (사)항까지 제시된 항목을 중심으로 반영해야 할 것이다.

다) 계획 실행

계획된 과제를 실제로 수행하는 일은 대단히 중요하다. 계획은 잘 세웠지만 여러 가지 여건으로 인해 실행을 하지 못하는 경우가 있다. 그러나 목표가 확실하고 계획이 구체적이면 실행은 일반적으로 계획대로 이루어진다. 따라서 목표와 계획을 주도면밀하게 검토하고 실행에 필요한 여건을 미리 조성하면서 노력하면 성취할 수 있다. 이 과정에서는 어떤 어려움이 있더라도 목표를 달성하려는 강한 성취동기가 필요하다.

라) 계획 점검 및 평가

평가는 과제가 이루어지는 과정의 순서대로 하면, 진단 평가, 과정 평가, 결과 평가로 나누어 살펴볼 수 있다. 진단 평가란 내가 앞에서 설정한 대학 생활의 목표를 향해 출발하려고 할 그 시점에서 볼 때, 나는 그 과제들을 수행할 수 있는 기본 역량이 있느냐를 평가하는 것이다. 과정 평가란 목표를 향해 과제를 수행하는 과정에서 내 자신이 시간을 할애하고 적극적으로 노력하고 있으며, 그 과제가 수행될 수 있도록 주변 여건이나 환경을 조성하였느냐를 평가하는 것이다. 마지막으로 결과 평가란 설정한 목표 지점에 어느 정도 도착하였느냐를 평가하는 것이다.

마) 목표 재확인 및 목표 수정

이 단계에서는 점검 및 평가 단계에서 나타난 문제점이나 부족한 점이 있다면 이를 수정하고 보완하여 목표를 수정하도록 한다.

바) 환류

수정된 목표의 내용은 계획에 반영하여 추진하도록 한다.

나. 학업 관리 및 취업 준비

가) 학습 계획 수립 및 수업 참여

대학 재학 중에 교양인, 전문인, 국제인, 봉사인, 평생학습인으로서 갖추어야 할 역량을 개발하기 위하여 학습 계획을 수립하고 실행하는 일은 대학 생활 중 가장 중요한 과제라고 할 수 있다. 대학 생활에서는 교양과 전공 관련 교과 이수가 많은 시간을 차지한다. 교양 교과로 무엇을 이수해야 할 것인가는 〈표 7-2〉에 제시된 고용주가 가장 중요하게 여기는 역량으로서 적응력과 인성 및 전이 능력에서 요구하는 세부 행동 특성을 함양할 수 있는 교과목을 이수해야 한다.

전공 교과는 자신이 선택한 직업에 필요한 전공트랙이 설정된 분야의 교과를 이수하도록 한다. 전공 기초 교과는 반드시 이수하도록 해야 한다.

미래사회는 융·복합 학문의 시대가 되어가고 있다. 이에 대비하기 위해서는 가급적 복수 전공을 하는 것이 바람직하다. 그리고 공학교육 인증이나 경영학 인증 대상 학과일 경우에는 그 인증체제에서 요구하는 과목들을 이수해야 한다. 또한 자격증을 취득하려고 할 경우에는 자격시험에 명시된 교과를 반드시 이수하도록 계획해야 한다. 마지막으로 교과목 이수 과목을 최종 확정 짓기 전에 학칙에 명기된 교과 이수 규정을 확인하고 졸업 이수 요건을 충족하도록 해야 한다.

이상과 같은 교과를 공부하는 방법은 수동적이 아니라 적극적이고 자기 주도적 학습으로 이루어져야 한다. 제7장 '미래 교육의 변화'의 대표적인 특성 중 하나는 앞으로 한국의 초·중등 교육뿐만 아니라 고등교육의 교수-학습 방법도 스마트(SMART) 교육으로 접근된다는 점이다. 따라서 모든 대학생은 자기 주도적 학습으로 창의력과 문제 해결력을 키울 수 있어야 한다.

나) 취업 준비

취업 준비는 대학교 3학년에서 4학년 사이에 본격적으로 이루어지지만, 1학년 때부터 관심을 가지고 단계적으로 추진하는 것이 바람직하다. 이력서 쓰기, 자기 소개서 작성, 지원서 작성, 면접 준비, 이미지 메이킹 등에 대해서는 학과나 대학의 진로취업센터에서 개설하는 특강이나 교과목을 이수하는 것을 권장한다.

다. 인간관계 수립과 리더십 함양

원만한 인간관계는 대학 생활뿐만 아니라 전 생애를 통하여 갖추어야 할 중요한 요건이다. 대학에서의 인간관계는 친구 관계, 이성 관계, 교수와의 관계, 직원과의 관계, 부모와의 관계로 이루어진다. 친구 관계는 동일 전공학과의 친구, 같은 학과는 아니더라도 같은 과목을 수강하는 학우, 동아리 활동 등을 통해 이루어질 수 있다. 사람마다의 개인차를 인정하고, 상대방의 인격을 존중하며, 의견을 경청하려 하고, 남을 해치려고 하지 않는다면, 원만한 인간관계는 이루어질 수 있다. 특히 대학 재학 기간 중에 친구 1~2명은 형제자매와 같이 평생 동안 흉금을 털어놓고 지낼 수 있도록 한다. 그리고 졸업 후에도 주기적으로 만날 수 있는 그룹을 동아리 활동이나 학과 친구들을 중심으로 만들어 계속 생활한다면 일생 동안 좋은 인간관계를 가질 수 있을 뿐만 아니라 일생을 살아가는 과정에 서로 도움을 줄 수도 있어 유익하고 행복한 생활을 하게 된다. 또한 일생 동안 스승으로, 때로는 부모님처럼 모시면서 자신의 삶의 지표도 되고 인생 상담도 할 수 있는 교수님을 찾아 관계를 유지한다면 대학 생활뿐만 아니라 미래 생활에도 큰 도움이 될 것이다.

어떤 조직에서 일하고 생활하든 소통과 팀워크는 중요한 요소가 될 것이며, 앞으로는 더 강조될 전망이다. 따라서 서로 간의 소통 능력과 여러 사람 앞에서 프레젠테이션을 할 수 있는 능력, 다른 사람을 설득할 수 있는 능력, 다른 사람과 함께 일할 수 있는 팀워크 등의 역량이 대학 재학 중에 키워져야 한다.

라. 효율적인 여가 활동

낭만적인 대학 생활을 하기 위해서는 여가 활동 계획을 잘 수립해야 한다. 취미 활동을 위한 과제, 건강관리를 위한 과제, 덕성 함양을 위한 교과목 이수나 과외 활동, 외국어 능력 함양을 위한 교과목 이수와 국내외 외국어 연수 계획, 나눔과 더불어 사는 것을 배우는 봉사 활동, 일상생활에서 필수화된 컴퓨터 활용 능력 개발, 세계화를 맞아 국내외 여행 등을 통한 자기 개발의 확대 등의 활동이 주요 과제라 할 수 있다.

3 대학 생활의 목표 설정과 계획 및 실행하기

앞에서 삶의 목적과 목표 설정의 중요성과 진술 요령, 그리고 이들 목적과 목표 달성을 위한 계획 수립에 관하여 몇 차례에 걸쳐 논의하였다.

이를 바탕으로 그리고 각주에 소개된 문헌도 참고하여 각자의 대학 생활 목표와 이의 실현을 위한 대학 생활 계획을 세워보자.[2)3)4)]

탐구활동 12-1

나의 대학 생활의 목적과 목표 세우기

앞에서 소개한 대학 생활 목표 설정에 포함되어야 할 내용과 진술 요령을 참고하여 각자의 대학 생활 목표를 〈표 12-2〉에 설정해보자.

〈표 12-2〉 나의 대학 생활 목적과 목표 세우기

*** 나의 소속 ________학부 _______학과(전공) _____학년 성명________**

* 나의 대학 생활 목적

1. ____________________
2. ____________________
3. ____________________
4. ____________________
5. ____________________

* 나의 대학 생활 목표

대학 생활의 핵심 영역				
① 진로 설계	② 학업관리 및 취업준비	③ 인간관계 수립과 리더십 함양	④ 여가활동	⑤ 그 외 주요 활동

①-1 ____________________
①-2 ____________________
①-3 ____________________

②-1 ____________________
②-2 ____________________
②-3 ____________________

③-1 ____________________
③-2 ____________________
③-3 ____________________

④-1 ____________________
④-2 ____________________
④-3 ____________________

⑤-1 ____________________
⑤-2 ____________________
⑤-3 ____________________

탐구활동 12-2

대학 생활 계획 세우기

탐구활동 12-1에 설정한 목표를 달성하기 위한 대학 생활 계획을 학년별, 학기별, 방학기간별로 수립하고 수행하여야 할 과제를 〈표 12-3〉에 구체적으로 명시해보자.

〈표 12-3〉 대학 생활 계획 세우기

* 목표 : 1) ______
2) ______
3) ______
4) ______
5) ______

학년	구분	대학 생활 핵심과제				
		진로설계	학업관리 및 취업준비	인간관계 수립과 리더십 함양	여가활동	그 외 주요 활동
1학년	학년 목표					
	1학기					
	여름 방학					
	2학기					
	겨울 방학					

(표 계속)

학년	구분	대학 생활 핵심과제				
		진로설계	학업관리 및 취업준비	인간관계 수립과 리더십 함양	여가활동	그 외 주요 활동
2학년	학년 목표					
	1학기					
	여름 방학					
	2학기					
	겨울 방학					

(표 계속)

학년	구분	대학 생활 핵심과제				
		진로설계	학업관리 및 취업준비	인간관계 수립과 리더십 함양	여가활동	그 외 주요 활동
3학년	학년 목표					
	1학기					
	여름 방학					
	2학기					
	겨울 방학					

(표 계속)

학년	구분	대학 생활 핵심과제				
		진로설계	학업관리 및 취업준비	인간관계 수립과 리더십 함양	여가활동	그 외 주요 활동
4학년	학년 목표					
	1학기					
	여름 방학					
	2학기					
	겨울 방학					

주

1) 권석만. (2010). 인생의 2막 대학생활. 학지사. pp.15-74
2) 상게서. pp.213-244.
3) 강규형. (2008). 성공을 바인딩하라. 지식의 날개. pp.89-112.
4) 김난도. (2011). 아프니까 청춘이다. (주) 쌤엔파커스. pp.259-266, 282-289.

참고문헌

강규형. (2008). 성공을 바인딩하라. 지식의 날개.

관칭유 지음, 한지현 옮김. (2011). 내일은 얼마나 멀리 있는가. 시그마북스.

교육혁신위원회. (2007). 학습사회 실현을 위한 미래 교육 비전과 전략- 교육비전 2030.

권대봉 편저. (2009).녹색성장 녹색직업 녹색인재. 박영사.

권석만. (2010). 인생의 2막 대학생활. 학지사.

권순국. (2008). 사람과 물. 서울대학교 출판부.

김기홍. (2008). 30년 전략: 최고의 인생을 위한 최선의 전략 30. 페가수스.

김난도. (2011). 아프니까 청춘이다. (주)쌤엔파커스.

김도연. (2010). 기후, 에너지 그리고 녹색 이야기. 생각의 나무.

다니엘 엘트먼 지음, 고영태 옮김. (2011). 10년 후 미래. 청림출판.

동명대학교. (2011). 2011 취업 가이드.

로버트 J. 사피로 지음, 김하락 옮김. (2009). 2020 퓨터 캐스터. 렌덤 하우스.

미래 전략포럼 지음/ IT전략연구원, 이각범 편저. (2008).퓨처코드. 대한민국 미래 트랜드. 한국경제신문.

민진규. (2011).직업이 인생을 결정한다. 글로세움.

박명수, 이대상, 윤정혜, 박세정. (2010). 중장기 인력수급전망(2008-20180. 한국고용정보원.

박영숙. (2008). 새로운 미래가 온다. 경향미디어.

______. (2010). 2020 미래 교육보고서. 경향미디어.

박영숙, 재롬 글랜 테드 고든. (2007). 전략적 사고를 위한 미래 예측. 교보문고.

____________________________. (2008). 유엔 미래 보고서. 교보문고.

____________________________. (2009). 유엔 미래 보고서 2. 교보문고.

____________________________. (2010). 유엔 미래 보고서 3. 교보문고.

박원순. (2011). 세상을 바꾸는 천개의 직업. 문학동네.

백홍열. (2007). 한국 항공우주 개발발의 현주소와 앞으로의 전망. 한국과학기술한림원.

서재경. (2008). 나에게 꼭 맞는 직업 선택의 기술. 매일경제신문사.

송하중. (2011). 저출산 고령사회의 공공 HRD 정책. 한국산업인력동단 제1차 인력개발 전문가 포럼.

스텐 데이비스 지음, 김승욱 옮김. (2002). 미래의 지배. 경영정신.

스티븐 M. R. 코비/김경섭, 정병창 옮김. (2009). 신뢰의 속도. 김영사.

원광연. (2006). 과학기술과 문화예술의 연계와 융합. 한국과학기술한림원.

유현숙. (2011). 고등교육 미래비전 2040 수립을 위한 정책 연구. 한국교육개발원.

이무근. (2005). 직업교육학원론. 교육과학사.

______. (2011). 진로와 직업. 교학사.

이용환. (2010). 서비스 산업 선진화를 위한 인재 정책과 과제. 한국직업능력개발원.

이원덕 편저. (2007). 21세기 국가 전략. 한국직업능력개발원.

이주호 외. (2011). 인재대국. 한국경제신문.

임언, 김안국 편. (2006). 진로지도와 노동시장 이행. 한국직업능력개발원 KRIVET 총서 5.

자크 아탈리 지음, 양영란 옮김. (2009). 위기 그리고 그 이후. 위즈덤하우스.

정범모. (2011). 내일의 한국인. 학지사.

조영탁. (2011). 행복한 성공편 1-25. 휴넷 행복한 성공 스쿨.

조은상. (2011). 얘야, 네가 행복하면 세상이 행복하단다! 코스모스 컨설팅.

졸랑타 바크 지음, 김모세 옮김. (2008). 미래사회 코드. 디플Biz.

최윤식, 정우석. (2011). 10년 전쟁. 알키.

최윤식, 배동철. (2009). 2030년 부의 미래지도. 지식노마드.

__________. (2010). 2020 부의 전쟁 in Asia. 지식노마드.

페트릭 웨스터 호프 지음. 김화년 옮김. (2011). 식량의 경제학. 지식의 날개.

한국식량안보연구재단. (2011). 식량자급실천국민운동: 왜 해야 하며, 어떻게 할 것인가, 식량자급실천국민운동본부.

Bak, J 지음, 김모세 역. (2008). 미래사회 코드: 소비 트렌드를 창출하는 10가지 모자이크 키워드. 디풀Biz.

Farr, M. (2011). Getting the Job You Really Want.(6th ed.) Jist Works.

__________. (2008). 150 Best Jobs for Your Skills. Jist Publishing.

__________. (2009). 300 Best Jobs without a Four Year College Degree(3rd ed). Jist Publishing

Farr, M., Shatkin, L. (2009). 200 Best Jobs for College Graduates.(4th ed.) Jist Publishing.

__________. (2009). 50 Best Jobs for Our Personality. Jist Publishing.

LG경제연구원 지음. (2011). 2020 새로운 미래가 온다. 한스미디어.

NEAR 재단 엮음. (2011). 양극화, 고령화 속의 한국. 제2일본 되나. 매일경제신문사.

Shapiro, R. J. 지음 김하락 역. (2010). 2020 퓨처 캐스트. 랜덤하우스.

The Editors@Jist & Shatkin, L. (2008). 200 Best Jobs for Introverts. Jist Publishing.

찾아보기

저자소개

이무근(李茂根)

• 현재

서울대학교 명예교수, 한국과학기술한림원 종신회원

• 경력

서울대학교 농산업교육과 교수, 한국직업능력개발원 초대원장, 경일대학교 총장, 동명대학교 총장 역임

• 학력

서울대학교 농과대학 농학사(농생물학 전공), 서울대학교 교육대학원 교육학 석사(실업교육전공), 미국 일리노이대학교(UIUC) Ph. D(직업기술교육 전공)

• 저서

직업교육학 원론, 진로와 직업, 직업교육과정과 평가, 실기교육방법론, 전문대학교육론, 직업교육의 전개(역) 등 20여 권

• 주요활동

한국직업교육학회장, 한국고등교육학회장, 한국지역인적자원개발학회장, 한국농업교육학회장 등 역임

이 찬(李 燦)

• 현재

서울대학교 산업인력개발학 전공 부교수

• 경력

레고 그룹 한국 법인 인사팀 근무, LG 전자서비스 미국법인 인사부 근무, 미국 오하이오 주립대학교 고용훈련연구소 근무, 미국 연방정부 교수기술지원 컨소시움 근무

• 학력

성균관대학교 교육학사(교육학 전공, 산업심리학 부전공), 미국 오하이오 주립대학교(OSU) 석사 및 박사(Ph. D) (HRD 전공)

• 저서

Using the 6Sigma Approach to S-OJT: In Action, 산업인력개발론(공저), 체계적 현장직무교육훈련-S-OJT(역), 집단지성을 깨우는 새로운 패러다임 소셜 러닝(역), 터치포인트(역), THE SMART LEARNING(공저)

• 주요활동

한국기업교육학회/한국인력개발학회/한국산업교육학회/한국진로교육학회 이사, ASTD ICE 심사위원 등 역임

대학생의 진로 멘토링

-미래를 알면 직업이 보인다-

2012년 7월 10일 1판 1쇄 발행
2014년 3월 20일 1판 2쇄 발행

저자와의 협의하에 인지생략

저 자: 이 무 근 · 이 찬
발행자: 김 동 규
발행처: 교 육 과 학 사

경기도 파주시 문발동 광인사길 71
전화(031)955-6956~8/팩스(031)955-6037
Home-page : www.kyoyookbook.co.kr

등록 : 1970년 5월 18일 제2-73호

낙장·파본은 교환해 드립니다.
Printed in Korea.

정가 14,000 원
ISBN 978-89-254-0592-6